Ética:
masculinidades y feminidades

Donny Meertens
Mara Viveros Vigoya
Yolanda Puyana Villamizar
Carmen Diana Deere
Magdalena León
Florence Thomas
Matthew C. Gutmann
Javier Pineda Duque
Jaime Yáñez Canal

Ética:
masculinidades y feminidades

Ángela Inés Robledo
Yolanda Puyana Villamizar
(COMPILADORAS)

Centro de Estudios Sociales
UNIVERSIDAD NACIONAL DE COLOMBIA

© de los artículos:
Los respectivos autores
© de esta edición:
Universidad Nacional de Colombia
Centro de Estudios Sociales

Primera edición:
noviembre del 2000

ISBN 958-96258-6-7

Todos los derechos reservados.
Prohibida su reproducción total o parcial
por cualquier medio
sin permiso de los titulares de los derechos.

Portada:
Paula Iriarte
Edición, diseño y armada electrónica:
De Narváez, Sánchez & Jursich
Impresión y encuadernación:
LitoCamargo Ltda.
Impreso y hecho en Colombia

Índice

PRÓLOGO
9   *Guiomar Dueñas Vargas*
    Ética: masculinidades y feminidades
    Reflexiones desde las Ciencias Sociales

I   PROPUESTAS TEÓRICAS Y METODOLÓGICAS SOBRE GÉNERO

37 *Donny Meertens*
    Género y violencia
    Representaciones y prácticas de investigación
56 *Mara Viveros Vigoya*
    Notas en torno de la categoría analítica de género

II MUJERES, REPRESENTACIONES SOCIALES Y EMPODERAMIENTO

89 *Yolanda Puyana Villamizar*
    ¿Es lo mismo ser mujer que ser madre?
    Análisis de la maternidad con una perspectiva de género
127 *Carmen Diana Deere y Magdalena León*
    Propiedad e igualdad de género
    Sesgos en la herencia para hijas, esposas y viudas

160 *Florence Thomas*
Maternidad y gestación de vida
Su problematización frente al nuevo milenio

III MASCULINIDADES

177 *Matthew C. Gutmann*
Traficando con hombres
La antropología de la masculinidad
228 *Javier Pineda Botero*
Masculinidad y desarrollo
El caso de los compañeros de las mujeres cabeza de hogar

IV ENTRE LA JUSTICIA Y LA BENEVOLENCIA

273 *Jaime Yáñez Canal*
El debate Kohlberg-Gilligan
Algo más que un problema de género

355 *Colaboradoras y colaboradores*

PRÓLOGO
Ética: masculinidades y feminidades
Reflexiones desde las Ciencias Sociales

Guiomar Dueñas Vargas

INTRODUCCIÓN

Esta colección surge como fruto del debate teórico que anima el trabajo de investigadoras/es vinculadas/os al Programa de Género, Mujer y Desarrollo, de la Universidad Nacional de Colombia. El libro busca articular los retos teóricos de la categoría género a los diversos temas que, en las distintas disciplinas de pertenencia de los investigadores, se están trabajando actualmente. Las/os participantes fueron invitadas/os a reflexionar sobre el influjo de las nuevas teorías de género en sus trabajos de investigación, los retos de las metodologías feministas sobre sus disciplinas y la identificación de problemas o temas sustantivos para el trabajo en Ciencias Sociales. En el proyecto convergen cuatro enfoques: primero, las propuestas metodológicas y teóricas sobre el género; segundo, las mujeres y las representaciones sociales, junto con el empoderamiento; tercero, las masculinidades; cuarto, ¿justicia o benevolencia?

Los estudios sobre mujer y género en el país, y más concretamente en la Universidad Nacional, siguieron caminos paralelos a los realizados en otras regiones del mundo en cuanto a temas, metodologías, conceptos y énfasis. Inicialmente se exploró e investigó la dominación femenina como un producto de la dominación patriarcal[1]. En esta primera etapa, el patriarcalismo se estudiaba como fenómeno universal e indiferenciado, con un afán, similar al existente en otras partes, de denunciar un hecho recién descubierto por las antropólogas feministas[2] y verificarlo en el transcurrir histórico colombiano[3].

El dualismo jerárquico entre *naturaleza*, que –así lo demostraban los trabajos de antropólogas feministas– definía el mundo de las mujeres y lo femenino, y *cultura*, esfera de acción de los hombres y lo masculino, parecía lo suficientemente persuasivo para probar la subordinación universal de las mujeres. Sobre todo en Estados Unidos, durante la década de los años setenta, la relación de los sexos se discutía en términos de la dicotomía *naturaleza/cultura*. En esa relación las mujeres llevaban la peor parte, ya que se las excluía de la historia y la sociedad; estaban condenadas a la repetición de la vida y carecían de interés político, académico o teórico[4]:

---

[1] Grupo Mujer y Sociedad, *Mujer, amor y violencia* (Bogotá: Universidad Nacional de Colombia y Tercer Mundo Editores, 1990).
[2] Olivia Harris y Kate Young, *Antropología y feminismo* (Barcelona: Anagrama, 1979).
[3] Grupo Mujer y Sociedad, *Mujer, amor y violencia, ibid.*
[4] Gisela Block, "Challenging Dichotomies: Perspectives on Women's History", en Karen Offen, Ruth Roach Pierson y Jane Rendall, *Writing Women's History. Internacional Perspectives* (Bloomington: Indiana University Press, 1991), p. 2.

Prólogo

"*naturaleza* en este contexto significaba relaciones sexuales entre hombres y mujeres, el cuerpo femenino y sus funciones de embarazo y maternidad". En aquella etapa, la tarea de las investigadoras consistía en la decodificación de las prescripciones de *naturaleza* que ordenaban los patrones de vida de las mujeres.

En esta perspectiva binaria se separaban los mundos del *trabajo* y de la *familia*, y esa separación servía de marco para entender la diferencia sexual en las actividades productivas, las cuales se dividían dentro de las sociedades industriales en las que generaban salario y las que no lo hacían.

De igual manera, en la teoría política de lo público y lo privado, la arena de lo político y la esfera de lo doméstico se han usado como marcos explicativos del mundo desigual entre hombres y mujeres.

No obstante la profusión de investigaciones dentro de estos marcos conceptuales, resultaba inadecuada esa visión de una inescapable dicotomía modelada, en apariencia, por las esferas separadas de los hombres y las mujeres. Tales categorías conceptuales universalizaban un patrón particular de experiencia y esencializaban la separación de las esferas.

Así, la categoría de *patriarcado* y el dualismo esencialista, en cuanto eran asociados con un dictamen natural e inmodificable para explicar el mundo de la subordinación, se convirtieron en callejones sin salida para el avance de los estudios sobre mujeres. Entonces apareció el concepto de género, que cuestionaba las supuestas bases biológicas de los comportamientos femenino y masculino y afirmaba que son construidos socialmente. Esa nueva categoría ampliaba los temas en la agenda feminista. Lo que comenzó a interesar a las estudiosas del feminismo no fue sólo el interés por desentrañar la subordinación como un supuesto hecho natural, sino el significado de los grupos de género en el pasado histórico, la construcción de los roles de género, su significado y sus funciones.

No sorprende que los cuestionamientos al carácter inapelable del binomio *naturaleza/cultura* hayan surgido en el seno de la antropología feminista. Un dato evidente de los estudios de campo era la variación histórica de los roles de géneros. En cada cultura, los papeles asignados a hombres y mujeres eran diversos, y así resultaba difícil aceptar la existencia de imperativos universales biológicos que diferenciaran a hombres y mujeres. El gran aporte de Gayle Rubin fue justamente plantear una categorización nueva que conciliara los aspectos biológicos de las relaciones entre sexos y que también diera cuenta de las construcciones tanto culturales como psicológicas que yacían bajo las relaciones entre hombres y mujeres. Rubin propuso el término *sistema sexo/género* para significar "el conjunto de disposiciones por las cuales una sociedad transforma la sexualidad biológica en productos de actividad humana" y "la manera de satisfacer estas necesidades sexuales transformadas"[5].

Tampoco es casual que las críticas al carácter ahistórico de los conceptos iniciales en función de los cuales se enfocaron los estudios sobre mujeres hayan surgido entre historiadoras[6]. El objeto de la historia es explicar lo recurrente y lo cambiante en sociedades particulares, y en este sentido las

---

[5] Carmen Ramos Escandón, *Género e historia* (México: Universidad Autónoma Universitaria, 1992), p. 144.

[6] Joan Wallach Scott, *Gender and the Politics of History* (New York: Columbia University Press, 1988).

Prólogo

relaciones de subordinación no podían circunscribirse al campo de lo meramente natural. La carencia de poder y la inferioridad de las mujeres eran construcciones sociales, culturales, políticas e históricas.

El nuevo paradigma abrió el abanico de posibilidades de investigación en múltiples direcciones. Surgieron las reflexiones sobre las mujeres, en plural, y los esfuerzos por introducir categorías teóricas a los hallazgos empíricos se hicieron más sistemáticos. Resulta oportuno aclarar que, si bien el sistema sexo/género no rompió con los dualismos conocidos, el manejo de los conceptos anteriores, inspirado por la mirada *relacional* que introdujo la nueva categoría, se vio enriquecido con interpretaciones novedosas y fructíferas. Así, al rígido patriarcalismo de antaño, por ejemplo, lo reemplazó la indagación en "los mecanismos y las operaciones del patriarca", con el objetivo de analizar los varios y cambiantes contextos patriarcales en la vida de las mujeres" y entender "cómo el patriarcalismo ha funcionado en ciertos tiempos y lugares, cómo ha sido desafiado, aceptado o cambiado por hombres y mujeres, y cómo se ha ajustado a las cambiantes circunstancias históricas"[7].

La historiadora norteamericana Gisela Bock reconoce, por ejemplo, que el binomio *naturaleza/cultura* hace referencia a un conjunto de realidades jerárquicas cargadas de significado cultural con dos términos muy interdependientes[8]. En el campo de la herencia que nos dejó la asociación entre

---

[7] Ann-Louise Shapiro, *Feminists Revision History* (New Brunswick, New Jersey: Rutgers University Press, 1994), p. 7.
[8] Karen Offen, Ruth Roach y Jane Rendall, *Writing Women's History. International Perspectives* (Bloomington: Indiana University Press, 1991), p. 4.

naturaleza y mujer, no es desde ningún punto de vista desdeñable la nueva vertiente de estudios acerca de los dominios de las mujeres, la maternidad y sus significados culturales, la sexualidad femenina tan recientemente reconocida, la ética femenina de la compasión y del cuidado, temas abordados en el presente libro.

Asimismo, la aparente dicotomía entre *trabajo y familia* no es más que la diferencia en la valoración inferior de las actividades femeninas en los términos concretos del salario y la sobrevaloración de las actividades realizadas por los hombres. La oposición entre *lo público* y *lo privado* ha sido repetidamente cuestionada por las feministas en la medida en que esta categoría no aclara el comportamiento social y político de hombres y mujeres. El poder masculino, por ejemplo, no se ejerce exclusivamente en la esfera pública. En el hogar, el marido detenta la autoridad última en cosas que verdaderamente cuentan. La mayoría de las veces, la madre ejerce un poder informal. Históricamente, las fronteras y los contenidos de lo privado y lo público han variado. El compromiso, el matrimonio y las prácticas de crianza fueron compartidas por la comunidad del vecindario en tiempos premodernos, por ejemplo. Finalmente, es difícil establecer una separación estricta entre las esferas, pues durante los años cruciales de su formación psíquica los sujetos que actúan en los dominios públicos fueron cuidados, atendidos y educados por mujeres en recintos privados[9].

En el curso de los años ochenta, las/os investigadoras/es vinculadas/os al Grupo Mujer y Sociedad y al recién funda-

---

[9] *Op. cit.*, pp. 4-5.

Prólogo

do Programa de Género, Mujer y Desarrollo, iniciaron sus actividades cuando el sistema sexo/género hacía su aparición y se discutía en los escenarios de trabajo feminista de Europa y los Estados Unidos. Simultáneamente se estudiaban los perniciosos efectos del patriarcalismo, se ponía en duda el carácter "natural" de la condición de las mujeres y por primera vez, en los predios de la Universidad, se empezaba a hablar sobre las mujeres como posibles agentes históricos, dudándose de la validez del neutro universal. Inspirado por los nuevos paradigmas y estimulado por las discusiones y los debates internos y por las posibilidades que ofrecía para la ampliación de sujetos, métodos y posibilidades teóricas, se iniciaba un ejercicio sistemático de docencia, investigación y extensión en asuntos de mujer y género.

Las investigaciones de las académicas del Programa de Género siguieron diversas vertientes, según sus preferencias investigativas, sus disciplinas y su trayectoria anterior. No obstante, la propuesta relacional y teórica del nuevo paradigma tuvo que esperar algunos años todavía. A diferencia de lo ocurrido en otras latitudes, donde los estudios sobre las mujeres, la búsqueda de documentación acerca de ellas, su visibilización empírica en estadísticas y su recuperación en archivos históricos antecedieron a la formulación de marcos conceptuales para su análisis, en Colombia la búsqueda de información factual sobre las mujeres, la descripción de sus características demográficas y económicas, no se habían realizado aún. Si, por un lado, en seminarios y grupos de estudio se discutían acaloradamente estas nuevas opciones metodológicas y teóricas, el conocimiento empírico de las mujeres y de los hombres, por otro lado, era embrionario, de tal modo que la búsqueda de información, en particular

15

sobre las mujeres, antecedió a cualquier intento de formulación teórica respecto del género. Aunque algunos trabajos pioneros en torno de las políticas agrarias y las campesinas y el debate sobre la mujer en América Latina habían abierto caminos importantes en el reconocimiento del trabajo femenino[10], construir una teoría, como lo señala De Barbieri, "es un proceso lento, que requiere de información muy abundante, de buena información sobre el presente y el pasado, y de un ejercicio permanente de diálogo entre hipótesis y datos"[11]. Los trabajos sobre mujeres en los años ochenta y a comienzos de los noventa reflejaron ese rescate del "sexo" social, la descripción de la sociedad en los dos sexos, sacando a la luz el que había sido silenciado por tantos años. Esta recuperación de las mujeres se caracterizó, al menos en los estudios históricos, por incluir a las mujeres en la historia y hacer visible el género.

En esos sólidos trabajos en los cuales el énfasis giraba en torno de las mujeres, mientras que el aspecto *interrelacional* de los géneros se mostraba todavía en estado embrionario, cristalizaron varias líneas de investigación sobre:

–Los movimientos de las mujeres, la mujer y la política, el sector agrario y las mujeres en el país y América Latina[12].

---

[10] Magdalena León (ed.), *La mujer y el desarrollo en Colombia* (Bogotá: ACEP, 1977), *Mujer y capitalismo agrario* (Bogotá: ACEP, 1980) y *Debate sobre la mujer en América Latina y el Caribe*, volúmenes 1, 2 y 3 (Bogotá: ACEP, 1982); Magdalena León y Carmen Diana Deere (eds.), *La mujer en la política agraria en América Latina* (Bogotá: Siglo XXI Editores y ACEP, 1986).
[11] Teresita de Barbieri, "Sobre la categoría de *género*. Una introducción teórico-metodológica", en Regina Rodríguez (ed.), *Fin de siglo. Género y cambio civilizatorio* (Isis Internacional, 1992), p. 113.
[12] En M. León (comp.), *Mujeres y participación política. Avances y desafíos en*

Prólogo

Los trabajos en esta área procuran reivindicar a las mujeres en su calidad de sujetos políticos y propugnan por la igualdad de derechos civiles. Estudiar a las mujeres en función de sus derechos de igualdad ha sido un recurso importante para entender las relaciones sociales en nuestro país durante estos años cruciales.

–Las mujeres y el trabajo[13]. Los estudios realizados con respecto a este tópico buscan demostrar que la división del trabajo en función del sexo se encuentra en las bases de la desigualdad social y económica entre los géneros.

–La mujer en la historia, en la vida cotidiana y en el ámbito familiar[14]. El mérito de los estudios históricos entre las académicas ha radicado en el reconocimiento, mediante el rescate de fuentes primarias y de literatura histórica, del papel cumplido por las mujeres colombianas en el pasado.

Otra vertiente de interés entre las/os investigadoras/es asociadas/os al Programa de Género es la reflexión sobre la *diferencia sexual*. Esta categoría, como concepto y objeto de

---

América Latina (Bogotá: Tercer Mundo, 1994), ver los artículos de Norma Villarreal, "El camino de la utopía feminista en Colombia. 1975-1991", y M. León, "Movimiento social de mujeres y paradojas de América Latina".
[13] Luz Gabriela Arango, *Mujer, religión e industria. Fabricato, 1923-1982* (Medellín: Universidad de Antioquia, 1991); Luz Gabriela Arango, Mara Viveros y Rosa Bernal, *Mujeres ejecutivas: dilemas comunes, alternativas individuales* (Bogotá: Universidad de los Andes, 1995).
[14] María Himelda Ramírez, "Las mujeres en la sociedad de Santafé de Bogotá. 1750-1810", tesis de Maestría en Historia (Bogotá: Universidad Nacional de Colombia, 1996); Guiomar Dueñas, *Los hijos del pecado. Ilegitimidad y vida familiar en la Santafé de Bogotá colonial. 1750-1810* (Bogotá: Universidad Nacional de Colombia, 1997); Guiomar Dueñas, "Sociedad, familia y género en Santafé a fines de la Colonia", en *Anuario Colombiano de Historia Social y de la Cultura*, 21 (1993).

interés investigativo, no ha sido de fácil aceptación entre algunos sectores del feminismo, tal como ha ocurrido en otras latitudes. Por tratarse de un concepto irreductible, que supone sin apelación posible la diferencia de cuerpos sexuados, el sujeto del conocimiento no sería entonces un ser neutro, como la cultura occidental de cuño ilustrado ha predicado. Las feministas de la diferencia reconocen que

> tradicionalmente, el sujeto del pensamiento, el sujeto del discurso, el sujeto de la historia, el sujeto del deseo, es un ser masculino que se declara universal, que se reclama representante de toda la humanidad[15].

En esa concepción del mundo y de la cultura no es posible identificar lo verdaderamente femenino, pues todo caería bajo los designios y las necesidades de los hombres, en un mundo pensado y construido para ellos. Las académicas de la diferencia se niegan a ser incorporadas a esos espacios androcéntricos y abogan por la creación de una cultura femenina propia, pues reconocen la imposibilidad, por parte de las mujeres (en el orden patriarcal vigente), de ser sujetos legítimos dentro de los marcos epistemológicos actuales. Se reconoce la radicalidad de la categoría y el temor de algunas feministas, que defienden la *igualdad,* de perder el cúmulo de derechos civiles ganados durante este siglo[16].

---

[15] María-Milagros Rivera Garretas, *Nombrar el mundo en femenino. Pensamiento de las mujeres y teoría feminista* (Barcelona: Icaria, 1994), p. 81.
[16] Para ampliar la oposición "igualdad *vs.* diferencia", véase *ibid.*, p. 82, y Florence Thomas, *Los estragos del amor: el discurso amoroso en los medios de comunicación* (Bogotá: Universidad Nacional de Colombia, 1995).

Prólogo

Un tercer campo de investigación corresponde a los trabajos agrupados alrededor de las *identidades de género y sus representaciones sociales y culturales*, en los cuales el esfuerzo de presentar análisis multidisciplinarios que exploren las dinámicas de las interacciones entre los actores y las comunidades, por un lado, y los sistemas de regulación, por otro, se hace evidente. Este nuevo interés por analizar las identidades pone de manifiesto la nueva mirada al país multicultural y multiétnico, y reconociendo este carácter, la investigación sobre hombres y mujeres ha empezado a proceder tomando en cuenta las diferencias regionales y locales. Estos estudios, como bien lo señala Donny Meertens, corresponden a un momento en los debates internacionales en el que cobra importancia lo local en la construcción del género, se tiene en cuenta la diferencia y, ante todo, se atiende al cambio político en Colombia, donde lo regional, lo étnico y las nuevas formas de ciudadanía han cobrado inusitada importancia tras la reforma constitucional de 1991[17]. Docentes vinculadas al programa incursionan en estas temáticas, y su propósito, según lo expresa Luz Gabriela Arango, es "problematizar la heterogeneidad, multiplicidad y simultaneidad, así como el carácter relativo y cambiante de las identidades"[18]. Estos trabajos procuran identificar los aspectos relacionales

---

[17] Donny Meertens, "Los estudios de la mujer en Colombia: procesos, coyunturas, espacios", en Gloria Bonder (ed.), *Estudios de la mujer en América Latina* (Washington: Organización de Estados Americanos, 1998), p. 78.
[18] Luz Gabriela Arango, Magdalena León y Mara Viveros, "Introducción", en L. G. Arango, M. León y M. Viveros (compiladoras), *Género e identidad. Ensayo sobre lo femenino y lo masculino* (Bogotá: Facultad de Ciencias Humanas de la Universidad Nacional de Colombia, 1995), p. 24.

en la dinámica de los géneros, al mismo tiempo que explorar las diversas articulaciones entre el género y la condición étnica, racial, social y de edad de grupos particulares objeto del interés de las docentes[19].

Durante los años noventa, la investigación se orientó al análisis sistemático de la experiencia de las mujeres en sus múltiples campos de actividad, tanto en sus espacios privados, desentrañando los ocultos caminos de socialización de las mujeres de los estratos populares[20], como en los procesos de desarrollo social y comunitario de sujetos subalternos en regiones de profundo conflicto social[21]. La colección de trabajos de las docentes asociadas con el Programa de Género, que se publicó bajo el nombre de *Mujeres, hombres y cambio social,* es una buena muestra de los rumbos que tomaba su investigación en la última década del siglo XX. En ese volumen, además de estudiar la experiencia de grupos de mujeres de los sectores populares, Carmen Diana Deere y Magdalena León profundizaban en las trayectorias históricas de las mujeres campesinas y sus logros en las cambiantes

---

[19] También en L. G. Arango, M. León y M. Viveros (compiladoras), *Género e identidad*, *ibid.*, ver los artículos de Mara Viveros, "Saberes y dolores secretos. Mujeres, salud e identidad de género", Luz Gabriela Arango, "Identidad femenina, identidad obrera: la proletarización de la mujer en Francia en el siglo XIX", y Magdalena León, "La familia nuclear: origen de las identidades hegemónicas femenina y masculina".

[20] Yolanda Puyana y Cristina Orduz, "Que mis hijas no sufran lo que yo sufrí", en *Mujeres, hombres y cambio social* (Bogotá: Facultad de Ciencias Humanas de la Universidad Nacional de Colombia, 1998; colección CES).

[21] Juanita Barreto Gama y Luz Stella Giraldo Aristizábal, "Yo digo que ellos son un león de papel y que hay un tigre dormido", en *Mujeres, hombres y cambio social, ibid.*

Prólogo

circunstancias del mercado[22]. En la línea de análisis de las transformaciones en los modelos productivos impuestos por las necesidades del mercado dentro del ámbito neoliberal, Luz Gabriela Arango investigaba su impacto entre la población trabajadora y sus efectos en las relaciones de género. El estudio ahondaba en la nueva dinámica organizacional derivada de la imposición del modelo neofordiano y en sus múltiples efectos sobre las relaciones hombre/mujer entre la población vinculada a Fabricato[23]. Por último, el artículo de Mara Viveros y Fredy Gómez Alcaraz abordaba una temática nueva en el país en el campo de la investigación en salud reproductiva: la responsabilidad masculina en el tema de la anticoncepción[24].

El libro que hoy presentamos continúa los debates y las temáticas emprendidos en los años noventa. Sin embargo, en estos ensayos hay una intención más clara de dimensionar la categoría analítica de género, la opción relacional y su incorporación en los análisis, sin abandonar el rescate de los procesos sociales concretos que involucran tanto a mujeres como a hombres.

La primera parte se titula "Propuestas teóricas y metodológicas sobre género" y comprende un ensayo de Donny Meertens, "Género y violencia. Representaciones y prácticas

---

[22] Carmen Diana Deere y Magdalena León, "Mujeres, derechos a la tierra y contrarreformas en América Latina", en *Mujeres, hombres y cambio social, ibid*.
[23] Luz Gabriela Arango, "Del paternalismo al terror del mercado", en *Mujeres, hombres y cambio social, ibid*.
[24] Mara Viveros Vigoya y Fredy Gómez Alcaraz, "La elección de la esterilización masculina", en *Mujeres, hombres y cambio social, ibid*.

de investigación" y otro de Mara Viveros Vigoya, "Notas en torno de la categoría analítica de género", los cuales tienen en común la reflexión acerca del influjo de las teorías feministas y de género sobre las investigaciones que cada una de estas antropólogas realiza en su propio campo de trabajo.

En su incisivo artículo, Donny Meertens pone de manifiesto la dificultad que se presenta a la hora de investigar sobre género y violencia en un país en guerra: en situaciones de violencia exacerbada, los hombres y las mujeres son afectados de una forma diferenciada. Así, el desarraigo y la pérdida de bienes materiales o sociales son experimentados de un modo distinto por unos y otras, a la vez que el género de los sujetos también condiciona la reconstrucción personal y del entorno. El objetivo de Meertens es descubrir presupuestos epistémicos que expliquen estas situaciones, alejados de la pretendida imparcialidad del positivismo y emanados de la teoría feminista; es decir, una epistemología que se fundamente en postulados como *la intersubjetividad* entre los sujetos investigados y las/os investigadoras/es, la incorporación de *la experiencia* en el proceso de investigación como en los resultados, y la deconstrucción de dualismos negativos para la comprensión de la violencia, por ejemplo entre *lo público* y *lo privado*. En palabras de la autora, la perspectiva de género permite incorporar en el análisis de sujetos en guerra la otra cara de la destrucción implícita en estas situaciones de conflicto: la reconstrucción, la supervivencia en situaciones límites, las pequeñas compensaciones cotidianas, el ingenio, la compasión.

Por su parte, Mara Viveros Vigoya hace un recuento de las influencias teóricas y metodológicas en sus investigaciones de los últimos años y descubre el impacto que sobre el

Prólogo

manejo de ciertos temas tuvieron algunas ideas emanadas del feminismo y de la categoría de género. Por ejemplo, analiza el influjo de los conceptos de simultaneidad y de transversalidad en la definición de identidades de género en sus estudios sobre los varones de Quibdó, en el departamento de Chocó. El así llamado "peligro del reduccionismo culturalista del feminismo", implícito en el soslayamiento de lo biológico que supuestamente entraña el concepto de género, lleva a Viveros a clarificar la propuesta antropológica de atender a los cuerpos sexuados con una mirada amplia que abarque lo social, lo político, la articulación entre lo local y global y el complejo mundo de las representaciones.

La segunda parte se titula "Mujeres, representaciones sociales y empoderamiento" y comprende las investigaciones de Yolanda Puyana Villamizar, "¿Es lo mismo ser mujer que ser madre? Análisis de la maternidad con una perspectiva de género", Carmen Diana Deere y Magdalena León, "Propiedad e igualdad de género. Sesgos en la herencia para hijas, esposas y viudas", y Florence Thomas, "Maternidad y gestación de vida. Su problematización frente al nuevo milenio".

Estos artículos exploran algunos espacios femeninos tradicionales, pero sus enfoques comparten una tensión entre la recuperación de las mujeres en sus escenarios o sus experiencias laborales y los intentos de poner a prueba los nuevos modelos explicativos en sus cambiantes y fragmentarias posibilidades.

Desde principios de la década de los noventa, la investigación feminista acerca de la maternidad se ha propuesto no sólo descubrir a las madres escondidas, sino escuchar sus voces silenciadas. Temas como el derecho al aborto, el significado y las experiencias de la maternidad, las confesiones de las madres sobre sus sentimientos maternos, han sido los preferidos de las feministas contemporáneas. Así, el artículo de Yolanda Puyana deja en claro que, cuando se abordan los roles maternos de las mujeres, no sólo es importante ganar comprensión de los patrones normativos de las funciones de las madres en las sociedades complejas como la nuestra, sino que es necesario conocer la experiencia de las mujeres por boca de ellas mismas, escuchar sus voces y la percepción que tienen de sus vidas. Puyana estudia las cambiantes representaciones de la maternidad en Colombia y alude a la interiorización de dichas representaciones por mujeres de dos regiones geográficas del país. Los conceptos y las prácticas de la maternidad han tendido a cambiar a medida que las mujeres han alcanzado una mayor participación en los espacios públicos y que el proceso de modernización ha producido cambios en los comportamientos de los individuos. No obstante, la reproducción y la recurrencia de las prácticas y las representaciones de la maternidad son muy comunes todavía. Puyana ilustra esto a partir del análisis de dos historias de vida de mujeres campesinas. Escuchando las voces de las mujeres, podemos enterarnos de su vida cotidiana, las costumbres de cortejo, las relaciones con sus esposos y con sus hijos, al igual que podemos entender sus valores, sus temores, sus debilidades y sus fortalezas.

El ensayo de Carmen Diana Deere y de Magdalena León, "Propiedad e igualdad de género. Sesgos en la herencia para hijas, esposas y viudas", se revela erudito en un tema muy poco estudiado en América Latina y quizás en el mundo: las formas diferenciadas por sexo del traspaso de la propiedad a través de la herencia y sus efectos en el empoderamiento o, más bien, en el empobrecimiento de las viudas, que son

Prólogo

las directamente afectadas por las costumbres patriarcales en la herencia de la tierra, la legislación sobre participación en los gananciales y las normas en caso de muerte de cónyuges intestados, que vienen de la época colonial. Con admirable minuciosidad, estas dos autoras analizan los regímenes maritales en doce países de América Latina, en donde la diversidad de formas y normas de heredar por parte de las mujeres, en particular las viudas, resulta notable, pero donde la tendencia general desde tiempos pasados es la restricción del control femenino sobre las tierras y haciendas. El período de viudez, cuando las mujeres podrían ganar mayor autonomía e injerencia en el sector de lo público, puede convertirse paradójicamente en un estado en que las penurias económicas imposibilitan una vida digna y productiva.

Y aún más grave es el divorcio entre la legislación y las prácticas sociales con respecto a la herencia. Si bien resultan extraordinariamente escasos los estudios acerca de cómo se procede de manera efectiva en el reparto de los bienes a las viudas, las autoras sugieren, por los pocos casos analizados, que impera la diversidad de prácticas y sobre todo la buena voluntad de esposos e hijos a la hora de tomar decisiones para garantizar la seguridad económica de las esposas. Pero en algunas sociedades las costumbres ancestrales de las comunidades, sobre las formas y las condiciones de manejo de los bienes agrarios, rigen las prácticas sociales por encima de las disposiciones familiares.

Si las normas de herencia para las viudas resultan deficitarias, la situación de las hijas mujeres no es mejor. Como lo muestran las autoras, en América Latina la mayor parte de la tierra es propiedad masculina, así que la legislación sobre la herencia y la modificación de las costumbres en el traspaso generacional de las tierras debe estar en la agenda de los movimientos de mujeres, como lo plantean Carmen Diana Deere y Magdalena León.

En el artículo "Maternidad y gestación de vida. Su problematización frente al nuevo milenio", Florence Thomas introduce un tema que resulta inaplazable de abordar y que también debería hallarse en la agenda feminista del nuevo siglo: hay que cuestionar los viejos paradigmas acerca de la maternidad y abogar por nuevas formas de representación y práctica de las mujeres gestantes, que se fundamenten en el deseo y la conservación de la subjetividad ganada durante el último siglo. En forma valiente, Thomas impugna uno de los pilares sobre los que se han construido las sociedades patriarcales, la apropiación de la maternidad por los varones y la reducción de la mujer al papel de reproductoras de la especie. En efecto, la estricta división de los roles sexuales instalaba a los hombres en el ámbito de la *Cultura* y a las mujeres en el de *Natura*. La maternidad era, pues, el rol que por naturaleza debían asumir las mujeres; en consecuencia, se hablaba, y aún se habla, del *instinto materno*. Ese modelo de maternidad impuesto por la cultura masculina resultaba profundamente insatisfactorio para el género femenino, desde una doble perspectiva. En relación con la crianza de los hijos, no importaba el desempeño de las mujeres, los resultados eran casi siempre insatisfactorios si no obedecían los designios de la cultura machista. En cuanto a las mujeres, la maternidad implicaba retrasar el encuentro con ellas mismas, como sujetos autónomos y creadores de cultura.

Thomas discurre en los cambios que la modernidad ha introducido en los compartimentos privados y públicos que

Prólogo

han proyectado a las mujeres fuera de las barreras de la casa, pero llama la atención sobre la persistencia de las valoraciones de los roles maternos que atan a las mujeres a las necesidades de los hijos y advierte sobre la anacronía entre los diversos papeles sociales de las mujeres en la modernidad y el atraso en las representaciones culturales de los roles femeninos anclados en prácticas y ritos que ya no son.

La autora aboga por el derrumbe de los viejos modelos de representación y práctica de la maternidad y por la necesidad de crear nuevos modelos de maternar, de manera que traer hijos al mundo no suponga un despojo para las mujeres, sino una convivencia pacífica entre dar o cuidar y tener o defender espacios de autonomía para el cultivo de la subjetividad. Entre esos nuevos paradigmas, Thomas defiende un *sentido ético de la maternidad* que se fundamente en el deseo de las mujeres y no en el deber sustentado por una legislación androcéntrica. La maternidad legislada desde afuera convierte a la mujer en cuerpo reproductor, en sujeto pasivo de los designios de la ley del padre, que atropella y desconoce lo que ella quiere.

El principal aporte de este ensayo radica en el llamado a reconocer que el avance de las mujeres no se queda en el logro de sus derechos y en su capacitación para disfrutar de la plena ciudadanía. Las representaciones simbólicas y las prácticas de la cultura han de ser atendidas con igual premura. Florence Thomas nos invita a explorar ese campo, tan minado de anacronías.

La tercera parte de este libro se titula "Masculinidades" y comprende dos ensayos: uno de Matthew C. Gutmann, "Traficando con hombres. La antropología de la masculinidad", y otro de Javier Pineda Duque, "Masculinidad y desa-

27

rrollo. El caso de los compañeros de las mujeres cabeza de hogar".

La reflexión académica acerca de las masculinidades ha corrido paralela a la indagación sobre el feminismo. Esto no significa que todas las vertientes del pensamiento respecto de lo masculino estén de acuerdo con las premisas del feminismo, pero algunos temas sí son comunes: por ejemplo, el análisis de los efectos dañinos del patriarcado sobre hombres y mujeres y la falacia de esencializar al hombre como sujeto universal de la historia y la cultura. Los estudios sobre masculinidad buscan entender a los hombres en términos de sus particularidades y sus especificidades históricas, señalando la naturaleza contingente de la hombría.

La importancia que la teoría de género presta al carácter relacional de los roles de género ha servido de impulso al estudio de la masculinidad en cuanto se reconoce que la comprensión de uno está imbricada en el otro[25], y por ello desde el inicio de los años ochenta han florecido las investigaciones sobre lo masculino. Si bien las orientaciones y los énfasis de éstas han variado, se privilegian algunas temáticas, como la cara oculta del poder masculino, con su vulnerabilidad, su dolor y su alienación[26], el rescate de la esfera de la intimidad[27] y el retorno a los espacios donde se forma

---

[25] Enrique Gomáriz, "Los estudios de género y sus fuentes epistemológicas: periodización y perspectivas", en R. Rodríguez, *Fin de siglo*, p. 97.
[26] Michael Kaufman, "Las experiencias contradictorias del poder entre los hombres", en Teresa Valdés y José Olavarría (eds.), *Masculinidades. Poder y crisis* (Chile: Isis Internacional, Flacso, 1997).
[27] Michael Kimmel, "Homofobias, temor, vergüenza y silencio en la identidad masculina", en T. Valdés y J. Olavarría (eds.), *Masculinidades, ibid*.

Prólogo

la masculinidad profunda, trastocada en los tiempos actuales por la invasiva y omnipresente presencia de las mujeres en la vida de los hombres[28]. Se han realizado descripciones formidables sobre el significado de ser hombre en ciertas culturas –valga decir, sobre el valor del honor y de la virilidad en las culturas mediterráneas[29]–, al mismo tiempo que se han escritos tratados comprehensivos sobre la identidad masculina y las múltiples masculinidades, que no es posible entender sin explorar en el psicoanálisis, las ciencias sociales, la historia de los países hegemónicos y el neocolonialismo[30].

El ensayo de Matthew C. Gutmann titulado "Traficando con hombres. La antropología de la masculinidad" se inscribe en las nuevas tendencias que indagan cómo las distintas disciplinas académicas han abordado las masculinidades. El autor, antropólogo de profesión, hace un recorrido temático y un análisis de los autores que, con distintos enfoques, han tratado el tema. Como él mismo lo advierte, la antropología se ha ocupado de los hombres, pero no en sus relaciones de género. Pese a lo anterior, los objetivos propios de esa disciplina permiten indagar hondamente sobre tópicos que implican a hombres y mujeres y tienen que ver con la vida cotidiana, los ritos de iniciación, la descripción y el análisis del parentesco, las formas que asume la paternidad, el cuerpo, la sexualidad y el poder. Estos temas, vistos con un prisma distinto de aquel al cual nos tiene acostumbrada la antro-

---

[28] Robert Bly, *Iron John: A book About Men* (M. A.: Addison-Wesley, 1990).
[29] David D. Gilmore, "Cuenca mediterránea: la excelencia en la actuación", en T. Valdés y J. Olavarría (eds.), *Masculinidades, ibid.*
[30] R. W. Connell, *Masculinities* (Berkeley: University of California, 1995).

pología –es decir, ignorando las múltiples relaciones entre los géneros–, resultan fascinantes por las nuevas posibilidades de interpretación, el rescate de lo relacional y el análisis de los múltiples significados de los comportamientos masculinos. Igualmente, como lo hicieron las antropólogas feministas en el pasado, este ensayo proporciona valiosos elementos para la búsqueda de lo masculino en otras disciplinas de las ciencias sociales.

El ensayo de Javier Pineda Duque, titulado "Masculinidad y desarrollo. El caso de los compañeros de las mujeres cabeza de hogar", hace parte de un trabajo suyo de más largo aliento sobre los impactos que tiene el género en el desarrollo. Aquí el autor describe las relaciones entre hombres y mujeres en el distrito de Aguablanca, en Cali, en situaciones económicas cambiantes, caracterizadas por el creciente desempleo masculino y la vinculación de las mujeres a programas de microempresa y de microcrédito. La disminución de la hegemonía masculina, asociada a la crisis de desempeño de los hombres en sus tradicionales tareas como proveedores de los bienes materiales, ha coincidido con el empoderamiento creciente de las mujeres, ocurrido no tanto por la pobreza de sus compañeros sino por su presencia en las actividades económicas. Los cambios en las relaciones conyugales resultan por ello evidentes: los hombres se han "domesticado", es decir, han cobrado presencia en las actividades productivas y de cuidado en los hogares que ahora son sitio de microempresas. Según Pineda, los nuevos roles han contribuido al surgimiento de nuevas masculinidades, caracterizadas por un acercamiento de los varones al espacio privado. En esos nuevos contextos, las relaciones de poder han variado: las mujeres han adquirido una mayor capacidad de

Prólogo

tomar decisiones y los hombres se muestran más dispuestos a compartir de manera equitativa las responsabilidades del hogar. Eso ha llevado a consolidar las masculinidades emergentes y su reconocimiento es un buen punto de partida para los futuros estudios sobre las relaciones entre los hombres y las mujeres.

Cierra este volumen una cuarta y última parte, "Entre la justicia y la benevolencia", en que se reproduce un estudio de Jaime Yáñez Canal titulado "El debate Kohlberg-Gilligan. Algo más que un problema de género", sobre la importante controversia entre Lawrence Kohlberg, cuya teoría psicológica moral se fundamenta en la justicia, y Carol Gilligan[31], una de sus alumnas, quien planteó la necesidad de revisar esa concepción tradicional de la moral asociada con la justicia, para incorporar otra dimensión igualmente importante, el *cuidado*, vinculado éste con el género femenino.

En este cuidadoso trabajo, el profesor Yáñez se propuso, antes que centrarse en los contenidos de género de la polémica Gilligan-Kohlberg, exponer la diferencia de concepciones y ahondar en las múltiples implicaciones que ambas posturas tienen en la filosofía y la psicología del desarrollo. Para el feminismo, la obra de Gilligan ha sido el punto de partida de un debate que aún se mantiene entre las feministas postmodernas y las filósofas de orientación más convencional[32].

---

[31] Carol Gilligan, *In a Different Voice: Psychological Theory and Women Development*.
[32] Véase, por ejemplo, el debate entre Daryl McGowan Tress y Jane Flax, desarrollado en el suscitador artículo de McGowan, "Comment on Flax's *Postmodernism and Gender Relations in Feminist Theory*, y en la respuesta de Flax, que apareció en *Signs*, vol. 14, otoño de 1988, pp. 196-203.

Las feministas cuestionan los principios sobre los que en Occidente descansa la razón patriarcal, y Kohlberg, como Yáñez lo indica, fundamenta sus propuestas acerca de la moral en los principios filosóficos de Kant, Rawls y Hare. Por ello, la razón universal, el carácter axiomático de la moral, la imparcialidad a ultranza, la ceguera de lo femenino, implícitos en el desarrollo de la propuesta de Kohlberg, son retados por las teóricas postmodernas, convencidas de que, en filosofía, la reflexión sobre el *self* (sí-mismo) se ha cumplido en términos abstractos y los hombres han sido tratados como seres metafísicos, mentes descarnadas que pueden ser divididas o incorporadas en otras o bien agentes racionales capaces de escoger sus propios planes de vida. Sólo el psicoanálisis y el feminismo cuestionaron la creencia de que la razón es independiente de las contingencias y la intersubjetividad, del lenguaje, de las relaciones sociales y del inconsciente[33].

El concepto de justicia propuesto por Kohlberg fue impugnado desde el feminismo, debido a que estaba asociado con la razón y la inteligencia, para propugnar por un sentido de justicia vinculado con la buena crianza de los hijos, la práctica política y económica, el reconocimiento de la diferencia racial y la empatía entre los seres humanos. Por todas esas razones, los enfoques éticos "no-racionales", entre ellos el que planteó Gilligan, han sido de buen recibo y han generado discusiones de larga duración.

Vale la pena cerrar este prólogo citando a Jane Flax, a propósito de la crítica a la justicia convencional de cuño androcéntrico:

---

[33] J. Flax, *ibid.*, p. 202.

Prólogo

Me parece que las teorías liberadoras del *self* (sí-mismo) y la justicia no pueden articularse dentro de una investigación de la habilidad del *self* para conocer lo que es real. La historia de la filosofía occidental está llena de intentos insatisfactorios de perseguir este enfoque. (Me vienen a la mente Platón, Kant y Hegel). Uno de los más interesantes aspectos de los desarrollos simultáneos en el feminismo postmoderno y las teorías psicoanalíticas es la oportunidad y el reto de perseguir nuevos enfoques no cimentados en los tradicionales argumentos de la razón[34].

Primera parte

PROPUESTAS TEÓRICAS Y METODOLÓGICAS SOBRE GÉNERO

Género y violencia
Representaciones y prácticas de investigación

Donny Meertens

En este ensayo desarrollaré unas reflexiones basadas en varios años de investigación sobre los temas de violencia, conflicto armado y desplazamiento forzado en Colombia, en las cuales la perspectiva de género ha estado presente en forma explícita. Con frecuencia me han hecho dos preguntas: ¿qué aporta una perspectiva de género a los estudios sobre conflicto armado y violencia política? y ¿cómo se hace ese tipo de investigación? Para evitar fórmulas de cajón, esbozo algunas miradas sobre el asunto desde varios ángulos: personales, conceptuales, metodológicos. Comienzo mis reflexiones con un planteamiento que considero inevitable, a pesar de parecer obvio e incluso defensivo. Analizar la violencia a través de un lente de género no significa que se miren "mujeres" y se olviden los hombres; ni que el sexo de víctimas o victimarios les convirtiera en casos de mayor o menor importancia. Al contrario, el lente de género permite enfocar las cambiantes relaciones de poder *entre* hombres y mujeres y las diferentes, y también cambiantes, representaciones de la identidad de *ambos* en un contexto de violencia. Más que jerarquías de problemáticas, se trata de establecer *diferencias* y de construir desde allí una comprensión más refinada de los procesos sociales. La relación género y violencia se puede abordar a nivel *conceptual-temático* –analizar las múltiples conexiones culturales, psicosociales y sociopolíticas entre un análisis de género y el estudio de la violencia; destacar procesos de transformación personal, interpersonal y colectiva e introducir cambios de énfasis, desde la destrucción a la reconstrucción, de víctima a agente, de pasado a futuro– y *epistemológico-metodológico* –revisar las formas de conocer y representar el conflicto en situaciones de interacción, como la entrevista o la historia de vida, en las que el género, entre otros marcadores de la identidad, siempre está presente–. En este artículo elaboré el segundo punto.

LAS MÚLTIPLES CONEXIONES ENTRE GÉNERO Y VIOLENCIA
EN EL CONTEXTO COLOMBIANO

El género constituye una categoría de análisis que nos permite analizar la diferencia entre hombres y mujeres como una construcción cultural y, simultáneamente, como una relación social asimétrica. En publicaciones anteriores[1] ya he desarrollado varias miradas de género sobre las dinámicas actuales de la guerra y las secuelas que varias décadas de violencia política han dejado para hombres y mujeres, a veces participantes en el conflicto armado aunque generalmente simples integrantes de la población civil, vivientes de la violencia. Esas miradas son, en primer lugar, las *representacio-*

---

[1] Ver los artículos de 1995, 1998, 1999 y 2000, en la bibliografía.

Género y violencia

nes simbólicas de la masculinidad y la feminidad que encontramos en las manifestaciones de la violencia política. En todo acto de violencia se expresan, implícita o explícitamente, las representaciones culturales de quien es definido como el *enemigo* y las relaciones sociales de las cuales agresor y víctima forman parte. El género, como uno de los principios estructuradores básicos de la sociedad, siempre está presente en ellas, pero "la violencia de género" se configura con intensidades y manifestaciones variadas, según el momento histórico y la modalidad del conflicto. Otras miradas abarcan la *participación diferenciada* de hombres y mujeres en la violencia, en calidad tanto de actores como de víctimas de ella. Una cuarta mirada enfoca a los *sobrevivientes* de la guerra, específicamente aquellos que han tenido que huir de la violencia de los campos e internarse en las ciudades. A lo largo de los procesos de desplazamiento forzado, hombres y mujeres se ven afectados de manera distinta por los traumas de la destrucción y el desarraigo, y sus acciones para enfrentar los desafíos de la reconstrucción de sus vidas están marcadas por las especificidades de género. Inevitablemente, las experiencias personales de violencia conllevan cambios en los roles y en las identidades de género. En todos los conflictos armados subyacen procesos de formación y de disputa en torno a identidades, frecuentemente invisibles por la magnitud de la movilización de recursos bélicos, económicos y políticos. A lo largo de los procesos de desplazamiento forzado, mujeres y hombres que huyen se ven afectados de manera distinta por los traumas de la violencia y el desarraigo; negocian diversos aspectos de sus identidades, reconstruyen su entorno social a escalas diferentes y formulan expectativas a veces divergentes respecto al futuro.

Donny Meertens

Género, violencia y prácticas de investigación

La (auto)interrogación sobre las prácticas investigativas ha sido un campo profusamente abonado en la antropología, en especial la antropología reflexiva. En este texto tomaré como punto de partida las discusiones en torno de la práctica antropológica, en el campo tanto del análisis de género como de los estudios de violencia. Al revisarlas, resulta inevitable moverse entre dos planos interconectados: el metodológico y el epistémico. Diane Wolf (1996: 4-15) resume la epistemología y el método feminista (los cuales considero puntos de partida para la discusión sobre investigación con perspectiva de género) de la siguiente manera: la epistemología feminista se ha desarrollado como una crítica (filosófica/política/moral) al positivismo, contra la pretensión de la ciencia imparcial, la objetivización del sujeto y la supuesta oposición de los intereses del investigador y del investigado; el positivismo ha sido asociado con "dinámicas masculinas" de interacción, distantes, racionales, sin compromiso, jerárquicas, no relacionadas. A través del tiempo, sin embargo, se han matizado y diversificado las posiciones feministas respecto de las normas de la objetividad. Por ello, la epistemología feminista o de género es un campo heterogéneo en un marco de cuestionamiento de la práctica científica hegemónica abstracta, racional y universalista, a la cual se le ha contrapuesto una diversificación de estrategias. Esa diversidad se refleja en los elementos que podemos reunir para caracterizar lo que Wolf llama "la empresa feminista de investigación"[2]:

---

[2] Algunos elementos, no todos, han sido enumerados por Wolf, 1996.

Género y violencia

–Explicitar y explorar la *intersubjetividad* como una relación dialéctica entre la investigadora y las investigadas, que permita a la investigadora comparar su trabajo con su experiencia como mujer, compartirla con las investigadas e incorporar las reacciones de éstas ("devolver" resultados) a sus análisis. Este planteamiento, que desarrollaremos más adelante, se ampliaría hoy en día, con una mirada desde y sobre "las mujeres", hacia una "conciencia de género" en los procesos de interacción y representación/interpretación de los resultados.

–Desarrollar sensibilidad frente a las relaciones de *poder* que están en juego, tanto en el contexto social que es investigado como en el proceso de investigación misma.

–Incorporar explícitamente *la experiencia* como categoría científica de análisis, con sus consecuencias epistémicas y metodológicas, relacionadas con el punto anterior.

–Deconstruir la *dicotomía privado/público* y, así, relacionar los procesos sociales y políticos –específicamente, en nuestro caso, los conflictos y la violencia– con las experiencias de la cotidianidad de hombres y mujeres, explicitando las relaciones de poder inherentes a ellas y los procesos de construcción de identidad subyacentes.

–Hacer prevaler una perspectiva de *procesos de construcción cultural* –y de producción de conocimientos– sobre la presentación de resultados inamovibles, posición que ha estado acompañada recientemente de la tendencia a recuperar elementos de *agencia* frente a la victimización en los análisis de la dominación, la subordinación o la violencia.

Detengámonos un momento en la intersubjetividad durante el proceso de investigación. Se ha reconocido que las mujeres etnógrafas "clásicas" (entre otras Margaret Mead y

41

Ruth Benedict) se destacaron por considerar explícitamente el impacto de su propia presencia e interacción como un elemento de importancia en su trabajo etnográfico[3]. Desde los años setenta, con el surgimiento de la antropología feminista, esta (auto)conciencia de género ha sido incorporada como un elemento sistemático de análisis y discusión. En la antropología, y aún más en buena parte de la investigación social, el trabajo de campo se realiza interactuando y aprendiendo a mirar a través de los lentes de una (sub)cultura distinta de la nuestra. Eso lo hacemos como personas con una edad, una orientación sexual, una educación, una etnicidad y una clase social específicas, pero, sobre todo, como mujeres y hombres. En el curso del tiempo, y con la evolución de los estudios de "mujer" a los estudios de "género", las apreciaciones sobre las diferencias y las similitudes entre el/la investigador/a y el/la investigado/a han cambiado. Se nota en la literatura antropológica feminista un desplazamiento del énfasis en la hermandad al énfasis en la diferencia, no sólo entre las categorías de "mujer" y "hombre", sino al interior de ellas mismas. No obstante lo anterior, hay muchos ejemplos –incluidos los de mi propia experiencia– de cómo la categoría "mujer", de algún modo, ha funcionado para sentir identificación mutua durante el trabajo de campo, sobre todo cuando hay similitudes en el ciclo de vida, experiencias de maternidad o, en general, elementos de nuestras vidas privadas que lleven a las investigadas a considerarnos a las investigadoras como "suficientemente parecidas a ellas"[4].

---

[3] Bell, 1993: 2-3.
[4] Caplan, 1993: 22.

Género y violencia

En esta línea de reflexión surge una pregunta sobre las diferencias entre los investigadores –hombres– y las investigadoras –mujeres– en cuanto a las expectativas respecto de su conformación con las adscripciones de género locales: ¿se les permite cruzar las fronteras de género con más facilidad a los hombres o a las mujeres? Las respuestas han sido múltiples y las experiencias variadas, insertándose unas y otras en las reflexiones más generales sobre las ventajas y las desventajas del *insider* o del *outsider*, cuando se trata de la negociación del *status* de investigador/a con la comunidad investigada o, en otro plano, cuando se pretende interpretar otra cultura[5]. Los debates acerca de los tópicos de género e intersubjetividad han suscitado una creciente preocupación metodológica, con la necesidad de ser *flexible* en el manejo del espacio entre la identificación y el compromiso[6], de un lado, y la distancia reflexiva, de otro. En efecto, en un contexto de conflicto armado, violencia y desarraigo, de fuertes odios o miedo paralizante entre la comunidad investigada, en el cual contar la verdad es cuestión de vida o muerte o en el cual la confusión y la pérdida de significados impone el silencio, la flexibilidad en el proceso dialéctico de empatía-distancia se convierte en el único medio factible para garantizar la supervivencia científica y emocional del investigador o de la investigadora.

---

[5] Bell, 1993: 10; Geertz, 1973, 1988.
[6] Una corriente desarrollada en los años setenta y ochenta planteaba que la experiencia específica de las mujeres, incluida la dominación de género, genera sensibilidad frente a *todas* las formas de dominación y exclusión y, por lo tanto, lleva necesariamente a tomar posición frente a ellas. Véase Bell, 1993: 3; Jaggar, 1989: 92-97.

43

La perspectiva de género se ha inscrito en las corrientes postmodernas de la crisis de la representación y el énfasis en las múltiples voces mediante las cuales se deconstruye la tradicional mirada "objetiva" hacia "el otro". Aquí entramos en el campo de la "teoría de la posicionalidad" (*standpoint theory*). Algunas defensoras de ésta (Hartsock, 1987; Harding, 1991) consideran que la posicionalidad como mujer de una investigadora resulta crucial para comprender a otras mujeres y obtener algún conocimiento sobre ellas. Su autoconocimiento –alimentado por la subjetividad de un cuerpo sexuado– determina las posibilidades de conocimiento de la otra. Las posiciones más radicales de esa "epistemología desde adentro" (*insiderness*) caen en el esencialismo cuando argumentan que la perspectiva de un solo grupo (aquella de las más oprimidas) es la mejor, la más "verdadera" y la más real, y que, por tanto, genera más conocimiento.

Otras teorías de la posicionalidad plantean la relación investigador-investigado en términos de "conciencia doble" o "forastero adentro" (*outsider within*), cuando algunos aspectos de la posicionalidad coinciden y otros no. Según Donna Haraway (1991), las teorías así planteadas no consiguen escapar de las posiciones binarias que justamente se pretende deconstruir; en contraste, esta teórica desarrolla una "epistemología de la posicionalidad" que parte de la *parcialidad* como base del conocimiento. Este conocimiento situado produce "mapas" de distintas áreas de conciencia, según la clase social, el género u otros elementos estructuradores de la sociedad. La ubicación de las personas en esa intrincada red de posiciones es transitoria en términos de tiempo, espacio y generación o ciclo de vida; además, es relacional y, finalmente, depende del contexto en el cual se interpretan y se construyen los valores[7]. El énfasis en el *contexto*, entonces, hace parte integral de tal enfoque.

El conjunto de estos planteamientos nos remite a otros dos puntos. El primero es la necesidad de complejizar el binomio extraño-conocido (*outsider-insider*): muchas veces el/la investigador/a es ambas cosas simultáneamente, incorpora múltiples perspectivas y tiene una subjetividad múltiple, formada por identificaciones intersectadas. En este sentido, por ejemplo, como mujer puedo identificarme con algunos aspectos de la realidad de las mujeres entrevistadas, víctimas de la violencia, mientras en otros momentos predomina la condición de forastera, la cual entraña desventajas –de incomprensión de algunas señales implícitas, por ejemplo–, pero también ventajas: me ven como persona más alejada de los asuntos internos de la comunidad y aun del conflicto político, lo cual de pronto da acceso a información no revelada en otro contexto; permite más flexibilidad en los roles de género y aumenta la capacidad de discernir patrones, regularidades o tendencias, donde un *insider* estaría inmerso en las rutinas de la cotidianidad. La segunda discusión gira en torno de la compleja interpretación del conflicto y de la violencia, planteada por Antonius Robben[8], que se distingue de una supuesta objetividad o neutralidad en ella y a la cual me refiero más adelante.

Una de los dilemas abordados por investigadoras feministas[9] radica en el examen de la posicionalidad tanto del/a

---

[7] Wolf, 1996: 14.
[8] Robben, 1995: 81 y ss.
[9] Wolf, 1996; Bell, 1993: 41; Moore, 1988, 1994.

investigador/a como del/a investigado/a, en relación con la finalidad de la investigación. Se considera que la reflexión explícita sobre la posición de investigadora es importante, porque biografía, política y relaciones sociales hacen parte del tejido social del terreno investigado. Otras argumentan que este tipo de reflexiones no cambian en nada las condiciones objetivas de pobreza o de exclusión, pues puede limitarse a un "saludo a la bandera" de la diferencia, sin analizar las implicaciones o efectos para el proceso investigativo o la interpretación de los resultados. Irónicamente, en el terreno donde más se podría necesitar una posición reflexiva de género, en la literatura y la investigación sobre "género y desarrollo", raras veces se examina críticamente esa posicionalidad[10]. Uno de los temas más en boga en el campo de género y desarrollo durante la década de los noventa es el *empoderamiento* de las mujeres. Sin entrar en detalles acerca de las dificultades para definir el término, cabe señalar que el empoderamiento de las mujeres aparece a menudo como finalidad de un método específico de investigación: la historia de vida, la narrativa, el "dejar hablar". Sin duda alguna, la reflexión sobre la propia vida y la puesta en común de experiencias pueden ayudar a la autoestima de una persona. La expresión en sí de la propia individualidad es muy importante en contextos de desarraigo, porque constituye la base sobre la cual se puede reconstruir un nuevo mundo de significaciones. A hombres y mujeres que huyeron de la violencia les resulta difícil defender sus individualidades ante las actitudes asumidas por funcionarios que con frecuencia

---

[10] Wolf, 1996: 35.

Género y violencia

tratan de reducirlos a un denominador común de "desplazados", convirtiendo su pasado específico en algo irrelevante o incluso dudoso, y desconociendo que la identidad del refugiado está anclada más en lo que era y menos en lo que se ha convertido. Narrar la propia historia puede dar la oportunidad de restablecer significado y confianza, al tener la libertad de construirse una imagen normativa del propio pasado en el cual "uno era una persona"[11]. Pero este método también tiene sus limitaciones. Wolf[12] señala que el "dejar hablar a las mujeres", *sin* agregar análisis, puede ocultar las relaciones de poder existentes durante la entrevista o simplificar las opresiones contradictorias y múltiples que hay en sus vidas. En ese sentido, las investigadoras, especialmente las que investigamos sobre violencia y conflicto, debemos hacernos la pregunta que Schrijvers[13] se plantea en su trabajo sobre desplazadas por la violencia en Sri Lanka: ¿cómo dar sentido y contenido a una relación humana que no brinda condiciones de continuidad ni de verdadera participación?, ¿hasta qué punto puedes "dejar hablar", tocar las emociones, evocar los hechos traumatizantes, sin ser terapeuta? La respuesta, desde luego, no es unívoca, porque depende de múltiples factores. Según el contexto, un trabajo en equipo, la remisión a otro tipo de servicios profesionales o la colaboración con otras organizaciones podrían canalizar, al menos parcialmente, las dinámicas psicosociales evocadas en la investigación.

---

[11] Daniel y Knudsen, 1995: 5.
[12] Wolf, 1996: 27.
[13] Schrijvers, 1998: 32.

"La guerra solamente es una invención, no es una necesidad biológica", escribió Margaret Mead[14] hace muchos años. La violencia es construida culturalmente: no se deja reducir o esencializar como un principio fundamental del comportamiento humano ni como una estructura básica de la sociedad o un proceso cognitivo o biológico generalizable. Es una dimensión de la existencia humana que no se puede reducir a un solo *locus* de poder. Se manifiesta en realidades variadas, desde los planos globales político-militares hasta las intimidades de la relación sexual. La perspectiva de género en la investigación de la violencia, precisamente, busca ser inclusiva y procura dar cuenta de la intersección de múltiples formas de violencia que traspasan los límites de lo público y de lo privado. Carolyn Nordstrom y Antonius Robben, en su libro sobre experiencias de investigación en situaciones de violencia, destacan la necesidad de verla como un fenómeno de múltiples capas que encarna manifestaciones, visiones, experiencias y verdades distintas, cuya complejidad sólo puede ser expresada con lo que Geertz ha llamado *descripción densa* (Geertz, 1973), que es la representación etnográfica de la construcción subjetiva de la cultura:

> Al levantar y examinar cada una de esas capas de las múltiples realidades, [...] encontramos que inclusive el más horroroso acto de agresión se manifiesta no sólo como un golpe cortante y aislado de una "cosa" externa llamada violencia, sino que provoca encadenamientos que de manera dramática reconfiguran vidas, afectan identidades del pre-

---

[14] Mead, 1964, citado en Robben, 1995: 3.

sente, esperanzas y potencialidades del futuro e incluso interpretaciones del pasado[15].

Robben introduce luego el concepto de *seducción etnográfica* para aludir a aquellas estrategias o defensas mediante las cuales los informantes reducen las múltiples capas a una sola verdad e intentan convencer al etnógrafo de ese discurso "delgado". Así, el etnógrafo ve el mundo a través de los ojos de su interlocutor, y es conducido hacia una interpretación superficial que se queda en la apariencia, producto de una negociación intersubjetiva opaca sobre el conocimiento cultural. Con esta secuencia, el etnógrafo cae en el proceso de *deshumanización* de la sociedad, en el cual sólo ve a sus actores bien como héroes o bien como monstruos y los opositores políticos se convierten en enemigos subhumanos, frente a quienes no se puede pensar sino en la eliminación. Con la seducción etnográfica se pervierte el proceso dialéctico de empatía-distancia[16].

En otras ocasiones, ni siquiera los entrevistados escapan de la representación de su propia experiencia en múltiples capas y apenas son capaces de expresarse a través de términos de complejidad, falsedad, apariencias, motivos dobles, representando en últimas el sinsentido de una lógica lejana de la guerra que perdió el eslabón con la realidad cotidiana de sus bases sociales. Según afirman Nordstrom y Robben, "cuando la guerra realmente se convierte en un asunto de vida y muerte, la razón se convierte en una cacofonía de rea-

---

[15] Nordstrom y Robben, 1995: 5.
[16] Robben, 1995: 85.

lidades"[17]. Es lo que pasa cuando la dinámica de la guerra se desliza hacia el terror y se impone el caos. Cabe mencionar aquí un ejemplo de los efectos del terror en la construcción de la realidad mediante la investigación antropológica. El terror, aplicado como una estrategia para destruir el tejido social de una comunidad, causa una terrible sensación de confusión. La arbitrariedad y el carácter impredecible de sus golpes se orientan a convertir el miedo en un sentimiento difuso, sin dirección, omnipresente; a hacer perder el sentido de la violencia vivida, confundir a los diferentes actores armados y, en últimas, inyectar desconfianza en *todas* las relaciones sociales. Bajo el régimen del terror y del poder arbitrario, casi todos los lazos sociales, incluso los de la esfera privada, se erosionan. Las narrativas de tales episodios de violencia se pierden en un laberinto de rumores y acusaciones, donde los límites entre lo real y lo imaginado tienden a disolverse e incluso la posición de quien habla en las redes del poder se puede interpretar de distintas maneras, tanto por él mismo como por su interlocutor. Así, un hombre desplazado relataba la historia de sus familiares asesinados en términos de que tanto los unos (los paramilitares) como los otros (la guerrilla) creían que ellos (los asesinados) habían colaborado con los otros (o con los unos) y que el hermano de las víctimas (el entrevistado) era sospechoso de ser el asesino (aunque no lo era) de alguien que había estado con unos y después con los otros, pero que en realidad no estaba con nadie... y así sucesivamente. Más que un intento de confundir a la entrevistadora, como inicialmente se podría pensar,

---

[17] Nordstrom, 1995: 137.

Género y violencia

reflejaba la pérdida del *sentido* de la dinámica de la violencia y, con ello, del sufrimiento y el desarraigo por parte del entrevistado. La representación de la violencia en múltiples capas y su integración con la temática del género tienen otras consecuencias, tal vez menos deprimentes, en cuanto promueven el manejo de una perspectiva tanto del conflicto como de la supervivencia, la destrucción y la reconstrucción, el registro de los actos militares y los gestos políticos, por un lado, y también, por otro lado, los pequeños actos cotidianos de hombres y mujeres que emplean toda su creatividad en aras de sobrevivir y, más allá, de reconstruir el sentido de la vida y del futuro, de imaginar un nuevo proyecto de vida. En la investigación de género, el dilema radica en cómo representar a hombres y mujeres en una situación de guerra, a raíz de la cual sus relaciones han cambiado y, al mismo tiempo, sus tradicionales identidades de género son reformuladas o al menos mantenidas entre paréntesis. ¿De qué manera representar a las mujeres desplazadas: como un grupo vulnerable, compuesto de marginalizadas y de maltratadas –una justificada definición que emplean los organismos de socorro– o como hábiles sobrevivientes, tejedoras de una nueva comunidad? La "doble" representación de fuertes y débiles, de víctimas y actores sociales, con todas sus contradicciones, implica romper con la categorización binaria tradicional del otro que necesita compasión (la mujer vulnerable y explotada) *versus* el otro peligroso (la mujer que toma iniciativas, pertenece a las minorías "explosivas", etcétera)[18]. Esa doble

---

[18] Schrijvers, 1998: 32.

representación no resulta fácil de manejar en la práctica. A menudo me he preguntado, durante el proceso de investigación y –más que todo– en la fase de análisis y redacción, ¿cómo podría justificar la representación de mujeres desplazadas por la violencia en términos de personas que habían ganado algo de autonomía, si estas mismas personas lloraban sus angustias durante la entrevista? Y ¿de qué modo podría representar a esos hombres que, por más emprendedores que parecieran, no se habían recuperado de la pérdida de su *status* económico y político habitual?

Las paradójicas representaciones construidas por los/as investigados/as y sus interlocutores deben reflejarse entonces en un esfuerzo por mostrar las contradicciones de la vida humana afectada por la violencia: la risa y el sufrimiento, el miedo y la esperanza, lo inesperado y la rutina, la creatividad y la disciplina, lo absurdo y lo común[20].

Con esta exposición he tratado de mostrar que un método reflexivo que incorpora el género en los estudios de la violencia permite conocer las experiencias de hombres y de mujeres tanto en la destrucción como en la reconstrucción de su proyecto de vida y en ese sentido puede aportar nuevas perspectivas y fórmulas de convivencia para una sociedad que busca superar el conflicto.

REFERENCIAS BIBLIOGRÁFICAS

Bell, Diane. "Introduction 1: the Context". En: Diane Bell, Pat Caplan, Wazir Jahan Karim (eds.), *Gendered Fields:*

---

[19] Nordstrom y Robben, 1995: 10.

Género y violencia

Women, Men and Ethnography (London y New York: Routledge, 1993), pp. 1-18.
Bell, Diane; Caplan, Pat; Karim, Wazir Jahan (eds.). *Gendered Fields: Women, Men and Ethnography*. London y New York: Routledge, 1993.
Daniel, Valenine E.; Knudsen, John Chr. (eds.). *Mistrusting Refugees*. Berkeley: University of Califonia Press, 1995.
Davids, Tine; Willemse, Karin. "Inleiding". *Tijdschrift voor Gender Studies*, 2-1 (1998), pp. 3-14.
Caplan, Pat (1993), "Introduction 2: the Volume". En: Diane Bell, Pat Caplan, Wazir Jaham Karim (eds.), *Gendered Fields: Women, Men and Ethnography* (London y New York: Routledge, 1993), pp. 19-27.
Franco, Jean. "Gender, Death and Resistance: Facing the Ethical Vacuum". En: Juan Corradi, Patricia Weiss Fagen y Manuel Antonio Garretón (eds.), *Fear at the Edge* (Berkeley: University of California Press, 1992).
Geertz, Clifford. *The Interpretation of Cultures*. New York: Basic Books, 1973.
Green, Linda (1995), "Living in a State of Fear". En: Carolyn Nordstrom y Antonius Robben (editores), *Fieldwork under Fire: Contemporary Studies of Violence and Survival* (Berkeley: University of California Press, 1995), pp. 105-127.
Haraway, Donna. *Simians, Cyborgs and Women: The Reinvention of Nature*. London y New York: Routledge, 1991.
Harding, Sandra. *Whose Science? Whose Knowledge? Thinking from Women's Lives*. Ithaca: Cornell University Press, 1991.
——— (ed.). *Feminism and Methodology*. Bloomington: University of Indiana Press, 1987.
Hartsock, Nancy. "The Feminist Standpoint: Developing the Ground for a Specifically Feminist Historical Materia-

lism". En: Sandra Harding (ed.), *Feminism and Methodology* (Bloomington: University of Indiana Press, 1987), pp. 157-180.

Jaggar, Alison. "Feminist Ethics: Some Issues for the Nineties". En: *Journal of Social Philosophy*, II, 1 y 2 (1989), pp. 91-105.

Mead, Margaret. "Warfare is Only an Invention. Not a Biological Necessity". En: Leon Bramson y George Goethals (eds.), *War* (New York: Basic Books, 1964), pp. 269-274.

Meertens, Donny. "Mujer y violencia en los conflictos rurales". En: *Análisis Político*, 24 (1995), pp. 36-49.

———. "Víctimas y sobrevivientes de la guerra: tres miradas de género". En: Jaime Arocha, Fernando Cubides y Myriam Jimeno (eds.), *La violencia: inclusión creciente* (Bogotá: Centro de Estudios Sociales, 1998), pp. 236-265.

———. "Desplazamiento forzado y género. Trayectorias y estrategias de reconstrucción vital". En: Fernando Cubides y Camilo Dominguez (eds.), *Desplazados, migraciones internas y reordenamientos territoriales* (Bogotá: Universidad Nacional de Colombia, 1999), pp. 406-455.

Meertens, Donny. "The Nostalgic Future: Terror, Displacement and Gender in Colombia". En: Caroline Moser y Fiona Clark (eds.), *Gender, Armed Conflict and Political Violence* (London: Zed Books, 2000).

Moore, Henrietta. "The Problem of Explaining Violence in the Social Sciences". En: Penelope Harvey y Peter Gow (eds.), *Sex and Violence* (London y New York: Routledge, 1994), pp. 138-155.

Nordstrom, Carolyn; Martin, Joann. *The Paths to Domination, Resistance, and Terror*. Berkeley: University of Los Angeles Press, 1992.

Nordstrom, Carolyn; Robben, Antonius (eds.). *Fieldwork under Fire: Contemporary Studies of Violence and Survival*. Berkeley: University of California Press, 1995.

Robben, Antonius. "The Politics of Truth and Emotion among Victims and Perpetrators of Violence". En: Carolyn Nordstrom y Antonius Robben (eds.), *Fieldwork under Fire: Contemporary Studies of Violence and Survival* (Berkeley: University of California Press, 1995), pp. 81-103.

Robben, Antonius; Nordstrom, Carolyn. "The Anthropology and Ethnography of Violence and Sociopolitical Conflict". En: Carolyn Nordstrom y Antonius Robben (eds.), *Fieldwork under Fire: Contemporary Studies of Violence and Survival* (Berkeley: University of California Press, 1995), pp. 1-24.

Schrijvers, Joke. "Op de vlucht voor idealen?". *Tijdschrift voor Gender Studies*, 2-1 (1998), pp. 27-37.

Uribe, María Victoria. "Desde los márgenes de la cultura". En: María Victoria Uribe *et al.*, *Arte y violencia en Colombia desde 1948* (Bogotá: Museo de Arte Moderno y Norma Editores, 1999), pp. 269-286.

Wolf, Diane. "Situating Feminist Dilemmas in Fieldwork". En: Diane Wolf (editora), *Feminist Dilemmas in Fieldwork* (Boulder: Westview Press, 1996), pp. 1-55.

Notas en torno de la categoría analítica de género

Mara Viveros Vigoya

Introducción

En este artículo voy a plantear algunas reflexiones sobre "el género" como categoría analítica, partiendo no del examen de los desarrollos conceptuales, metodológicos y temáticos realizados en el área de los estudios de género en general, sino de los interrogantes surgidos a lo largo de mi trayectoria de investigación. A mi modo de ver, una mirada reflexiva sobre un camino que –en cierta forma– ha acompañado –y ha estado acompañado por– los cuestionamientos surgidos en torno del concepto analítico de género puede ser de gran utilidad para exponer a la crítica los debates actuales en este campo.

Para empezar, es importante precisar qué significa, desde el punto de vista de las ciencias sociales, la categoría de género, ya que, a diferencia de las categorías de clase social o etnia, es una herramienta analítica de reciente creación. El concepto de género fue introducido por los científicos sociales, en especial los anglosajones, a principios de los años

Notas en torno de la categoría analítica de género

ochenta y, en la producción académica latinoamericana, en los años noventa. Sin embargo, vale la pena anotar que el sentido de este concepto ya había sido captado con agudeza por Simone de Beauvoir cuando afirmó en su libro *El segundo sexo* –publicado por primera vez en 1949– que "ningún destino biológico, físico o económico, define la figura que reviste en el seno de la sociedad la hembra humana", pues no se nace mujer sino que se llega a serlo, como se llega a ser hombre o padre en algunas sociedades[1].

Este predominio anglosajón tiene que ver con el hecho de que la palabra *gender* en inglés tiene una acepción unívoca, al referirse a una clasificación relativa al sexo. En cambio, en las lenguas romances, como el español o el francés, la significación del término género es mucho más polisémica y puede, por tanto, inducir a equívocos, pues se usa para designar una clasificación (se habla de género teatral o de género de personas o de un género textil), pero casi nunca se vincula a lo sexual y, cuando se hace, se alude únicamente a las mujeres (Lamas, 1996).

En el ámbito universitario e institucional colombiano se puede constatar todavía con frecuencia la asociación entre género y mujeres, y más que la asociación, la confusión entre género y mujeres. Como lo plantea la historiadora norteamericana Joan Scott, esta confusión tiene su origen en la sustitución de "mujeres" por "género" que se dio incluso entre las académicas feministas de los años ochenta. Ese reemplazo de términos expresaría, desde su punto de vista, una

---

[1] Como lo mostró Gilbert Herdt (1981), a propósito de los sambia de Nueva Guinea.

faceta de la búsqueda de legitimidad académica por parte de estas universitarias y un deseo de subrayar la seriedad de sus trabajos, ya que el término "género" suena más neutral y objetivo que el término "mujeres" y se desvincula así de la supuesta estridencia política del feminismo (Scott, 1996).

Por otra parte, pese a que los estudios de género se plantearon la necesidad de enfatizar en el aspecto relacional de este concepto, la mayoría de ellos ha centrado su atención en las mujeres, debido a la enorme dificultad de superar el individualismo metodológico para pensar en términos político-relacionales (Stolcke, 1996). Los trabajos latinoamericanos sobre género permitieron acumular un gran número de estudios sobre las mujeres pero ignoraron la perspectiva masculina. Las investigaciones sobre los hombres como seres dotados de género y productores de género sólo se iniciaron en América Latina a finales de los años ochenta (Viveros, 1997). Hasta entonces la identificación de los varones con lo humano y con una serie de privilegios hacía invisible su problemática en cuanto tales. Ya en fechas recientes, los trabajos sobre masculinidad han adoptado una perspectiva relacional según la cual aquélla sólo puede comprenderse en contraste con la feminidad y como parte de una estructura mayor, que es el género.

El concepto de género

El concepto de género ha sido trabajado en los últimos treinta años desde múltiples facetas que buscaban dar cuenta de la complejidad que lo caracteriza, ya que esta noción hace referencia a diversos niveles de análisis y es una estructura dentro de la cual se superponen varias lógicas que pueden

Notas en torno de la categoría analítica de género

seguir diferentes trayectorias históricas (Connell, 1997). Por estas razones nos parece muy pertinente comentar la definición de género propuesta por Joan Scott, con sus partes y subpartes. En su explicación, el núcleo está construido en torno de la interrelación de dos proposiciones: la primera afirma que "el género es un elemento constitutivo de las relaciones sociales basadas en las diferencias que distinguen los sexos" y la segunda apunta que "el género es una forma primaria de relaciones significantes de poder".

Como elemento constitutivo de las relaciones sociales asentadas en "las diferencias que distinguen los sexos", el género comprende cuatro aspectos interrelacionados e interdependientes:

–Un aspecto simbólico atinente a mitos y símbolos que evocan de manera diversa –y a menudo contradictoria– representaciones de la diferencia sexual. En Andalucía, como lo muestra el antropólogo Stanley Brandes (1981), los símbolos populares que representan el demonio (la cabra o la serpiente del Edén) están asociados con lo femenino y no con lo masculino, como sucede en otras tradiciones occidentales; en la tradición cristiana, imágenes tan dispares entre sí como las de Eva y María son empleadas ambas para simbolizar la feminidad.

–Un aspecto normativo que expresa las interpretaciones de los significados de estos símbolos y se manifiesta en doctrinas religiosas, educativas, científicas, políticas o jurídicas, que definen qué es, qué debe hacer y qué se espera socialmente de un varón o de una mujer. Scott subraya el hecho de que estas declaraciones normativas son producto de conflictos y disputas entre distintas posiciones y no el fruto del consenso social, como se pretende, por ejemplo, en grupos religiosos fundamentalistas que invocan la defensa de un rol supuestamente tradicional para las mujeres, ignorando el hecho de que existen pocos precedentes históricos que demuestren un desempeño indiscutible de ese rol.

–Un aspecto institucional tocante a organizaciones sociales como las definidas por las relaciones de parentesco y la familia, el mercado de trabajo, los organismos educativos y políticos. Es importante tener en cuenta que las prácticas organizacionales de estas instituciones se hallan estructuradas en relación con el género, como se echa de ver cuando constatamos que en ellas la mayoría de los cargos de responsabilidad son ejercidos por hombres o cuando observamos, en el ejército norteamericano por ejemplo, que las reglas del Estado excluyen a soldados y marineros homosexuales debido a su opción sexual, lo cual revela la importancia de la definición cultural de la masculinidad en el mantenimiento de la cohesión de las fuerzas armadas (Connell, 1997).

–Un aspecto subjetivo referido a las identidades de los hombres y las mujeres reales, que no satisfacen necesariamente las prescripciones de la sociedad ni se acomodan a nuestras categorías analíticas. Según Joan Scott, tales identidades subjetivas no se construyen por fuera de una serie de actividades, representaciones culturales y organizaciones sociales históricamente específicas[2].

---

[2] En este punto, Marta Lamas critica a Joan Scott, planteando que esta autora confunde la identidad de género y la identidad sexual. Mientras la primera haría referencia a las identidades "sociales" de las personas como "mujeres" u "hombres", la segunda hace alusión a una estructura inconsciente que construye el imaginario de lo que significa ser mujer o ser hombre.

Notas en torno de la categoría analítica de género

Como ninguno de estos aspectos de las relaciones de género opera con independencia de los otros tres, aunque tampoco lo hacen en forma simultánea, es necesario determinar qué tipo de relaciones se establecen entre ellos. La segunda proposición señala que el género constituye el campo primario en el cual o por el cual se articula el poder. Scott plantea que el género no es el único campo en que esto sucede, pero sí parece haber sido una forma persistente y recurrente de facilitar la significación del poder en las tradiciones occidental, judeocristiana e islámica. Los conceptos de poder pueden construirse sobre el género, aunque no siempre atañen literalmente al propio género; su función legitimadora opera de muchas formas, como lo ilustra Pierre Bourdieu en sus libros *El sentido práctico* y *La domination masculine*, a propósito de la sociedad de los montañeses bereberes de Kabilia, en Argelia. En el primero de ellos señala que todo conocimiento descansa en una operación fundamental de oposición entre lo femenino y lo masculino y las personas aprehenden esa división fundamental mediante sus prácticas cotidianas, constituidas de manera simbólica; por tal razón, la explotación agrícola se organiza de acuerdo con conceptos de tiempo y temporada, que se asientan en definiciones específicas de la oposición entre lo femenino y lo masculino. En el segundo libro, plantea que la división sexual, más que inscribirse en una cosmovisión basada en una oposición binaria, tiene un carácter fundante y representa la oposición de las oposiciones, que a su vez reenvía a "esquemas de pensamiento de aplicación universal" marcados previamente por la dominación masculina.

El género es una de las referencias recurrentes por las cuales se ha concebido, se ha legitimado y se ha criticado el poder político. Muchas ideologías políticas se han asentado en conceptos de género, y los han trasladado a la práctica, como en el caso del *estado de bienestar* que traduce su paternalismo en leyes que buscan proteger a las mujeres y a los niños. Igualmente, instituciones como la monarquía gozan de aceptación popular en la Gran Bretaña contemporánea gracias a los modelos familiares y de género que ponen en escena, y la relación entre gobernantes y gobernados se expresa literalmente o analógicamente en términos genéricos. Por último, si abordamos las relaciones de género no como algo dado, sino como algo problemático y contextualmente definido, caben preguntas sobre lo que está en juego en las proclamas o debates que invocan el género para explicar o justificar sus posturas o sobre la forma en que las instituciones sociales incorporan el género en sus principios y sus organizaciones. Para Scott, investigar esos temas con una perspectiva de género aportará nuevas luces a viejos problemas, y esto puede suceder al introducir, por ejemplo, consideraciones como las expuestas por Patricia Tovar (1999) cuando analiza el impacto de la violencia generalizada que afecta al país sobre la familia y las relaciones de género.

Podría pensarse que la definición de Joan Scott resulta abstracta cuando se trata de designar situaciones concretas. Por el contrario, nos parece de gran utilidad en cuanto permite entender el género en toda su complejidad como categoría analítica de las relaciones sociales y asunto político en un doble sentido, estudia las relaciones entre el ámbito privado y el público y ayuda a comprender las relaciones de poder, autoridad y legitimidad. En esa perspectiva, la antropología puede ocuparse del género tomando dos caminos que me propongo explorar en forma paralela. El primero intenta

Notas en torno de la categoría analítica de género

captar los significados del género en las sociedades contemporáneas, descifrando la relación entre los cuerpos sexuados y las simbolizaciones y prácticas sociales adscritas a ellos. El segundo pretende estudiar el género como prisma que permite aclarar, a través de sus objetos específicos, fenómenos sociales de gran importancia en el mundo contemporáneo, como la inscripción del orden social en los cuerpos, las articulaciones y las intersecciones entre las distintas diferencias sociales, la relación entre lo global y lo local y el tema de la crisis de sentido. En la primera opción, lo que se busca aprehender son los significados del género en el mundo contemporáneo; en la segunda opción, el género es entendido como un signo de las transformaciones sociales a las que asistimos actualmente.

El material empírico en que se apoya esta reflexión fue recogido en varios momentos y contextos sociales: en la zona rural y urbana de Villeta a principio de los años ochenta; en Bogotá, de 1990 a 1996, en barrios populares, hogares y sitios de trabajo de empleadas domésticas, mujeres ejecutivas y altos funcionarios públicos; también en Bogotá, ya en 1996, en la Clínica del Hombre de Profamilia y los hogares de hombres esterilizados, y en Quibdó y Armenia más recientemente. Si bien los puntos que abordaré hallan sus referentes en estos trabajos de campo, abarcan una problemática que rebasa las preguntas planteadas en cada uno de ellos.

LOS SIGNIFICADOS DEL GÉNERO
EN LAS SOCIEDADES CONTEMPORÁNEAS

Como lo expone la antropóloga inglesa Henrietta Moore, el análisis antropológico ha estudiado el género desde dos perspectivas distintas, pero no excluyentes: como una construcción simbólica o como una relación social. Ambos enfoques, que no resultan opuestos ni contradictorios, tienen un objetivo común: interpretar y analizar el género como sistema cultural, y detectar los aspectos económicos, políticos y sociales más significativos para la construcción del género.

Quienes se han interesado en estudiar el género como construcción simbólica ponen de presente que en muchas sociedades se establecen vínculos simbólicos entre el género y otros aspectos de la vida cultural, y que las diferencias entre hombres y mujeres pueden conceptualizarse como un conjunto de pares contrarios que evocan otra serie de nociones antagónicas. Este enfoque insiste en que ningún símbolo de género particular puede ser comprendido a cabalidad si no se ubica en un sistema más amplio de símbolos y significados (Ortner y Whitehead, 1996).

En el caso de mi trabajo sobre las representaciones sociales de la esterilización masculina, intento aprehender su sentido inscribiéndolo en un contexto más amplio de significados interrelacionados. Al reconstruir el cuadro de tales representaciones en los distintos grupos sociales analizados (los prestadores de servicios de la Clínica del Hombre, los varones esterilizados o las esposas de los varones esterilizados), busco poner en relación dichas representaciones con las experiencias vividas en distintos ámbitos (familiar, educativo, profesional, etcétera) y con las redes de significados elaboradas en torno de la masculinidad, la paternidad, la sexualidad y la anticoncepción. De esa manera puedo acceder, por ejemplo, al mapa de las posibles reacciones de los sujetos de cada grupo ante ciertas situaciones. Por ejemplo, los orientadores de la Clínica del Hombre saben qué decir a los usuarios y a sus esposas para vencer sus temores frente al método, los varones saben qué aducir para negarse a su utilización, y así. Por otra parte, cada nueva experiencia es representada y, al serlo, moviliza el sistema de representaciones preexistente y lo enriquece (Fuller, 1993). Así, el hecho de que el número ideal de hijos haya disminuido ha modificado las representaciones que existían en torno de la paternidad. A su vez, el lugar que la paternidad ocupa en la construcción de la identidad masculina ha cambiado el sentido de una decisión anticonceptiva como la vasectomía. Por otra parte, es importante tener en cuenta que el mundo moderno, caracterizado por la penetración de los sistemas expertos, introduce nuevas representaciones en contextos que no los han producido. En el caso de los procesos reproductivos, es importante tener en cuenta el proceso de *medicalización*. Las decisiones anticonceptivas, que durante mucho tiempo fueron consideradas como algo íntimo y personal, han sido incorporadas poco a poco al dominio médico, a su influencia y supervisión. De tal manera, las representaciones a que dan lugar estas decisiones han sido modificadas y reelaboradas a la luz de los conocimientos médicos. En resumen, se trata de establecer el significado de los símbolos de género de acuerdo con otras creencias, concepciones, clasificaciones y supuestos culturales.

El valor de analizar al hombre o a la mujer en cuanto categorías simbólicas reside en la posibilidad que dicho análisis ofrece de identificar las expectativas y los valores que una cultura concreta asocia con el hecho de ser varón o hembra. Aunque ha sido objeto de numerosas críticas, la oposición entre naturaleza y cultura, entre lo doméstico y lo público, entre la mujer y el hombre, constituye un punto de partida útil para entender las asociaciones simbólicas de las categorías de "hombre" y de "mujer" como resultado de las ideologías culturales y no de unas supuestas características inherentes o fisiológicas. Algunas de las críticas a estos modelos de dualismo simétrico arguyen que dan por supuesta cierta unidad cultural que no está justificada y excluyen la posibilidad de que otros grupos sociales perciban y experimenten las cosas de manera distinta. Otra dificultad procede del sesgo etnocéntrico de las categorías analíticas empleadas, pues "naturaleza" y "cultura", "doméstico" y "público", no son categorías exentas de valores y por tanto debemos aceptar que otras sociedades no las tomen por distintas y contrarias, tal como sucede en la cultura occidental; tampoco puede darse por sentado que estos términos traduzcan adecuadamente las categorías imperantes en otras culturas. Y por último se señala que, si bien en la mayoría de los casos las diferencias entre hombres y mujeres son conceptualizadas en términos de conjuntos de oposiciones binarias, metafóricamente asociadas, en otros casos los sexos aparecen como gradaciones en una escala (Ortner y Whitehead, 1996).

Quienes se han interesado por estudiar el género como relación social han centrado su atención en lo que hacen las mujeres y los hombres, es decir, en la división sexual del trabajo y la separación concomitante de la vida social en las esferas doméstica y pública, la primera asociada predominantemente con las mujeres y la segunda con los hombres, y no en un análisis de la valoración simbólica atribuida a unas y otros en una sociedad, ni en la relación de ciertos símbolos y ciertos rasgos de la estructura social. En tales estudios se plantea que determinados tipos de orden social tienden a producir, según la lógica de su funcionamiento, ciertos tipos de percepciones culturales sobre el género. Con esta perspectiva, las concepciones sobre el género y los significados en torno de la sexualidad y la reproducción son vistos como el resultado de formas específicas de acción y práctica que, a su vez, tienen lugar dentro de distintos modos de organización de la vida social, económica y política.

Con este enfoque, de una más fuerte orientación sociológica, se procura entender qué aspectos particulares de las relaciones sociales ejercen mayor influencia en la forma que adopta la ideología del género. Por ejemplo, en el estudio que hice con Luz Gabriela Arango sobre la trayectoria profesional de altos funcionarios públicos, mujeres y hombres, durante la administración Gaviria (1990-1994), se ponen en evidencia diferencias en las trayectorias laborales de mujeres y hombres que remiten a desventajas comparativas para las mujeres, en la medida en que sus carreras presentan inicios en niveles inferiores de la pirámide ocupacional, ritmos de ascenso más lentos, acceso limitado a los cargos de más prestigio y poder y menor movilidad en cargos y entidades. Estas desigualdades se producen a pesar de que las mujeres presentan perfiles educativos similares a los masculinos.

El estudio señala que uno de los factores de mayor incidencia en la reproducción de las inequidades de género en el trabajo es el lugar que ocupan hombres y mujeres en la división sexual del trabajo doméstico. Las grandes diferencias que se presentan en ese terreno, tanto en sus dimensiones objetivas –sincrónicas y diacrónicas– como en aspectos subjetivos que atañen a la percepción de la familia, la paternidad, la maternidad y los arreglos de pareja, ejercen una gran influencia en el curso de las trayectorias laborales y al mismo tiempo en la producción de ideologías en torno de la mujer como trabajadora problemática (por estar menos disponible que el varón para las organizaciones).

Finalmente, con la pretensión de sintetizar los dos enfoques antes expuestos, algunos especialistas plantean que las ideas existentes sobre los hombres y las mujeres en un contexto cultural determinado no son independientes de las relaciones económicas de producción, pero tampoco derivan directamente de ellas. Es decir, si bien el significado de las categorías de "hombre" y de "mujer" surge en el contexto de las condiciones y las posiciones económicas y sociales de las mujeres y los hombres en una sociedad dada, no constituye el reflejo directo de dichas posiciones y condiciones. El proceso, como lo plantean Ortner y Whitehead (1996: 136), resulta en realidad circular, porque "la estructura social es moldeada por las mismas ideas culturales que la dinámica social propicia y cristaliza gracia a ellas".

El género como signo del cambio en las sociedades contemporáneas

El lugar ocupado por el género en el espacio social, tal como viene de ser descrito, hace de éste una categoría conceptual de gran pertinencia para el análisis de sociedades contemporáneas y lo convierte en un revelador particularmente agudo de problemáticas sociales más amplias, entre las cuales cabe mencionar la inscripción de la desigualdad en los cuerpos, las articulaciones e intersecciones entre las diferencias sociales, la relación entre los hechos locales y las realidades globales, y la crisis de sentido que caracteriza a la sociedad contemporánea.

Notas en torno de la categoría analítica de género

La inscripción de la desigualdad en el cuerpo

La traducción de la desigualdad en los cuerpos es un hecho que la antropología permite aprehender en una perspectiva muy rica, como lo muestran los trabajos de Françoise Héritier (1996) en relación con las disparidades ligadas al género. En efecto, Héritier busca entender desde un punto de vista antropológico las razones que explican la "valencia diferencial de los sexos", refiriéndose con ello a una "relación conceptual orientada, si no siempre jerárquica, entre lo masculino y lo femenino, traducible en términos de peso, temporalidad y valor" (1996: 23), la cual se manifiesta de maneras diversas en las instituciones sociales y en el funcionamiento de los distintos grupos humanos.

La antropología ofrece importantes claves de lectura de los procesos por los cuales se efectúa el paso de lo social a lo corporal, mediante la observación en los lugares de trabajo o de residencia, en los espacios de ocio y sociabilidad, de los efectos que tienen los estatus y las posiciones sociales en las representaciones y las prácticas del cuerpo. Un ejemplo de estos efectos lo brinda el estudio que realicé sobre las representaciones de salud y enfermedad entre los habitantes del área rural de Villeta: para ellos, la salud y la enfermedad son realidades que se diferencian por la posición objetiva y subjetiva que cada uno de ellos ocupa en la sociedad y en la familia. En consonancia, las mujeres, cuyo lugar en la familia es de subordinación, revelan a través de la enfermedad sus maneras de vivir o sentir las dificultades familiares y los desequilibrios emocionales. Todo sucede como si muchas mujeres tuvieran la enfermedad como único medio socialmente legítimo para hacerse escuchar y expresar sus sufrimientos frente a un orden de género que "autoriza" el abandono paterno, la infidelidad masculina y la violencia sexual y física por parte de padres, hermanos, compañeros. El cuerpo femenino se convierte así en memoria de su condición social. Por su parte, los campesinos varones entrevistados revelan una gran dificultad para hablar de su experiencia de la enfermedad, como si no tuvieran el vocabulario necesario para expresar esa situación o como si esa vivencia no debiera ser verbalizada. Este pudor frente a la expresión de la enfermedad indica, a mi modo de ver, sus resistencias para atribuir un significado a un evento que los vuelve vulnerables y les dificulta asumir el lugar social de proveedores y protectores de la familia. Por esta razón, el cuerpo masculino es representado como un cuerpo fuerte y resistente, indispensable para responder a las exigencias del trabajo físico en el campo, y la relación que los hombres desarrollan con su cuerpo es una relación instrumental bastante impregnada de una valoración del vigor, de la fortaleza y de la pujanza, signos que encarnan la virilidad en esta sociedad.

Con esta misma perspectiva, la antropóloga brasileña Heloisa Salvatti analiza, en su estudio sobre el embarazo y la maternidad entre los sectores populares de la ciudad de Porto Alegre (1998), cómo se incorporan las desigualdades sociales en los cuerpos de las mujeres. La autora reporta que las mujeres de aquellos sectores muestran las cicatrices que les dejan el embarazo, el parto y la lactancia (bien sean las estrías en el vientre y/o los senos, el corte de la cesárea o la concentración de pigmentación que forma una línea entre el ombligo y los senos), como las marcas de la maternidad en sus cuerpos. Estas huellas quedan como registros de su acceso al estatus de mujeres adultas, alcanzado con la ma-

Notas en torno de la categoría analítica de género

ternidad, una función social fuertemente idealizada en ese universo simbólico. Una inscripción semejante de las desigualdades en el cuerpo se observa en las disparidades en la morbimortalidad colombiana por aborto inseguro, que afecta fundamentalmente a las mujeres más pobres y con varios hijos y a las más jóvenes (Zamudio *et al.*, 1999).

Articulaciones e intersecciones de las diferencias y las desigualdades sociales

Uno de los aportes principales de los estudios del género a la comprensión del mundo contemporáneo ha sido la problematización teórica de la diferencia y la visibilización de las interacciones entre las distintas clases de diferencias existentes en la vida social humana: clase, "raza", género, cultura e historia. Una primera consideración respecto a estas diferencias es que se construyen, se experimentan y se canalizan conjuntamente.

Para presentar un ejemplo de la fuerte imbricación que se puede dar entre las identidades de género y las identidades étnico-raciales, se puede hacer referencia a la importancia que los quibdoseños asignan al desempeño sexual y a la capacidad de seducción y conquista, estudiada en mi trabajo sobre las masculinidades en Quibdó. Si se considera que la identidad es una construcción relacional, resulta evidente que las masculinidades de los varones chocoanos se han erigido en referencia a las masculinidades de los varones colombianos no chocoanos. Su cuerpo y sus destrezas para el baile y la música, pero también para el desempeño sexual, son percibidos por ellos mismos y por los demás como una ventaja comparativa. Por esa razón, pocos renuncian o bien poco se distancian de los valores asociados con ser "quebradores"[3], ya que a través de éstos restablecen el equilibrio de su posición subjetiva frente a los varones de otras regiones y ejercen poder sobre las mujeres. En esa construcción identitaria, el lugar dado a la corporalidad en la sociedad chocoana ha sido aprovechado por los varones como un referente tanto de su identidad étnico-racial como de su identidad de género.

Esto significa que los varones de Quibdó experimentan la identidad masculina y su identidad como afrodescendientes en forma simultánea y no secuencial: es decir, no se perciben primero como varones y luego como quibdoseños. Y esta simultaneidad depende no de sus experiencias individuales sino de las estructuras sociales en las cuales se hallan inscritos.

La teoría de género permite analizar "cómo la diferencia racial se construye a través del género, cómo el racismo divide la identidad y experiencia de género y cómo el género y la raza configuran la clase" (Moore, 1991). No es posible entender ni la clase ni la raza, ni la desigualdad social, sin considerar constantemente el género. Por esta razón, en su estudio sobre la figura problemática de la mujer obrera en el siglo XIX, Joan Scott (1991) muestra cómo el discurso

---

[3] En Quibdó llaman "quebrador" al hombre que tiene el poder de conquistar a varias mujeres, al que se mueve entre una mujer y otra y cambia continuamente de compañeras. Desde una temprana edad, los jóvenes aprenden que el más hombre es el que puede jactarse de su poder de conquista ante su grupo de pares y el que está siempre listo para participar en fiestas, tomando, bailando y demostrando sus habilidades físicas principalmente (Viveros, 1998).

Notas en torno de la categoría analítica de género

sobre el género ha estructurado en forma decisiva los comportamientos de clase y no es posible comprender a cabalidad la historia de la clase obrera sin plantearse una serie de preguntas sobre el género. Igualmente, en su trabajo sociohistórico acerca de la masculinidad estadounidense señala Michael Kimmel que a través del género se ha descalificado a numerosos grupos étnico-raciales. Así, los esclavos negros fueron tildados de menos varoniles, en su condición de hombres dependientes, imposibilitados para defender a sus mujeres y niños; los indígenas nativos fueron infantilizados en las representaciones que se hacían de ellos, y más recientemente, durante la guerra de Vietnam, los vietnamitas fueron descritos como pequeños, blandos y afeminados, como poco "hombres". Estos ejemplos nos permiten ver que "las relaciones de género son un componente principal de la estructura social considerada como un todo y que las políticas de género se ubican entre los determinantes principales de nuestro destino colectivo" (Connell, 1997: 38).

En relación con las diferencias sociales, es necesario hacer otras dos precisiones: la primera es que resulta fundamental abandonar cualquier presupuesto con respecto a la hegemonía de un tipo concreto de diferencia sobre las demás, ya que eso nos predispondría a privilegiar ciertas diferencias en detrimento de otras (Moore, 1991); sin embargo, es evidente que en ciertos contextos hay diferencias más importantes que otras, de lo cual se desprende la necesidad de analizar la interacción de tales diferencias como un conjunto de intersecciones que se define en un contexto histórico y cultural determinado. La segunda precisión es que las diferencias sexuales, fenotípicas o étnicas no significan sociopolíticamente nada por sí mismas, a menos que se hallen ordenadas jerárquicamente y sean dotadas de valor simbólico por una serie de complejos procesos sociopolíticos a los cuales, a su vez, estas diferencias legitiman (Stolcke, 1996). Es importante tener en cuenta que, en la sociedad de clases, las diferencias de sexo y las diferencias de raza, construidas ideológicamente como "hechos" biológicos significativos, son utilizadas para naturalizar y reproducir las desigualdades de clase (Stolcke, 1992). Finalmente, es necesario considerar que esta naturalización de las desigualdades sociales constituye un procedimiento ideológico utilizado cada vez más en el mundo contemporáneo, en un intento fallido por superar las contradicciones inherentes a la teoría democrática liberal que preconiza la igualdad de oportunidades pero sostiene en la práctica criterios no universales de inclusión social.

Los enlaces de lo local y lo global

Después de otras disciplinas de las ciencias sociales, la antropología –cuyo objeto de estudio ha sido tradicionalmente la diversidad al interior de las fronteras nacionales– empezó a interesarse por el tema de la globalización. Aunque las relaciones de género han sido poco estudiadas desde esta perspectiva, sí pueden servir como indicadores de los efectos del proceso de globalización, entre ellos la relación entre realidades locales y supralocales, el cambio sociocultural, político y económico, los flujos y las relaciones entre poblaciones diferenciadas, las formas de representar pertenencia a unidades sociopolíticas y culturales. Por ejemplo, tales fenómenos se expresan a través de la interdependencia mundial de los determinantes de las nuevas formas de empleo

Notas en torno de la categoría analítica de género

(o formas de empleo no estándar), ocupadas en una gran proporción por mujeres. Lo ilustra el estudio de la antropóloga mexicana Beatriz Bustos sobre el empleo femenino en la industria electrónica del occidente de México, en el cual se pregunta si la única modalidad posible para los países latinoamericanos de atraer inversión extranjera productiva es la puesta en marcha de un modelo de desarrollo basado en la generación y reproducción de puestos de trabajo baratos y desprotegidos, ocupados fundamentalmente por mujeres que buscan mejorar el ingreso familiar mediante la realización de una actividad laboral compatible con sus responsabilidades de mujeres-madres.

Otro ejemplo lo constituyen las imágenes de género de los medios masivos de comunicación dominados por Estados Unidos. La reproducción de tales imágenes en distintas partes del mundo va en aumento, y es así como los varones jóvenes de Quibdó y Armenia utilizan pantalones anchos y gorras con la visera hacia atrás y adoptan las posturas y los ademanes corporales de los jóvenes afronorteamericanos, alterando la geografía simbólica de estas ciudades. A través del estudio de estas imágenes se puede entender la circulación planetaria de los imaginarios de la globalización y la mundialización de imágenes que representan estilos y valores desterritorializados (Martín Barbero *et al.*, 1999). Sin embargo, vale la pena señalar que estos signos y símbolos, separados de su contexto originario, son reterritorializados y resignificados hasta cierto punto por estos jóvenes a través del uso particular que hacen de ellos en sus localidades.

En esta misma perspectiva de articulación de lo local y lo supralocal, se puede entender el énfasis de la antropóloga Verena Stolcke cuando plantea que la comprensión de los problemas de las políticas y las técnicas de control demográfico, vigentes en América Latina, requiere del análisis de lo que sucede en este ámbito en el llamado Primer Mundo. La autora señala que, mientras en América Latina se realizan esterilizaciones, muchas veces no consentidas, en los países norteatlánticos, es decir, en Europa y Estados Unidos, el número de las fecundaciones artificiales va en rápido aumento. Mientras en unos países se elimina la capacidad reproductiva de las mujeres, para impedir que tengan hijos, en otros se crean niños y niñas mediante técnicas de procreación médicamente asistida. Es decir, a través del análisis de las técnicas anticonceptivas radicales y de las nuevas tecnologías procreativas, como un nuevo instrumento ideológico y fisiológico de control de las mujeres, la autora muestra el carácter paradójico de la globalización y la fecundidad analítica de adoptar una perspectiva política comparativa entre lo local y lo global.

El tema de la crisis de sentido

El antropólogo francés Marc Augé habla de crisis de sentido en un mundo afectado en su conjunto por un déficit de sentido. Para este autor, más que a una crisis de identidad, asistimos hoy a una crisis de la alteridad, en el sentido de que los individuos o los grupos de individuos se consideran en crisis porque ya no logran elaborar un pensamiento del "otro". Y esta crisis de alteridad es una crisis del sentido que los seres humanos pueden dar a sus relaciones recíprocas, tanto en el campo individual (la pareja y la familia) como en el campo colectivo institucional (la sociedad y el Estado). Igualmente, el decaimiento de las retóricas intermediarias

Notas en torno de la categoría analítica de género

–según la expresión de Marc Augé–, es decir, los elementos discursivos propios tanto de las cosmologías tradicionales como de los cuerpos intermediarios de las sociedades modernas (sindicatos, asociaciones, partidos políticos) que le daban un sentido al mundo, ha hecho necesario interesarse por el individuo y prestar mayor atención a las trayectorias individuales.

Los estudios de género pueden contribuir a la comprensión de esas trayectorias individuales y al estudio de ese déficit de sentido que parece afectar la contemporaneidad en su conjunto. Se habla de crisis de la masculinidad y de crisis de feminidad, aunque de un modo más riguroso se debería hablar de la crisis de un orden de género como un todo, ya que la feminidad y la masculinidad no son sino configuraciones de prácticas dentro de un sistema de relaciones de género (Connell, 1997). En cierto sentido, en Colombia ya es un lugar común referirse a la crisis de la masculinidad y de la feminidad, como expresión de los conflictos entre los atributos culturalmente asignados a los varones y las mujeres y entre sus reacciones subjetivas frente a los importantes cambios sociales, económicos e ideológicos que se producen en el país durante los últimos cuarenta años y que han sido protagonizados y propiciados de distintas maneras por las mujeres. Vale la pena destacar, entre esas transformaciones, los nuevos patrones de inserción laboral de las mujeres, con sus múltiples efectos sobre las formas de organización de la vida cotidiana, los roles sexuales, las relaciones intergéneros e intragéneros y las dinámicas tradicionales de la familia.

En un estudio que efectué sobre las parejas de doble carrera, uniones conyugales en las cuales marido y mujer ejercen una actividad profesional que exige una alta calificación y un nivel de responsabilidad comparables, se revela que la irrupción de las mujeres en espacios tradicionalmente ocupados por hombres ha creado modificaciones en todas las esferas de la vida, públicas y privadas, cuestionando el sentido mismo de las categorías de lo femenino y lo masculino. Asimismo, se señala el surgimiento de nuevas preguntas sobre los ordenamientos sociales fundamentados en las diferencias "naturales" entre los sexos y el resquebrajamiento, explícito e implícito, de los vínculos tradicionales entre hombres y mujeres.

En estas parejas de doble carrera se puede observar un proceso de transformación de las mentalidades y las prácticas sociales, en el cual las mujeres afirman su individualidad y no subordinan ni sus trayectorias profesionales ni su vida privada a la familia, como lo ilustra el lugar circunscrito que ocupa actualmente la maternidad en el proyecto de vida femenino, pues ha dejado de constituir su eje central. Estas transformaciones también incluyen la reivindicación masculina de una mayor intervención en la crianza y la educación de los hijos, y la tímida aparición de nuevos arreglos de pareja en los cuales los hombres están dispuestos a asumir más compromisos en el hogar y a hacer posible que sus esposas gocen de una mayor disponibilidad para su trabajo. Estos cambios en las masculinidades y las feminidades contemporáneas implican desencuentros entre los sexos e ilustran la complejidad de la crisis de sentido –que afecta los hogares y las relaciones interpersonales en la misma medida en que involucra a la sociedad y al Estado– sobre la cual se están produciendo dichas transformaciones.

Notas en torno de la categoría analítica de género

CONTROVERSIAS EN SUSPENSO

Por último, me parece necesario señalar dos nudos importantes en la conceptualización del género que han llevado a algunos estudios sobre el género a caer en reducciones culturalistas, pues su resolución continúa en suspenso: la confusión corriente que se produce entre género y sexualidad y la desatención a las cuestiones biológicas y a los cuerpos. El primer punto es de gran relevancia, ya que se ha tendido a considerar que una teoría sobre la sexualidad puede derivarse directamente de una teoría del género. Es cierto que el género afecta el funcionamiento de la sexualidad y que a su vez ésta ha tenido manifestaciones de género específicas, pero el sexo y el género no son la misma cosa, si bien están relacionados, y constituyen la base de dos áreas distintas de la práctica social, con existencias sociales distintas. Por ello es absolutamente esencial analizar separadamente género y sexualidad, sin tratar ésta como una simple derivación del género. El ejemplo propuesto por Gayle Rubin (1989) resulta esclarecedor: las lesbianas son oprimidas debido al lugar que ocupan socialmente en la estratificación sexual (en su calidad de homosexuales y "pervertidas"), y no sólo por su ubicación como mujeres dentro de las jerarquías de género. En conclusión, la sexualidad es un área de la vida social que requiere su propio bagaje conceptual para entender y explicar sus formas características de poder y opresión.

El segundo nudo, el soslayamiento de las referencias al cuerpo, oculta la dificultad de algunos teóricos para asumir el cuerpo como "bisagra que articula lo social y lo psíquico" (Lamas, 1999) y permite una nueva lectura del género. Para varias autoras, como Marta Lamas, hace falta una perspectiva psicoanalítica para superar la dicotomía mente/cuerpo, para captar la imbricación constitutiva entre las percepciones sensoriales y las diversas emociones, y para entender los procesos psíquicos y culturales por los cuales las personas se convierten en hombres o en mujeres dentro de un esquema que postula la complementariedad de los sexos y la normatividad de la heterosexualidad. Es importante intentar superar una concepción del cuerpo como un dato simplemente material sobre el cual se establece una elaboración cultural que se expresa en prescripciones sobre lo que es "propio de los hombres" y lo que es "propio de las mujeres", ignorando la simbolización inconsciente de ese cuerpo. Con tal objeto, el concepto de *habitus* –propuesto por Marcel Mauss y retomado por Bourdieu en sus libros *El sentido práctico* y *La domination masculine*– resulta de gran pertinencia para superar la dicotomía y la separación mente/cuerpo. El *habitus* (una estructura a la vez estructurada y estructurante), entendido como el conjunto de relaciones sociales e históricas incorporadas y aprehendidas subjetivamente por las personas bajo la forma de disposiciones durables, categorías mentales, estrategias cognitivas, capacidades perceptivas, formas de sensibilidad, etc., permite abordar el cuerpo como un artefacto simultáneamente natural, social y cultural, y esclarecer los mecanismos de producción de disposiciones psicosomáticas que están en la base de comportamientos sociales diferenciados en función del sexo, como lo que Bourdieu denomina la agorafobia de las mujeres en la Kabilia argelina[4].

---

[4] En su trabajo antropológico, Bourdieu omite la problemática de las personas cuya identidad sexual "va en contra de la prescripción cultural y los *habitus* de la masculinidad y la feminidad" (Lamas, 1999: 96).

Notas en torno de la categoría analítica de género

Para terminar, quiero señalar que la identificación de estos nudos –correspondientes a algunos de los interrogantes que atraviesan el campo de los estudios de género– no hace más que subrayar el vigor y la fecundidad analítica e interpretativa que mantiene la conceptualización del género. La única conclusión posible es que la teoría de género, como pensamiento en pleno desarrollo, requiere movilizar los conceptos, las problemáticas y los procedimientos de las ciencias sociales en torno de un objeto que, como he sugerido, aporta luces nuevas a la comprensión del mundo contemporáneo. El reto consiste en responder –con una perspectiva que incorpore y enriquezca el acervo conceptual y metodológico de la tradición de las ciencias sociales– a los desafíos planteados para la comprensión de los cambios que están aconteciendo en las relaciones entre mujeres y hombres, entendidas como construcciones culturales plurales y diversas, y de sus efectos, en las múltiples formas de la contemporaneidad. Probablemente ésta sería la mejor forma de evitar la marginalización señalada por Joan Scott, de la cual se han quejado muchos teóricos y teóricas de los estudios de género, porque sus propios colegas siguen midiendo el interés y el mérito académico de los temas y enfoques investigativos con variados criterios sobre lo que resulta pertinente para "hombres" y "mujeres" y no sobre lo que es relevante desde el punto de vista de las ciencias sociales.

REFERENCIAS BIBLIOGRÁFICAS

Arango, Luz Gabriela; Viveros, Mara. "Itinerarios profesionales y calendarios familiares. Mujeres y hombres en la gerencia pública". *Revista Colombiana de Sociología*, vol. 3, n° 1 (1996), pp. 25-51.

Augé, Marc. *Pour une anthropologie des mondes contemporains*. París: Aubier, 1994.

Bourdieu, Pierre. *El sentido práctico*. Madrid: Taurus, 1991.

———. "La dominación masculina". *La Ventana*, N° 3, 1996.

———. *La domination masculine*. París: Seuil, 1998.

Brandes, Stanley. "Like Woundend Stags. Male Sexual Ideology in an Andalusian Town". En: S. Ortner y H. Whitehead (eds.), *Sexual Meanings. The Cultural Construction of Gender and Sexuality* (Cambridge: Cambridge University Press, 1981).

Connell, R. W. "La organización social de la masculinidad". En: Teresa Valdés y José Olavarría (eds.), *Masculinidades, poder y crisis* (Santiago de Chile: Flacso, Isis Internacional, 1997), pp. 31-48.

Fuller, Norma. *Dilemas de la femineidad. Mujeres de clase media en el Perú*. Lima: Fondo Editorial de la Pontificia Universidad Católica del Perú, s. f.

Herdt, Gilbert. "Semen Depletion and the Sense of Maleness". *Ethnopsychiatrica*, 3 (1981), pp. 79-116.

Héritier, Françoise. *Masculino/Femenino. El pensamiento de la diferencia*. Barcelona: Ariel, 1996.

Kimmel, Michael. "El desarrollo (de género) del subdesarrollo (de género). La producción simultánea de masculinidades hegemónicas y dependientes en Europa y Estados Unidos". En: Teresa Valdés y José Olavarría (eds.), *Masculinidades y equidad de género en América Latina* (Santiago de Chile: Flacso, Unfpa, 1998), pp. 207-217.

Lamas, Marta. "Otro comentario al debate". *Debate Feminista*, año 10, vol. 20 (octubre de 1999).

———. "Usos, dificultades y posibilidades de la categoría género". En: Marta Lamas (comp.), *El género. La construcción cultural de la diferencia sexual* (México: PUEG/Porrúa, 1996), pp. 327-366.

——— (comp.). *El género. La construcción cultural de la diferencia sexual*. México: PUEG/Porrúa, 1996.

Moore, Henrietta. *Antropología y feminismo*. Madrid: Universitat de Valencia, Instituto de la Mujer, 1991.

Ortner, Sherry; Whitehead, Harriet. "Indagaciones acerca de los significados sexuales". En: Marta Lamas (comp.), *El género. La construcción cultural de la diferencia sexual* (México: PUEG/Porrúa, 1996), pp. 127-181.

Rubin, Gayle. "El tráfico de mujeres. Notas sobre la economía política del sexo". En: Marta Lamas (comp.), *El género. La construcción cultural de la diferencia sexual* (México: PUEG/Porrúa, 1996), pp. 35-97.

———. "Reflexionando sobre el sexo. Notas para una teoría radical de la sexualidad". En: Carol S. Vance (comp.), *Placer y peligro. Explorando la sexualidad femenina* (Madrid: Ed. Revolución, 1989), pp. 113-190.

Salvatti, Helena. "Marcas no corpo. Gravidez e maternidade em grupos populares". En: Luis F. Dias Duarte y Ondina Fachel Leal (organizadores), *Doença, sofrimento, perturbaçao. Perspectivas etnográficas* (Rio de Janeiro: Editor Fiocruz, 1998), pp. 9-31.

Scott, Joan. "El género: una categoría útil para el análisis histórico". En: Marta Lamas (comp.), *El género. La construcción cultural de la diferencia sexual* (México: PUEG/Porrúa, 1996), pp. 265-303.

———. "La travailleuse". En: Autores varios, *Histoire des femmes*, tomo IV, "Le IXème siècle" (París: Plon, 1991).

Stolcke, Verena. "Antropología del género". En: *Ensayos de antropología cultural. Homenaje a Claudio Esteva-Fabregat* (Barcelona: Editorial Ariel, 1996), pp. 335-344.

———. "¿Es el sexo para el género como la raza para la etnicidad?". *Cuadernos Inacabados*, 8 (1992), pp. 87-111.

Tovar, Patricia. "Más allá del matrimonio, un territorio llamado viudez". En: *Nómadas*, n° 11 (octubre de 1999), pp. 178-186.

Viveros Vigoya, Mara. "Dionisos negros. Sexualidad, corporalidad y orden socio-racial en Colombia". En: Autores varios, *¿Mestizo yo?* (Centro de Estudios Sociales de la Universidad Nacional de Colombia, 2000).

———. "Orden corporal y esterilización masculina". En: Mara Viveros Vigoya y Gloria Garay A. (eds.). *Cuerpo, diferencias y desigualdades* (Bogotá: CES/PGMD, Facultad de Ciencias Humanas, Universidad Nacional de Colombia, 2000), pp. 164-185.

———. "Esterilización masculina, dinámicas conyugales y ámbitos de poder: un estudio de caso colombiano". En: Lucía Scavone (comp.), *Género y salud reproductiva en América Latina* (San José de Costa Rica: LUR, 1999).

———; Gómez, F.; Otero, E. "Las representaciones sociales sobre la esterilización masculina. El punto de vista de los oferentes del servicio de vasectomía en la Clínica del Hombre en Bogotá". *Cadernos de Saúde Pública*, vol. 14, 1 (1998), pp. 97-104.

———. "Los estudios sobre lo masculino en América Latina: una producción teórica emergente". *Nómadas*, n° 6, marzo-septiembre de 1997, pp. 55-67.

———; Cañón, W. "Pa' bravo... Yo soy candela, palo y piedra. Los quibdoseños". En: Teresa Valdés y José Olavarría (eds.), *Masculinidades, poder y crisis* (Santiago de Chile: Isis Internacional, Flacso, 1997), pp. 125-139.

———. "Entre familia y trabajo. Las trayectorias sociales de las parejas de doble carrera. Un estudio del caso colombiano". En: *Memorias de la IV Conferencia Iberoamericana sobre Familia* (Cartagena de Indias, Colombia, 8 al 12 de septiembre de 1997).

———; Arango, Luz Gabriela. "Itinerarios profesionales y calendarios familiares. Mujeres y hombres en la gerencia pública". *Revista Colombiana de Sociología*, vol. 3, n° 1 (1996), pp. 25-51.

———. "Saberes y dolores secretos. Mujeres, salud e identidad". En: Luz Gabriela Arango, Magdalena León y Mara Viveros V. (comp.), *Género e identidad. Ensayos sobre lo femenino y lo masculino* (Bogotá: Tercer Mundo/Uniandes, 1995), pp. 149-165.

———. "La noción de representación social y su utilidad en los estudios sobre salud y enfermedad". *Revista Colombiana de Antropología*, n° 4 (septiembre de 1993).

———. "L'inactivité, le seuil de la maladie". *Pratiques Sociales et Travail en Milieu Urbain* (París: 1992), pp. 63-79.

Zamudio, Lucero; Rubiano, Norma; Wartenberg, Lucy. "El aborto en Colombia: características demográficas y socio-culturales". En: *El aborto inducido en Colombia*, cuadernos del CIDS, Serie 1, n° 3 (Bogotá: Universidad Externado de Colombia, 1999), pp. 13-153.

Segunda parte

MUJERES, REPRESENTACIONES SOCIALES
Y EMPODERAMIENTO

¿Es lo mismo ser mujer que ser madre?
Análisis de la maternidad con una perspectiva de género

Yolanda Puyana Villamizar

Introducción

Estudiar la maternidad encierra intensas emociones porque al enfrentarnos a este tema terminamos por evocar recuerdos muy profundos. Cuando una persona habla de la infancia, de las madres o de los hijos, revive alegrías, seguridades e inseguridades, proyecta en otros las propias experiencias y expresa cómo fue amada o aborda los dolores causados por las carencias. La madre genera en hijos e hijas sensaciones de plenitud, las cuales se rompen en el momento del nacimiento, y no se vuelven a encontrar durante el resto de la vida. Todo ello hace difícil tomar distancia con respecto a la temática, incluso cuando se trata de pensar en ella con una perspectiva teórica.

En este artículo se intenta hacer un recorrido a través de las representaciones sociales atinentes a la maternidad, un concepto triádico y articulado a la estructura patriarcal de la familia. Las consideraciones teóricas desarrolladas se ilustran con planteamientos sobre las representaciones sociales acerca de la maternidad, según el análisis de los relatos de vida de un grupo de mujeres pertenecientes a sectores populares en Santander y Boyacá. Además se presentan dos historias de vida de mujeres jóvenes campesinas, en las cuales la maternidad es expresada de manera diferente.

El artículo se fundamenta en la investigación denominada "Los imaginarios sociales de un grupo de mujeres de sectores populares"[1]. Se analiza la forma como la maternidad signa la vida de las mujeres, da sentido a su existencia y las sitúa en su medio social.

LA MATERNIDAD COMO REPRESENTACIÓN SOCIAL

Sobre la maternidad se construyen representaciones sociales que condensan las ideas que la sociedad genera al respecto. Así se mezclan imágenes, percepciones, sentimientos que orientan las prácticas de las personas en la vida cotidiana y al mismo tiempo son interiorizadas por cada ser, formando parte de su universo simbólico. Las representaciones organizan el pensamiento social y dan referentes al comportamiento propio de la vida cotidiana, se asimilan en cada subjetividad e inciden en la formación de la identidad[2].

---

[1] La investigación se realizó en 1997 y 1998 a partir del análisis de relatos de vida en los que cada subjetividad interviene, transmite sus recuerdos, alude al pasado y comunica al investigador su versión, como en una representación teatral del narrador para quien escucha. Se registraron treinta y ocho historias de vida en la meseta cundiboyacense y Santander.
[2] Para este texto, se define la representación social como "la manera en que nosotros, en cuanto sujetos sociales, aprehendemos los acontecimientos de la vida diaria, las características de nuestro ambiente, las informaciones que en él circulan, con las personas de nuestro entorno próximo o

¿Es lo mismo ser mujer que ser madre?

Las representaciones sociales sobre la maternidad son producto de una operación simbólica, basada en los valores culturales que determinan la forma como la sociedad interpreta la capacidad de la mujer para procrear hijos. A partir de esos simbolismos se establecen las cualidades femeninas articuladas a lo que el entorno espera de la maternidad. Al mismo tiempo, cada mujer incorpora las representaciones sociales acerca de ser madre, y el deseo de maternar da sentido a su vida, confundiendo ese rol con el de ser persona o mujer. En otras palabras, las representaciones se conciben como figuras de la maternidad y se considera que

[...] lejos de ser un reflejo o un efecto directo de la maternidad biológica, son producto de una operación simbólica que asigna una significación a la dimensión materna de la feminidad y, por ello, son al mismo tiempo portadoras y productoras de sentido [Toubert, 1996: 9].

Las representaciones sociales cambian con las dinámicas sociales: mientras unas son apropiadas para reproducir las tradiciones dominantes, otras son el resultado de procesos de objetivación y anclaje[3]. Éstos recogen nuevas interpre-

---

lejano, conocimiento que se constituye a partir de nuestras experiencias, pero también de las informaciones, los conocimientos y los modelos de pensamiento que recibimos y transmitimos a través de la tradición, la educación y la comunicación social" (Jodelet, 1993: 472).

[3] La objetivación alude al modo como nuevos conocimientos se enraizan en el pensamiento social, la propiedad de hacer consciente lo abstracto, de concretarlo y materializarlo con palabras. El anclaje, por su parte, remite al significado y a la utilidad con que son referidas las representaciones (Jodelet, 1993: 486).

taciones sobre la sociedad o los cambios sociales y así se reconstruyen a partir de ellos.

Aunque las representaciones sociales llenan de significado la vida de las personas, cada subjetividad las reconstruye en el curso de su existencia. Las representaciones sociales se integran a la vida de manera desigual, incluso con frecuencia se vive en contra del deber ser que éstas demandan. Así, una historia de vida puede expresar al mismo tiempo representaciones dominantes, incoherencias respecto al deber ser o cambios en relación a la forma como fueron socializadas. La complejidad de esta afirmación indica que el deber ser de una representación social es diferente de la práctica que de ella se deriva. En el aparte quinto de este artículo se ilustra cómo usualmente las mujeres se acogen a representaciones dominantes sobre el deber ser, pero a la vez desempeñan prácticas consecuentes e inconsecuentes con ese deber ser y, en otros casos, lo transgreden o cambian.

La maternidad es un concepto triádico, como se anotó antes, porque se articula de modo intrínseco con la paternidad y la progenie. La reproducción implica que se gesta un hijo o una hija y de allí derivan las funciones de protección y crianza asignadas a la madre o al padre para su supervivencia. A la vez, ser madre invita a reflexionar sobre una función complementaria, la paternidad, y ambas funciones se asocian, se contradicen y se complementan. En conclusión, ser padre se articula a ser madre; y ambas funciones a la de los hijos y las hijas (Badinter, 1989).

Como ser madre significa procrear un nuevo ser que se convierte en niño o niña, su función y las representaciones sociales acerca de la misma se llenan de sentido a partir de la visión que la sociedad tiene sobre la niñez. En otras pala-

¿Es lo mismo ser mujer que ser madre?

bras, el valor que se da a las nuevas generaciones en el desarrollo de la humanidad se asocia a los referentes simbólicos del concepto de maternidad. Los historiadores de las mentalidades han interpretado la frialdad materna con respecto a la muerte de sus hijos durante la Edad Media, en Europa, como la manera de no sufrir ante la alta mortalidad infantil. Sin embargo, esta situación era consecuencia de que la sociedad no había desarrollado una concepción sobre la infancia como tal. Se pensaba al niño como un estorbo, como malo, o simplemente se carecía de interés por criarlo, y estas representaciones sociales generaban conductas que incidían en la mortalidad infantil:

> La duración de la infancia se reducía a un período de su mayor fragilidad, cuando la cría del hombre no podía valerse por sí misma; en cuanto podía desenvolverse físicamente, se le mezclaba rápidamente con los adultos con quienes compartía sus trabajos y sus juegos. El bebé se convertía enseguida en un hombre joven [Ariés, 1987: 10].

MATERNIDAD Y RELACIONES DE GÉNERO

Las representaciones sociales sobre la maternidad se vinculan con el simbolismo social de las relaciones de género, por la jerarquía y las relaciones de poder que la sociedad establece acerca de ser madre y mujer o padre y hombre[4].

---

[4] En este artículo se define el género como "un elemento constitutivo de las relaciones sociales basadas en las diferencias que distinguen los sexos y una forma primaria de relaciones significantes de poder" (Scott, citado por Lamas, 1996: 17).

En este sentido, Pierre Bourdieu define el género como

> [...] una institución que ha permanecido inscrita por milenios en la objetividad de las estructuras sociales y en la subjetividad de las estructuras mentales [citado por Lamas, 1996: 347].

Con la primera expresión se refiere a las jerarquías sociales resultantes de los múltiples pactos que reducen e impiden el reconocimiento del papel de las mujeres en la vida social y se insertan en las instituciones sociales cuya dinámica debe ser desentrañada en cada coyuntura específica. Con la segunda, alude a un simbolismo social con el cual se construye la identidad y se le impone una lógica y una razón de ser.

Estudiar la maternidad desde una perspectiva de género implica analizar el significado que las culturas le otorgan a la función de madre y mujer, en relación a su opuesto: ser padre y hombre al mismo tiempo. Asimismo la manera como se reproduce el género en las instituciones produce relaciones de poder y representaciones sociales que las legitiman.

Maternidad y patriarcado

Investigaciones antropológicas recientes indican que en Asia y Europa se sacralizó durante centurias la capacidad reproductiva de la mujer y se desarrollaron complejas mitologías en torno de la procreación. Vestigios arqueológicos y pictóricos muestran que las mujeres ocupaban un estatus equitativo respecto de los hombres, desarrollaban tareas aceptadas socialmente y, aunque existía una rígida división sexual del trabajo, participaban en múltiples actividades apreciadas por

¿Es lo mismo ser mujer que ser madre?

la comunidad[5]. La adoración de la diosa madre fue sustituida por un sistema patriarcal que hacía invisible el papel de la madre en la procreación de los hijos (Eisler, 1993; Lerner, 1990; Badinter, 1987).
En el patriarcado el hombre es la cabeza de la unidad doméstica y de todas las instituciones de la sociedad. Su poder se legitima mediante los códigos que excluyen a las mujeres y se reproduce a partir de representaciones sociales que establecen las jerarquías sexuales. Cuando el patriarcado es legitimado a través de la ley se denomina *patriarcado por cohesión* (Amorós, 1995). De allí se deriva un poder masculino aún vigente en las instituciones de más prestigio social.
En la actualidad la herencia del patriarcado se mantiene mediante la restricción de la participación femenina en el mundo de lo público o la reproducción de mecanismos inconscientes que subordinan a la mujer. Ese tipo de patriarcado se califica de *patriarcado por consentimiento*: se reproduce por las formas como la mujer construye sus identidades, entre las cuales se destaca la definición del papel de madre como única meta en la vida, obstaculizando otras alternativas y el cumplimiento de otros papeles sociales. Se ilustrará a través del material empírico que las representaciones sociales sobre la maternidad tienden a reproducir el patriarcado por consentimiento.
Por siglos la reproducción del patriarcado y el poder del hombre en la familia hizo invisible la función materna y la madre desempeñó sus tareas en una condición claramente

---

[5] La Europa Antigua fue estudiada por Maria Gimbutas en "The Godness and the God in the Old Europe", respecto del Egeo, del Adriático y de Checoslovaquia (Badinter, 1987; Eisler, 1993).

subordinada. Al mismo tiempo, el hombre controlaba la sexualidad femenina y la capacidad reproductiva de la mujer, mientras que ésta construía sus identidades en función del hombre, como esposa o como hija. Con el advenimiento de la modernización y como consecuencia de la estructura industrial propia del capitalismo, junto con la división entre lo público y lo privado, se estableció el papel del hombre en la producción y el de la mujer en la familia y se produjo una separación de sexos (Schmuckler, 1982). En esos lugares propios de la domesticidad la mujer se ganaba un espacio que identificaba como propio: "La mujer adquiría un poder creciente en el ámbito privado coincidentemente con la modernidad" (Meler, 1998: 105).

Con la modernidad se divulgó un pensamiento proclive a la infancia. Se reclamaba a los niños por ser los tesoros más valiosos para un país, se señalaba que el recurso humano era el principio de todas las riquezas. En ese sentido, la muerte de los niños suponía una calamidad porque se perdían soldados para defender la patria.

Desde 1760, se divulga el mito del instinto materno. Se crea un faro ideológico que enaltecerá a la madre y hará desaparecer al padre. Se quieren formar sujetos humanos que serán la riqueza del Estado. Bajo la idea de "vuélvete indispensable para la familia y ganarás ciudadanía", las mujeres aceptaron dicho papel. El estatus de la mujer madre rodeada de muchos hijos, responsable de la vida emocional de la familia, es resaltado, y entonces las mujeres se adhieren a este nuevo papel, posiblemente mejor que el anterior [Badinter, 1989].

¿Es lo mismo ser mujer que ser madre?

La necesidad de exaltar la función de la madre en la crianza y el cuidado de los niños se fundamenta en el mito del instinto materno, el cual surge del hecho de que la maternidad entraña un principio biológico asentado en la reproducción humana y sus necesidades de conservación. Se cree que, por procrear, la mujer tiene una tendencia natural a ser madre, cualidad de la cual se derivan los rasgos de la feminidad, su prestigio dentro de la comunidad y su papel social, como si ser madre significara lo mismo en todas las sociedades, como si el hecho de procrear fuera suficiente para explicar la conducta femenina y estuviera sometido a leyes inevitables de la naturaleza.

En principio, el nuevo estatus de la madre no resquebrajó el patriarcado, pues se mantuvo el dominio del hombre en el mundo de lo público y el matrimonio se convirtió en la institución que permitía el control de la mujer y su capacidad reproductiva. La representación social que justificaba la maternidad a partir del instinto materno fortalecía el papel de la madre en la familia y servía para desarrollar aquellos lazos sutiles del llamado *patriarcado por consentimiento*. Cuando la meta de una mujer comenzó a ser la maternidad, por dedicarse a la familia se excluyó de otras instituciones sociales. Esos sutiles mecanismos de cohesión social, adecuados para un patriarcado consentido por muchos, en la actualidad se divulgan a través de los medios de comunicación, en el sistema educativo y, en general, durante el proceso de socialización. Aún se educa a las niñas para que reproduzcan cualidades de servicio y subordinación atadas a una maternidad en la que prevalece el sufrimiento, un afecto infinito hacia el otro que impide quererse a sí misma y el control del erotismo femenino, bajo la exaltación de la virginidad.

Entre tanto, a los niños se los forma para que dominen a las mujeres y desarrollen su virilidad participando en el mundo de lo público. Si bien esta dualidad aún se conserva, en algunos casos se rompe, como se observará en el análisis de las historias de vida (Kaufman, 1995).

Se cuestiona la ecuación mujer igual madre

A partir de la segunda parte del siglo XX se ha resquebrajado la representación social con la cual se define a la mujer en función de la maternidad. Aunque no es objeto de este artículo profundizar al respecto[6], debe señalarse que dichos procesos se articulan a algunos fenómenos, como el aumento de la participación de la mujer en el mercado de trabajo, el mejoramiento de su nivel educativo, la participación política femenina y los logros jurídicos a favor del ejercicio de la ciudadanía, el desarrollo de la planificación familiar y la anticoncepción.

Las conquistas alcanzadas por el movimiento feminista y el avance de un pensamiento crítico sobre las relaciones de género, capaz de analizar la maternidad desde una óptica nueva, son cruciales para generar otra mirada al respecto. Se aduce que la identificación de ser mujer con ser madre es un instrumento de dominación sutil derivado del patriarcado. Al cuestionar la maternidad y la paternidad situándolas como representaciones sociales producto de una construc-

---

[6] Con relación a los cambios en Europa, consúltese Badinter, 1991. Para el caso colombiano, véase el estudio de Elsy Bonilla de Ramos y Penélope Rodríguez (1992) sobre la estructura social y el cambio de la sociedad en el país.

¿Es lo mismo ser mujer que ser madre?

ción cultural, se critican las teorías esencialistas que sujetan la mujer a la familia y desplazan al hombre al mundo de lo público (Toubert, 1996; Chorodow; 1994; Fernández, 1996).

Desde 1949, en *El segundo sexo*, Simone de Beauvoir criticó cómo las mujeres concebían la maternidad, porque muchas de ellas reducían el embarazo a un delicioso olvido de sí mismas. El cuerpo femenino –decía– no es un hecho natural, es una idea histórica dependiente de la significación cultural sobre la feminidad. Asimismo, criticaba la concepción que identifica la mujer con la madre, la idea de que la maternidad entraña sólo una satisfacción y una realización personales, olvidando que el deseo humano es ambivalente, contiene amor y odio al mismo tiempo. Consideraba que la gestación era una tarea agotadora que requería de pesados sacrificios y criticaba la representación monolítica del deseo maternal. Y concluía su libro argumentando que en el vientre materno se alimentaba el patriarcado, es decir, el nombre del padre (Beauvoir, citada por Toubert, 1996).

El pensamiento dirigido a desentrañar las relaciones de género permite comprender la lógica binaria, polarizada y dual en la cual se fundamentan los conceptos de la paternidad y de la maternidad, que son categorías excluyentes. Así, las cualidades de la paternidad oscilan entre la ley del padre, la autoridad, la racionalidad y la rigidez, y se oponen a la maternidad, que implica protección, afecto, solidaridad y vida. A la masculinidad se le atribuye la paternidad, tener hijos como parte de la virilidad, ser proveedor y protector. A la maternidad se le asignan el afecto, el amor infinito, la renuncia al placer y a otras funciones vitales.

Asimismo, la mirada desde el género permite demostrar que no es lo mismo ser mujer que ser madre y, si bien no se puede ser madre sin ser mujer, una mujer realizada puede no ser madre. Con esa óptica también es posible interrogarse por el padre, ya que la sociedad acepta con más facilidad que se puede ser un excelente hombre sin ser padre.

Investigaciones respecto a las características de la familia y la mujer en Colombia muestran que éstas han sido sometidas por siglos a la estructura patriarcal y dominadas por la ecuación mujer igual madre. Igualmente, se ha observado que esas representaciones sociales han sido interiorizadas por las mujeres, reduciéndolas al mundo de lo privado[7].

Asimismo, se ha demostrado que las mujeres participan de la dinámica de reproducción y cambio de la maternidad, ya señalada en el aparte anterior. Se percibe mejor el cambio teniendo como término de comparación el paradigma patriarcal tradicional, un modelo que apuntaló nuestra vida sociocultural hasta hace pocos decenios. No quiero decir que haya desaparecido como tal. Vale la pena anotar que un género avanza con más celeridad, el femenino, mientras que el otro, el masculino, oscila en expectante adecuación, como bien lo sostiene Virginia Gutiérrez de Pineda (1988: 39). Esta autora plantea los siguientes cambios dentro de las estructuras familiares: la división sexual del trabajo, en la cual sobresale el reconocimiento de la función de proveeduría para la

---

[7] En el texto *Honor, familia y sociedad en Santander*, Gutiérrez señala las características de una sociedad patriarcal para este departamento, pero en otros textos generalizó ese concepto para otras regiones de Colombia (Gutiérrez, 1988, 1998 y 1999). Por otra parte, en *El macho y la hembra*, Florence Thomas también muestra cómo los arquetipos de la masculinidad y la feminidad como categorías excluyentes en Colombia sesgan los mensajes de los medios de comunicación (1985).

¿Es lo mismo ser mujer que ser madre?

mujer, la responsabilidad económica tanto del padre como de la madre y la crítica a la resistencia de los hombres a participar en los oficios domésticos. Destaca también una mayor autonomía de las mujeres en el manejo de su sexualidad y de la reproducción. En esta perspectiva, cuando la mujer gana nuevos espacios de participación en el mundo público, logra una mayor capacidad de controlar la reproducción, rompe la ecuación mujer igual madre y comienza a proponer alternativas que le facilitan un actuar distinto en la sociedad. En consecuencia, las representaciones sociales acerca de la maternidad están sujetas a procesos de reproducción y cambio. Una mayor vinculación de las mujeres a la educación, por ejemplo, incide en que se anteponga la maternidad como meta vital. Las perspectivas laborales y la competencia a que son sometidas también generan cambios en los proyectos maternos, así como las guarderías o los programas estatales de atención al niño facilitan la vinculación de las mujeres al trabajo y también inciden en el cambio de las concepciones acerca de la infancia[8]. Este cambio se plasma en la vida cotidiana, se manifiesta en los proyectos de vida de las mujeres y genera una resistencia contra las formas de dominación, la cual se deja ver tanto en las relaciones de pareja como en la participación de la mujer en el mundo de lo público.

---

[8] Sobre el cambio en la situación de la mujer y la familia, véase el número de la revista *Nómadas* dedicado a esa temática con el título "Las familias contemporáneas" (Bogotá: Universidad Central, 1999). Además son útiles los libros de Luz Gabriela Arango *et al.*, *Género e identidad. Ensayos sobre lo femenino y lo masculino* (Bogotá: Tercer Mundo, 1995), y de Juanita Barreto y Yolanda Puyana, *Sentí que se me desprendía el alma* (1997).

Las historias de vida ilustran cómo se perpetúa el concepto tradicional de maternidad, de qué forma se convierte en un instrumento de reproducción de la estructura patriarcal de la familia, así como refleja las resistencias y las negociaciones de las mismas mujeres en ese campo.

El curso de la vida y las representaciones sociales de la maternidad

Como se planteaba al inicio de este artículo, las representaciones sociales constituyen el pensamiento colectivo de un grupo social: son imágenes dominantes que brindan derroteros para la vida cotidiana y, al mismo tiempo, son dinámicas porque se construyen y se deconstruyen, influidas por los cambios sociales y otras culturas.

En el caso de este grupo de mujeres de sectores populares fue posible deducir representaciones sociales acerca de la maternidad a partir de los relatos de vida. De inmediato se constata que la maternidad desempeña un papel central en la existencia de estas mujeres desde el nacimiento hasta la adultez. La ecuación mujer igual madre permea la socialización desde la infancia, produce continuidades y discontinuidades durante el ciclo vital y altera los proyectos futuros. Esto es evidente en el análisis de las representaciones sociales que se presentan a continuación, las cuales son el resultado de una reflexión cuidadosa sobre los relatos de mujeres de bajos recursos socioeconómicos[9]. Hay que anotar que se

---

[9] Como rasgo sociodemográfico de este grupo de mujeres, la mitad habita en sectores rurales, y las demás residen en Chiquinquirá y Duitama (Boyacá), Bucaramanga (Santander) y Pamplona (Norte de Santander).

¿Es lo mismo ser mujer que ser madre?

estudiaron a partir de la confrontación de las percepciones de las mujeres sobre la maternidad con las prácticas en cada momento de su ciclo vital[10]. También se esbozan las representaciones sociales dominantes que tratan la maternidad, de modo explícito o implícito, resaltando el deber, las prácticas y el cambio de dichas representaciones.

Una buena madre debe realizar el oficio doméstico

Las niñas se forman en el oficio doméstico debido a que persiste la representación social de que así desarrollan las cualidades propias de la maternidad. Se trata de una percepción tanto de la mujer campesina como de la citadina, como práctica impuesta por la madre, la socializadora por excelencia.

El aprendizaje del oficio doméstico desde muy niña va acompañado de una sobrecarga de tareas y la responsabilidad precoz en la crianza de los hermanos. A través de una educación autoritaria, con drásticos castigos y prohibición del juego, se reproduce esta representación. De esta forma,

---

Los relatos dejan ver que en el curso de su vida estas mujeres han desempeñado múltiples actividades productivas y domésticas. En su mayoría, son trabajadoras independientes o ayudantes de familia, sus labores o las de sus compañeros presentan un alto nivel de informalidad y carecen de remuneración fija y seguridad social. La ruralidad se define en razón de que habitan en pueblos o veredas con menos de treinta mil habitantes.

[10] Metodología de investigación propuesta, entre otros, por Francis Gonard y Robert Cabanes (1996), así como por Ruthellen Josseson y Amia Lieblich (1993). Aquí las infancias se cuentan a la luz de las experiencias presentes: las narraciones están interpretadas por quien narra y sólo así pueden ser analizadas por el investigador. Asimismo, se contrastaron los relatos con la edad y el lugar de residencia y se revisó lo común y lo diverso con el programa de análisis cualitativo denominado "Ethnograph".

la aceptación del castigo le enseña a sufrir, cualidad apreciada para las madres de estas regiones del país (Barreto, 1997; Puyana, 1998).

El ejercicio de los oficios domésticos forma a la niña en el servicio a los demás, anteponiendo el cuidado de los hijos a los proyectos vitales personales y adecuándose así a la ecuación mujer igual madre. Por otra parte, los cambios de esta representación[11] son consecuencia de la inserción de la niña en la escolaridad, lo cual le genera mayor autonomía. Incide también en la disminución de las responsabilidades domésticas de las niñas el aumento de los servicios públicos y el interés de sus mismas madres por que haya un cambio en la división sexual del trabajo.

Las niñas no deben educarse porque van a ser madres

En la creencia de que el deber ser de la mujer es el hogar, la oportunidad de estudiar se ofrece de preferencia a los varones. Ello explica los altos diferenciales del analfabetismo femenino en las generaciones mayores. Sin embargo, cuando en la sociedad colombiana prevalecía ese tipo de representaciones sociales en el sector rural, las mujeres tendían a transgredir la costumbre participando con esfuerzo en el sistema educativo. En la actualidad, el cambio de la representación social que desplazaba a la mujer de la educación formal explica la baja de los diferenciales educativos entre los sexos en las últimas décadas (Bonilla, *op. cit.*).

---

[11] No es el objeto de este artículo resaltar las diferencias generacionales, pero se percibe que se atenúa esa representación entre las mujeres urbanas y jóvenes.

¿Es lo mismo ser mujer que ser madre?

El hijo debe ser concebido dentro del matrimonio legal y católico

Con base en esta representación se fija para la mujer la virginidad previa al matrimonio: para que las niñas la conserven, padres y madres les prohíben desplazarse de su hogar y con amenazas y castigo físico evitan que se relacionen con hombres, a la vez que la madre trata de no hablarles de la corporalidad y los cambios en su ciclo vital. En síntesis, ante los temores de un posible embarazo ilegítimo, se presentan comportamientos paternos que se convierten en un dispositivo de poder contra la libre circulación de la niña.

Las jóvenes anteponen a esa representación social prácticas de transgresión de la norma, como relaciones sexuales prematrimoniales, embarazos de solteras o fugas del hogar para convivir con sus compañeros. Si bien en un 69% tuvieron un matrimonio católico, la estabilidad de sus uniones fue mínima en Boyacá: la mayoría de las mujeres adultas[12] se separó, mientras que las jóvenes vivían en unión libre. En Santander, la estabilidad era mayor, pero los embarazos sin matrimonio previo también fueron comunes. En Boyacá, el madresolterismo es frecuente: el 55% de las mujeres solteras de zonas rurales de la meseta cundiboyacense había tenido un hijo por lo menos (Flórez, 1990: 92).

Los hijos son la meta de la vida de una mujer

La vida de la mujer desde niña y joven se desenvuelve para alcanzar este deber ser. A esta representación corresponde

---

[12] Con un promedio de cincuenta y siete años.

la práctica del embarazo, el cual se hace aparecer como accidental, aunque es buscado ya desde las primeras relaciones sexuales.

También se reproduce esta práctica cuando se postergan los proyectos personales por los hijos y cuando se mantiene la crianza o el cuidado de la progenie durante toda la vida, suplantando el papel del padre. El cambio de estas costumbres corresponde a la planificación familiar previa al primer embarazo y al reconocimiento que logre hacer la mujer de su corporalidad.

El cuidado y la gratificación de las necesidades de los hijos justifican la vida de la mujer

Responden a esta representación las prácticas que concentran las tareas de crianza, cuidado y protección de los hijos en las madres, con escasa participación de los padres. Esta costumbre se transgrede cuando se cambia la división sexual de roles o funciones; es decir, en el momento en que el hombre asume los oficios domésticos y las mujeres se encargan de las tareas remuneradas.

En el próximo aparte de este artículo se ilustrarán estos cambios con dos historias de vida. La primera corresponde al caso de María: una maternidad tradicional, acompañada por una masculinidad también tradicional; se trata de una relación en la cual el cuerpo femenino es visto como propiedad del compañero. La segunda ilustra un caso contrario al anterior: Marta posee más autonomía y mayor capacidad de gestión, pues está unida a un compañero que se identifica con otro tipo de masculinidad.

¿Es lo mismo ser mujer que ser madre?

MARÍA: UNA HISTORIA EN LA CUAL LA MATERNIDAD REPRODUCE LA ESTRUCTURA PATRIARCAL DE LA FAMILIA[13]

María es una mujer de veinticuatro años que cursó hasta quinto de primaria, tiene tres hijas y un hijo. Su tez es blanca; el pelo, cobrizo y largo; su estatura, mediana; los ojos, de tonalidad clara. Nació en una vereda de clima templado, cerca de San Gil, Santander. Pertenece a los voladores, como se llaman ellos mismos en honor al nombre de dicha vereda, compuesta por familias que tienen pequeñas propiedades heredadas de sus padres. En la zona, las condiciones de vida son precarias y los ingresos bajos obligan a desplazarse hacia otras zonas para trabajar. María es la menor de siete hijos y describe su infancia del siguiente modo:

> Yo me sentía que era diferente de todos, que me regañaban más. Digamos, cuando me tocaba el oficio en la cocina mamá casi no me colaboraba. Me decían: "Bueno, haga usted". Y me tocaba levantarme a soplar candela, a veces le cogía a uno tarde para las comidas, para los hermanos que se iban a trabajar y todo. Cuando trabajaban en lo ajeno a uno le tocaba irse, sembraban un corte bastante y cuando se maduraba tocaba coger, empacar las mandarinas en unas canastas con hojas de plátano y así. Se llevaba a vender el tomate escogido también. Ya como de los diez años en adelante le tocaba a uno el oficio más pesado: desyerbar, cultivar tabaco, colgarlo, extenderlo y todo eso.

---

[13] Entrevista realizada por Cristina Orduz, asistente de investigación, en julio de 1997.

Con el trabajo doméstico, María aprendió a servir a los demás y fue desarrollando cualidades esenciales para ser madre: la capacidad de servicio y sacrificio, la habilidad en la cocina y en las demás tareas domésticas. Cuando creció, su padre no la dejó desplazarse a San Gil para estudiar:

> Él no dejaba que ninguna estudiara en el pueblo porque "pa'qué, si para madre no se estudia", decía él. Mi hermana estudió el bachillerato como hasta el tercero, me parece, y se fue para Bogotá... Por allá echó a trabajar y ahora tiene los hijos y no puede salir de la casa. Entonces por eso papá no quiso darnos más estudio.

El padre piensa que la educación para las mujeres es un esfuerzo perdido, es "gastar pólvora en gallinazos". Como se planteaba anteriormente, con esta representación social se orienta a la niña sólo en función del hogar y de ser madre, de modo que no se justifica que los exiguos ingresos de la familia se gasten en su preparación. Como muchas niñas campesinas, María jugaba y recibía golpizas porque para los padres era la forma correcta de educar:

> Cuando uno no hacía caso y se hacía el pendejo, nos pegaban y nos regañaban. A veces mi papá, a veces mi mamá, a veces con chamizo, pero si no encontraban el chamizo se quitaban la correa y nos pegaban. Yo tenía la costumbre de "remontarme"[14], yo me iba de la casa y por allá lloraba y en fin, me estaba un rato y después llegaba.

---

[14] Irse para el monte.

¿Es lo mismo ser mujer que ser madre?

Estos castigos menguan su capacidad para rebelarse contra las normas impuestas e inciden en que, pasivamente, la niña acepte el sufrimiento, una cualidad que acompaña a la ecuación mujer igual madre. La madre fue para María un modelo de identificación, pero sentía ante ella una actitud más bien distante:

> Mi mamá, pues, cuando eso, siempre uno para pedirle un consejo [...] se recataba[15], porque ella no le contaba. Cuando me desarrollé, quien me contó fue mi hermana. Mamá de la virginidad casi jamás nos habló. Lo único que nos decía era que no brincáramos si teníamos la menstruación, porque era malo y se le puede salir a uno la sangre. Otra hermana mayor le decía a uno que uno podía perder la virginidad con un salto o cuando uno echaba pica o alguna cosa. Yo no me imaginaba qué era eso[16].

El silencio de la madre facilita que la joven esconda sus intereses sexuales y contribuye a reprimir las manifestaciones de la sexualidad con miras a ser una buena madre. Como lo planteaba Ana María Fernández (1996), una de las características de la ecuación mujer igual madre es la represión del erotismo femenino.

> Antes de cumplir los quince años fui novia del que ahora es mi esposo, con él duramos hasta los dieciocho años,

---

[15] Se inhibía.
[16] En cuanto a las representaciones sociales acerca de la menstruación, véase el artículo "Sentí que me venía el diablo", en la revista *En Otras Palabras*, 1999.

que me casé. Me le entregué a él antes del matrimonio. Él me lo propuso, yo le decía que no. Después nuevamente propone hasta que por fin un día me convenció y tuvimos relación. Siempre uno con el miedo y todo, uno pensaba que iba a quedar embarazada. Él me dijo: "No, qué cuentos". Duramos un tiempo así, haciéndolo a escondido hasta cuando quedé embarazada y pues nos tocó casarnos. En ese tiempo "era pues mucho"[17] para verse una mujer así soltera y embarazada y pues decidimos casarnos. Pero yo a veces decía que si papá y mamá me hubieran aceptado así yo no me había casado, yo siempre temía el regaño de ellos. Al poco tiempo mi hermana también resultó embarazada pero entonces ella se fue de acá. Yo con el miedo, me casé. Cuando le decía a mi mamá: "Yo me voy a casar", ella no me acosaba, me decía: "Usted verá, pero el matrimonio... le cuento"[18]. No me explicaba nada. Pero en fin, yo me casé y al principio fue como maluco porque era un hombre complicado, demasiado soberbio, él me peleaba, mejor dicho.

Se narran prácticas culturales que someten a la mujer a través de la maternidad a la estructura patriarcal de la familia: en primer término, la falta de información sobre su cuerpo, que la sujeta al novio, facilita que ella sea controlada y la aparta de la familia. Ella tuvo relaciones sin la capacidad de prever un embarazo, porque no conocía sobre sí misma y la

---

[17] "Era pues mucho" hace referencia a los prejuicios y las reprimendas que recibe una madre soltera en ese medio.
[18] La expresión "le cuento" se usa para referirse a una situación pesada, difícil y larga.

¿Es lo mismo ser mujer que ser madre?

facultad de decidir la relegaba al hombre. Quedar embarazada signó su vida, le impidió buscar otros caminos, y el matrimonio la convirtió en dependiente del hombre que le salvó el honor perdido. El esposo decide sobre la reproducción y la controla. Ella se somete a sus designios como si fueran inevitables.

Pa' uno planificar, a él casi no le gustaba. Entonces yo planifiqué como unos tres meses. Primero con el dispositivo, pero no le gustó. Yo me fui pa' el hospital y le conté a él y mejor dicho, ¡un problemón! Entonces cuando eso casi nos separamos, porque él era peleadera conmigo por eso. Al fin me lo mandé retirar y quedé embarazada de la otra niña. Me decía que no, que fuera un niño, pero fue niña. Entonces me dijo que no me dejaba planificar hasta que le diera un niño. La niña la hubo aquí en la casa, él siempre me decía que no me llevaba al hospital porque era otra china. Las cuñadas me ayudaron: cuando llegó, ya había ido la niña. Él que no, que quería un niño. Después quedé embarazada de la otra, la menor. Entonces como a las seis de la mañana me empezaron de veras fuertes los dolores, fueron y llamaron a la partera. Ella me ayudó porque cuando eso sí sufrí bastante con la niña, porque ella venía de pies. Y después me tocó el niño y ahí sí me llevó al hospital. Él me dijo: "Pues no, mañana hay obreros... yo no sé quién va a cocinar". Y seguro, al otro día por la madrugaba estaba lloviendo y le tocó llevarme como a las dos de la mañana para el hospital y él nació como a las seis. Entonces él se vino para la casa con los obreros y todo. Una cuñada fue a verme, a ver qué había sido. Entonces vino y le dijo a él que no, que había sido una niña, que le metiera tiros.

111

Y el otro descontrolado. Me dijeron que no hallaba qué hacer, si llorar, y triste porque había sido otra niña. Entonces le dijeron que era un niño y ¡mejor dicho! Ahí sí cambió, al otro día fue a verme, a ver si me daban la salida, y así fue. Cuando la niña ésta, la mayor, él la alzaba, pero en cambio a las otras pequeñitas no las alzaba. Entonces me dice él que lo cogió y lo sacó del hospital y todo contento.

La narración expresa la manera como la maternidad se articula a las relaciones de género, la jerarquización y la subvaloración de lo femenino a favor de lo masculino. El cuerpo de su mujer continúa siendo un instrumento para la reproducción, ella es la culpable del sexo de los hijos, recibe castigos por el nacimiento de las mujeres. El hombre dispone no planificar hasta que le nazca un niño, tampoco acude al servicio de salud, castiga a la segunda y a la tercera de sus hijas, no alzándolas, y sólo levanta en los brazos a su cuarto hijo. El lenguaje de ella delata que se siente un instrumento: "él me lleva o me trae", "él me prohibe, él manda", hasta el extremo de no rebelarse aunque se siente en peligro de muerte. El campesino es coherente con la ideología patriarcal porque el nacimiento de un niño supone la continuidad del apellido: es quien merece vivir; por ello él mismo amenaza con autoeliminarse.

El duro trabajo agrícola implica la colaboración permanente del hombre y de la mujer. Para ella se suma el trabajo doméstico, al cuidado de sus cuatro hijos, sin reconocimiento de su aporte económico.

Nos tocaba solos con la mandarina, empacarla por ahí hasta la una de la mañana, eran unas trasnochadotas, y ¡los

¿Es lo mismo ser mujer que ser madre?

niños![19] Nosotros siempre hacemos el mercado y lo traemos acá pero a diario nos toca llevar para cocinar allá porque a veces, pues yo me voy para la labranza. Cuando hay obreros uno se va de aquí y llega allá y ponga la olla y las comidas a horas. Cuando yo trabajo él maneja la plata, yo pues he visto en partes que la maneja es la mujer pero entonces como feo, porque el hombre se ve es como "sumergido"[20] y todo. Pues uno tiene más responsabilidades, uno maneja la plata porque si la plata se acaba uno a dónde va a revolar para el mercado, en cambio manejándola él, pues él si está sin plata le pone la cara a cualquiera: présteme plata. Entonces es mejor que él la maneje. La ropa, él me la compra.

En la dinámica de la estructura patriarcal, la mujer construye su identidad sobre el hecho de ser esposa y madre, y la formación de su subjetividad está mediada por la protección y la dependencia respecto del hombre, la cual comprende el manejo de recursos económicos, el no reconocimiento de los ingresos provenientes de su trabajo y el delegar en él hasta las decisiones sobre lo que se consume. En ese caso, la mujer transfiere al marido la toma de decisiones sobre el dinero para que "se responsabilice más del hogar" y con ese argumento critica el comportamiento de las esposas que hoy asumen con mayor frecuencia el manejo de los recursos.

Él es muy delicado y soberbio, a uno le toca llevarle como la cuerda, digamos, entenderlo. Uno le lleva la con-

---

[19] La expresión "¡los niños!" alude a la carga que para ella significa.
[20] "Sumergido" implica dominado.

traria y entonces él de una vez se pone delicadito, se pone con soberbia, y si uno le pregunta cualquier cosa, lo grita, lo trata mal. Pues yo, por un lado, le echo la culpa es a mi suegro que él sea así con yo, porque como que lo aconseja y todo. Entonces, por ejemplo, si él dice: "Vamos juntos", y ve que vamos a salir juntos, dice que no, que es que ya no se puede mover de no ser con la mujer a la pata.

El patriarcado y la ancestral división del trabajo propia de esa pareja campesina se reproducen a través de las generaciones. Así, el espacio y el tiempo propios de la mujer son controlados por el esposo. La función doméstica dividida y la maternidad la atan a la inmediatez, la especializan e incluso la reducen a vivir en el espacio restringido del hogar.

Además de la maternidad, otros factores facilitan que el hombre mantenga y reproduzca la estructura de poder: se golpea a la mujer, se reproduce la autoridad y se controla su corporalidad.

Al principio él me pegaba pero ahora no, hace tiempo no. Yo le dije que, si él me volvía a pegar —cuando eso ya estaba el niño—, yo me iba y lo dejaba, que si él me volvía a levantar la mano que yo me iba con mis taitas o con mis hermanos, no creyera que yo le dejaba los niños, que yo me los llevaría así fuera como fuera. Pues él ahora ha cambiado muchísimo, él cambia bastante.

La violencia contra la mujer interiorizada por la pareja entraña que las cualidades masculinas facilitan el papel de agresor por parte del hombre y las cualidades femeninas el ser tolerante y sufriente. Para María, "delicado" significa in-

¿Es lo mismo ser mujer que ser madre?

tolerante, que pierde la paciencia con facilidad y se muestra agresivo con ella. Aunque él se confiere el derecho a golpearla, porque "el marido es dueño de la esposa", ella se rebela y logra hacerse respetar cuando ya ha nacido su hijo varón. Tener un hijo hombre le otorga un estatus especial ante su pareja.

La tradición propia de la familia patriarcal se reproduce a través de estos jóvenes padres campesinos. Ella continúa su propia socialización en el cuidado de los hijos y, como sus padres, practica otra forma de control con el castigo físico: "Los niños a veces son demasiado y toca darles fuete o una palmada, algo, porque muchísimo ser necios". El campesino reproduce la tradición y comparte con el suegro la representación social sobre las desventajas de la educación de las hijas, porque van a ser madres, mientras que la campesina sueña:

> Yo a mis hijos quisiera sacarlos adelante y que estudien hasta donde ellos quieran, poderles dar el estudio pero entonces él dice que no, que el estudio únicamente se los da hasta primaria. Él, por ejemplo, tiene sobrinas que han estudiado y no les ha servido para nada, siempre resultaron esperando familia. Entonces él dice [que] para qué va a gastar la plata con las hijas para estudio. Yo pienso que hasta de pronto no más hasta primaria, pues si ellas quisieran estudiar que, de pronto, trabajaran y ellas mismas se dieran el estudio.

Aunque la historia de vida aquí presentada corresponde a la relación de una pareja de jóvenes santandereanos en la cual desempeña un papel central la estructura patriarcal de la familia, su reproducción no es lineal. María ha generado resistencias contra estas imposiciones: se ha rebelado ante el maltrato físico de su esposo, espera que sus hijas no sean así, quiere que ellas trabajen y se financien los estudios de forma independiente. Sin embargo, en contraste con el caso que se presentará a continuación, la maternidad se convierte en un instrumento para la reproducción del sistema patriarcal, y ella no ha definido para sí una identidad diferente de ser esposa o madre, complemento del hombre.

Marta: a través de la maternidad se quiebra
la tradicional estructura patriarcal de la familia

Marta es de tez morena, pelo negro y ojos oscuros; sus rasgos físicos indican algunos antepasados indígenas. Nació en El Pedregal (una vereda cerca de Sutamarchán, Boyacá, de tipo minifundista), en propiedades de sus padres, que ahora cuidan una intensiva producción de curubos. A sus veintisiete años está casada con un campesino de la misma edad que ella y ya tiene cuatro hijos. Su historia de vida permite deducir una situación muy distinta de la de María. Ella tiende a resquebrajar los valores tradicionales de la maternidad y procura cambios en la cotidianidad que le ofrezcan cierta autonomía con respecto al tradicional tratamiento que se le otorga a este evento.

En el relato de Marta sobresale el impacto que le causaba su madre, la pobreza que ella les narraba en contraste con las costumbres de la vida actual. Su descripción del trabajo y de la vida campesina es similar a la que hace María, ya que destaca la pobreza y la intensa labor de niños y de niñas. En el oficio doméstico se socializó para ser una buena madre,

¿Es lo mismo ser mujer que ser madre?

servicial y comprensiva. Recibía sanciones fuertes si no cumplía con esas obligaciones, realizaba faenas agropecuarias y era instruida por sus propios padres. Por su parte, ellos concebían que a través del trabajo se formaba un buen hijo, en medio de una rígida división sexual y severos castigos[21].

En la escuela de la vereda estudié hasta quinto y después ya empecé a hacer sexto en Villa de Leiva. Yo me fui de trece años a un Monasterio donde habían monjas, a estudiar, a trabajar, duré como casi como dos años. Allá estudié y aprendí enfermería, a inyectar, de curaciones, de todas esas cosas. Al principio, pues yo sí quise ser monja, pero ya en seguida ya me arrepentía. Había niñas pequeñas que no cumplían con el deber y cuando estaban durmiendo pues les echaban agua, ellas son terribles. Entonces yo dije: "Si eso es ahora, ¿que será después?". Allá ni amigos se podía tener, porque eso vivían diciendo: "¿Usted que está haciendo? Que ese muchacho, ese no sé cuántos, esos muchachos son unos pícaros, que después las embarrigan[22] y que no".

Si se compara la historia de Marta con la de María, se observa una diferencia respecto a la actitud de la madre. La primera se preocupó y la envió a estudiar fuera de la vereda, sin compartir la representación social contra el estudio

---

[21] Con respecto a la socialización en la meseta cundiboyacense, consúltese el artículo "No quiero que mis hijos sufran lo que yo sufrí", en el libro *Mujeres y hombres y cambio social* (1998), o el estudio de Carlos Pinzón denominado *La mujer lechuza* (1992).
[22] Las dejan embarazadas.

de las mujeres[23]. En consecuencia, Marta alcanzó un mayor nivel educativo, se desplazó de su hogar, conoció otras jóvenes e incluso se rebeló contra el estilo pedagógico que en el monasterio se desarrollaba. El discurso de las monjas se dirigía a atemorizarla contra los hombres y recibió múltiples mensajes encaminados a crearle temor. A los dieciocho años se casó, virgen, con el único novio que tuvo:

> El día del matrimonio fue fiesta toda la noche hasta las siete de la mañana del otro día. Llegamos de allá, que el ponqué, la champaña, después que chivo asado y papas. Se bailó mucho, terriblemente, y la gente ya todos tomados hasta las siete de la mañana. Todos nos quedamos, y al otro día, otra vez la gente llegaba, los que no vinieron el día anterior venían, fueron tres días. Nos regalaban tendidos, cobijas, sábanas, nos dieron plancha, loza de toda clase.
> Pues la primera noche, sí, claro, eso fue como a los tres días. Él a mí me hablaba todo como era, me explicaba, pero a mí no me dejaba de dar susto, miedo, por ejemplo la desvestida.

El matrimonio fue un ritual importante para ella, para la familia y para la comunidad. Un festejo colectivo que celebra la capacidad de la pareja para fecundar nuevas generaciones. A diferencia de María, se casó virgen y no tuvo los

---

[23] Debe anotarse que, en el caso de las historias de vida de las mujeres mayores de Boyacá, también fue común encontrar que los padres rechazan el estudio de las mujeres con la excusa de que éstas van a ser madres. Y tanto en ese departamento como en Santander el analfabetismo de las mujeres adultas es mayor que el masculino.

¿Es lo mismo ser mujer que ser madre?

hijos apenas se unió: con su esposo decidieron planificar su primer embarazo, actitud más común entre las mujeres profesionales de la ciudad. La pareja tenía unas representaciones sociales diferentes acerca de los hijos; no los quería de inmediato y le era indiferente el sexo del primogénito.

Después de dos años ya no me llegó la menstruación ese mes, y yo le dije. Fuimos al médico, me tomaron los exámenes, y que estaba embarazada. Ya seguí en los controles y todo eso, de pronto hubo la niña. Tuve la primera niña, yo tenía dieciocho años. Los tuve a todos en Villa de Leiva en el hospital. Para el primero yo quería que fuera niño y él que fuera niña. Ya me mandé a hacer ligadura de trompas. Eso fue decisión de ambos. Es que, por ejemplo, él decía que hubieran o dos niños o cuatro. Decíamos que dos tampoco porque eran muy poquitos, porque por ejemplo hay amigas que tuvieron dos hijos y uno se murió, o así. Entonces decidimos que fueran o dos o cuatro y tuvimos cuatro. La primera, la mayor, una niña; después un niño, después una niña, después un niño.

El número de hijos, cuatro, es alto respecto al promedio nacional, que es 2,8, pero en el medio campesino los niños se convierten en mano de obra para la familia, y aún gran parte de la producción agraria depende de la mano de obra familiar. A pesar de las características económicas de la producción agrícola, Marta adopta una racionalidad citadina en torno de la planificación familiar, se apropia del control natal, lo proyecta y toma la decisión con su parejo. Posiblemente el que ambos hayan vivido en otras zonas, su compañero en Bogotá y ella en Villa de Leyva, incide en esta actitud.

La manera como Marta propuso la división del trabajo agrícola es un proceso novedoso, ya que trata de romper con la tradicional división sexual de los oficios campesinos:

> A él no le gustaba hacer los oficios de la casa, pero entonces decía: usted haga los oficios y yo me voy a trabajar. Pero ya así hablando nos dimos cuenta que si ambos trabajábamos, y hacíamos un oficio primero y el otro después, nos iba a rendir, así ganábamos tiempo, y ahora trabajamos así. En la casa los oficios los hacemos ambos, por ejemplo yo hago el desayuno, él hace aseo, él tiene un trabajo que hacer de la curuba y yo trabajo con él y, por ejemplo, la lavada de la ropa, la lavamos los dos. Con los hijos él ha sido muy excelente. Cuando yo tuve los niños, él ha sido el que lava, el que cocina. Cuando ya iban a haber los niños nosotros hacíamos todo el trabajo, con eso no teníamos problema de que se llegara el trabajo con complicación, de que yo estaba en dieta. Todo quedaba en orden, él mismo me atendía a mí, él mismo lavaba la ropa, los pañales, esas cosas, todo: él cambia los niños y él los baña. También los regaña, pero muy raro ha de ser que les de un chancletazo, muy impaciente ha de estar. Yo sí a veces les pego un chancletazo, los amenazo con decirles que los voy a vender o así, entonces ya no son tan cansones.
>
> Con relación al dinero, él vende curuba, a veces vendemos quince, doce cajas, diez; sacamos a crédito cualquier cosa y se paga con lo que se vende; por ejemplo, yo tengo mi plata, si él necesita pues yo le doy, y cuando yo necesito, él me da. Pues juntos cogemos la curuba, la sacamos, se vende y la plata se deja para lo que se necesita, ni el uno coge más ni el otro coge menos de lo ganado.

¿Es lo mismo ser mujer que ser madre?

Para trabajar con Bienestar Familiar [Marta se desempeñó un tiempo como madre comunitaria] fue porque una amiga de Chiquinquirá que trabajaba en un Hogar me dijo de que si yo quería ella me ayudaba para que trabajara y ya la gente siguieron diciendo de que ya los Hogares estaban funcionando en toda parte y que aquí por qué no, que no éramos veredas menos que fulanas. Así siguió la gente y me dijeron que si yo quería trabajar que me ayudaban y así fue, duré seis años. Al principio pues a él no le gustaba, porque para lidiar con muchachos ajenos qué terrible. Pero ya en seguida ya se acostumbró a los niños y ya nos adaptamos.

A mí me gusta leer, mirar programas de televisión como para los niños. Por aquí, pues, ya no hay muchas dificultades como antes, porque, por ejemplo, antes la gente era muy incomprensiva, yo he corregido mucha gente de que sea. Hay gente que le gusta hablar conmigo, por ejemplo, de que la señora es la que lava, la señora es la que barre, la señora es la que hace el oficio. Entonces yo hablo con ellos, ¿por qué tiene que hacer sola todo eso?, ¿porque sea hombre o porque sea mujer? Tenemos los mismos derechos, yo les digo. Que mire que el chino se ensució las manos, ¿por qué tiene que ser ella la que se las lava cinco veces al día? Ya de que uno ya las cosas cambian y en el tiempo anterior de que porque era la mujer, era la esclava. En cambio, yo pienso que no tenemos que ser esclavas porque somos mujeres. Pero aquí eso todavía no, muy difícil.

A mí toda la gente me dice que no soy común y corriente en el campo, los amigos vienen de Bogotá y me dicen usted de dónde es, usted no es de aquí.

Las mujeres que relatan estas historias asumen una actitud respecto de la maternidad totalmente distinta: en la primera de ellas, María se reproduce y mantiene las estructuras patriarcales a través de la maternidad, mientras que en la segunda Marta modifica los valores tradicionales en ese campo: se adueña de su corporalidad y opta con su pareja por controlar la natalidad. En especial sobresale la división del trabajo que propone a su compañero: ambos hacen los oficios, él realiza las tareas que se le atribuyen a la mujer, la atiende después del parto, y ambos acuerdan la manera de gastar e invertir. La pareja se vuelve andrógena[24] y posiblemente cada uno empieza a desarrollar cualidades antes reprimidas: él muestra más afectividad y ternura; ella, mayor capacidad de tomar decisiones. Cambiar la división sexual de los oficios, dialogar para resolver las diferencias, no golpearse ante las divergencias, se convierte para Marta en una parte de su discurso como madre comunitaria: para ella ser madre entraña prácticas y representaciones sociales que pueden resquebrajar la tradicional estructura patriarcal. Marta es madre no sólo de cuatro hijos, también de la comunidad. Aprovecha su rol de madre comunitaria para buscar un cambio en la tradicional división del trabajo de su vereda.

La pregunta que surge ahora es: si estas mujeres tienen la misma edad e igual oficio campesino, ¿por qué sus representaciones sociales con respecto a la maternidad y sus prácticas en la relación de pareja son tan diferentes?

---

[24] E. Badinter afirma que una pareja andrógena se constituye cuando el hombre realiza funciones tradicionalmente femeninas y la mujer asume las masculinas.

¿Es lo mismo ser mujer que ser madre?

María proviene del contexto cultural santandereano. Sus ancestros españoles tanto en la familia como en la sociedad reprodujeron durante centurias una estructura patriarcal cohesionada. El honor de la virginidad femenina garantiza el prestigio de la familia en la comunidad. Las mujeres mantienen sus matrimonios bajo la premisa de que deben "amar el mismo hombre toda su vida". A su vez, Marta proviene de un medio cundiboyacense, con un fuerte ancestro español y chibcha. En este medio, si bien priman las representaciones sociales proclives a la familia patriarcal, las mujeres tienen en la práctica una mayor movilidad: son más dadas al madresolterismo y a la unión libre que las santandereanas[25]. En ambas culturas las mujeres trabajan intensamente, pero en la cundiboyacense poseen más capacidad de manejar sus bienes y a menudo se dedican al comercio (Gutiérrez, 1998). Podría afirmarse que la estructura patriarcal es menos fuerte, pero la figura de María –la virgen de Chiquinquirá– es el referente obligado para la formación de la sexualidad de la niñas. La violencia contra las mujeres de sectores populares es similar en ambas regiones, pero en la cundiboyacense la migración hacia Bogotá resulta más constante. Las mujeres disponen de un mayor espacio de libertad, pueden viajar con más frecuencia a estudiar a otros lugares y pueden internarse como empleadas domésticas.

---

[25] En el estudio citado sobre los imaginarios sociales de un grupo de mujeres de sectores populares en la zona cundiboyacense, los ciclos de vida se caracterizan por la mayor inestabilidad en las uniones, los hijos de madres solteras, los hogares monoparentales y más frecuentes separaciones conyugales, cuando se comparan con los ciclos de las santandereanas ("Informe de investigación", 1998).

En las historias de estas mujeres las actitudes de las respectivas madres son muy distintas. Marta dialogó con su madre sobre su corporalidad y ella la impulsó a salir a estudiar. En el caso de María, la situación es contraria: la madre acepta el prejuicio del hombre contra el estudio de las mujeres y establece una relación distante con la hija.

Finalmente, el trabajo de Marta como madre comunitaria, la forma de replantearse múltiples temas en torno de la relación con su pareja, logran que el hecho de ser madre de esa manera no sea instrumentalizado por la cultura patriarcal, sino que le muestre nuevas dimensiones del mundo cultural en que se halla inserta. Por eso la gente le dice que no parece de allí.

En este artículo se trató de ilustrar cómo las representaciones sociales de la maternidad se incorporan en la vida de las mujeres, cómo se generan identidades, cómo se construyen y se deconstruyen formas diferenciales de ser mujeres y ser al mismo tiempo madres. Dichas representaciones fluctúan ante los cambios propios de la sociedad, produciendo características distintas entre las mujeres, así pertenezcan a un mismo contexto económico y social.

Referencias bibliográficas

Ariés, Philippe. *El niño y la vida familiar en el Antiguo Régimen*. París: Tauros, 1973.

Amorós, Celia. *Diez palabras claves sobre la mujer*. Madrid: Edición Colección 10, 1995.

Arango, Luz Gabriela; Puyana, Yolanda, et al. *Mujeres, hombres y cambio social*. Bogotá: Universidad Nacional, 1998.

¿Es lo mismo ser mujer que ser madre?

Badinter, Elizabeth. *El uno es el otro*. Bogotá: Planeta, 1987.

———. *¿Existe el amor maternal?* Madrid: Paidós, 1989.

Barreto, Juanita; Puyana, Yolanda. *Sentí que se me desprendía el alma*. Bogotá: Indepaz, Universidad Nacional, 1997.

Burin y Meler, Irene. *Género y familia*. Madrid: Paidós, 1998.

Cabanes, Robert; Gornard, Francis. *Uso de las historias de vida en las ciencias sociales*. Bogotá: Universidad Externado de Colombia, 1996.

Chorodow, Nancy. *El ejercicio de la maternidad*. Madrid: Gedisa, 1994.

Eisler, Riane. *El cáliz y la espada*. Cuatro Vientos, 1993.

Fernández, Ana María. *La mujer de la ilusión*. Madrid: Paidós, 1996.

Gadon W., Eleonor. *The Once & Future Goddess*. Washington: Library of Congress, 1989.

Gutiérrez de Pineda, Virginia. *Familia y cultura en Colombia*. Bogotá: Universidad de Antioquia, 1998.

———. "Cambio social, familia patriarcal y emancipación femenina". *Revista del Trabajo Social*, n° 1, 1998.

———; Villa, Patricia. *Familia, honor y sociedad en Santander*. Bogotá: Universidad Nacional, 1988.

———; Rico, Ana; Puyana, Yolanda, *et al*. "Las familias contemporáneas". Revista *Nómadas*, n° 11, octubre de 1999.

Kaufman, Michale. "Los hombres, el feminismo y una experiencia contradictoria de poder entre los hombres". *Género e identidad. Ensayos sobre lo femenino y lo masculino*. Bogotá: Tercer Mundo, 1995.

Lamas, Marta. *El género y la construcción cultural de la diferencia*. México: Edición Ciencias Sociales, 1996.

Lerner, Gerda. *La creación del patriarcado*. Madrid: Editorial Crítica, 1990.

Meler, Irene, *et al*. *Género y familia*. Madrid: Paidós, 1998.
Moscovici, S.; Jodelet, D., *et al*. "La representación social, fenómeno, concepto y teoría". *Psicología social*. Madrid: Paidós, 1993.
Pinzón, Carlos; Suárez, Rosa. *La mujer lechuza*. Bogotá: Instituto Colombiano de Antropología, 1992.
Pineda, Roberto, *et al*. *Familia y cambio en Colombia. Las transformaciones de fines del siglo XX*. Medellín: Antropólogos de la Universidad de Antioquia, 1992.
Puyana Villamizar, Yolanda. *Los imaginarios sociales de un grupo de mujeres de sectores populares*. Bogotá: Universidad Nacional, 1997.
Schumkler, Beatriz. "Familia y dominación patriarcal en el capitalismo". En: Magdalena León, *Debate sobre la mujer en América Latina y el Caribe. II. Sociedad, subordinación y feminismo* (Bogotá: ACEP, 1982).
Scott, Joan. "El género como categoría histórica de las ciencias sociales". *Género e historia en las ciencias sociales*. Valencia: Ediciones Alfosín, 1990.
Thomas, Florence. *El macho y la hembra*. Bogotá: Universidad Nacional, 1985.
Toubert, Silvia. *Las figuras de la madre*. Barcelona: Editorial Feminismos, 1996.

Propiedad e igualdad de género
Sesgos en la herencia para hijas, esposas y viudas[1]

Carmen Diana Deere y Magdalena León

Introducción

Este artículo se fundamenta en la idea del rol crítico que la propiedad de recursos desempeña en el bienestar de las personas. La propiedad de recursos le permite a la mujer avanzar en la capacidad de negociación no sólo en su hogar sino también por fuera de él, en la comunidad y en la sociedad, y representa un paso fundamental en el proceso de empoderamiento. Entre los principales medios para adquirir la propiedad de los recursos se encuentran las herencias, las compras en el mercado y las adjudicaciones del Estado, éstas en lo referente a la tierra, principalmente.

El logro y el manejo de los derechos de propiedad por parte de las mujeres en América Latina han entrañado una larga lucha, aún en proceso de consolidación. Fue así como,

---

[1] Este trabajo es parte de un libro que publicará Tercer Mundo Editores con el título *Género, propiedad y empoderamiento. Tierra, Estado y mercado en América Latina*, y especialmente de los capítulos 1, 2 y 8.

durante las décadas iniciales del siglo XX, la primera ola del movimiento de mujeres en la región incluyó, junto con las demandas por el sufragio femenino y el establecimiento de la capacidad legal de la mujer casada, el reclamo de los derechos de propiedad. Estas luchas, lentas y arduas, ocuparon buena parte del siglo pasado[2].

Este artículo tiene como eje central analizar las normas legales que consagran los derechos de herencia a la propiedad para las/os hijas/os descendientes de una unión y para las esposas o compañeras en doce países de la región, como una de las maneras por medio de las cuales se adquieren recursos materiales. Para comprender los derechos de herencia se hace alusión a los regímenes matrimoniales vigentes en estos países en la actualidad. Al mismo tiempo se busca, con la información disponible para seis de ellos, establecer la relación entre las normas sobre la herencia y su aplicación práctica con referencia a la tierra para las/os hijas/os en zonas rurales.

Siguiendo la tradición española, en América Latina toda la prole de un matrimonio, con independencia de su sexo, tiene iguales derechos de herencia. Pero en las normas con respecto a la herencia de las esposas y las compañeras se encuentra una mayor heterogeneidad en los códigos civiles de la región, especialmente en relación con si a la viuda se le garantiza una parte del patrimonio de su marido, aspecto

---

[2] Cada país de la región tiene sus especificidades. En algunos casos, las mujeres casadas obtuvieron los derechos de propiedad décadas antes de obtener el voto. En otros casos, el logro del voto fue de la mano con los derechos de propiedad de la mujer casada y, en algunos más, el voto precedió las reformas de los códigos civiles.

Propiedad e igualdad de género

que permitiría a las mujeres en general mantener una casa para vivir y a las campesinas adquirir control sobre la finca familiar. El artículo también analiza el desencuentro entre los derechos legales de las mujeres a la herencia y las prácticas sociales locales en la aplicación de estos derechos en relación con la tierra.

REGÍMENES DE PROPIEDAD Y DERECHOS DE HERENCIA[3]

Para entender los derechos de herencia de las/os hijas/os y las viudas es preciso entender los regímenes de propiedad. En Latinoamérica existen hoy en día tres regímenes de propiedad referentes al matrimonio, con algunas variaciones menores: el régimen de comunidad absoluta[4], el régimen de participación en los gananciales y el régimen de separación de bienes[5].

El régimen de comunidad absoluta (también conocido en algunos países como sociedad conyugal) se fundamenta en la reunión de todos los bienes obtenidos o adquiridos antes o durante el matrimonio. Todas las utilidades o rentas que generen dichos bienes, así como los honorarios, los salarios u otros ingresos devengados por cualquiera de los cónyuges, también se agrupan. En el caso de separación o

---

[3] Las fuentes pueden encontrarse en los cuadros 2.3, 2.4 y 2.5 de Deere y León, *op. cit.*
[4] El término "comunidad absoluta" es una nominación genérica dada por las autoras, en la cual se recogen los distintos nombres que este régimen recibe jurídicamente: por ejemplo, en México se llama sociedad conyugal. Lo mismo se aplica para el régimen de participación en los gananciales, el cual en Colombia es denominado sociedad conyugal.
[5] Esta sección se basa en los informes de la FAO para 1990 y 1992.

divorcio, todos los bienes y la totalidad de los ingresos se dividen por partes iguales entre los cónyuges; si uno de éstos fallece, su propiedad consiste en la mitad de los bienes comunes, y la otra mitad le queda al cónyuge sobreviviente.

El régimen de bienes gananciales o comunidad de gananciales (en Brasil, *regime da comunão parcial*) se basa en el reconocimiento por separado de la propiedad privada individual aportada o adquirida antes o durante el matrimonio, incluida cualquier herencia, donación o concesión recibida por cualquiera de los cónyuges. Sin embargo, las utilidades, las rentas y otros ingresos derivados de dichos bienes durante la vigencia del matrimonio son considerados de propiedad común. Además, cualquier bien adquirido en ese lapso por honorarios, salarios y otros ingresos también forma parte de la propiedad común. En caso de separación o divorcio, a cada uno de los cónyuges le corresponde la mitad de los bienes comunes así generados; de modo similar, en caso de fallecimiento de uno de los cónyuges, su propiedad consiste en la mitad de los bienes comunes. Sea cual fuere la causa de disolución de este régimen, los bienes individuales adquiridos antes o durante el matrimonio o por herencia siguen perteneciendo al cónyuge que fuera el propietario original.

Según el régimen de separación de bienes, cada individuo es propietario y administrador de los bienes que adquirió antes del matrimonio, de los obtenidos durante el matrimonio mediante herencia, donación o concesiones, junto a las utilidades que generen, y de cualquier bien adquirido durante la vigencia del matrimonio con sus propios ingresos, rentas, etc. En caso de que se disuelva la unión, cada cónyuge conserva su propiedad individual, así como las ganancias o las utilidades que ésta genere.

Propiedad e igualdad de género

Casi todos los países latinoamericanos estudiados tienen al menos dos regímenes maritales, entre los cuales las parejas pueden escoger; seis de los doce países ofrecen formalmente los tres. Si no se escoge un régimen particular en el momento de contraer matrimonio rige la opción vigente en cada país en caso de no indicarse otra cosa: en ocho países (Bolivia, Brasil, Chile, Colombia, Ecuador, Guatemala, México y Perú) es el régimen de participación en gananciales; en uno (El Salvador) es la comunidad absoluta, y en tres (Costa Rica, Honduras, Nicaragua) es la separación de bienes.

En todos los países latinoamericanos, los bienes comunes (bajo el régimen de comunidad absoluta o el de gananciales) se dividen por partes iguales entre los cónyuges una vez disuelto el matrimonio, sea cual fuere la causa. Pero, en caso de fallecimiento de uno de los cónyuges, los códigos civiles difieren sobre si las esposas o compañeras también heredan de la parte de los bienes que pertenecen a sus esposos[6]. Además, se aplican reglas distintas si el difunto dejó o no un testamento y según el régimen matrimonial.

Según las reglas que gobiernan los testamentos y que por exlusión no contemplan el régimen de la separación de bienes, en cuatro de doce países examinados –en Costa Rica[7],

---

[6] Aquí supondremos que el difunto es el esposo, aunque se aplican las mismas reglas si el hombre hereda de su esposa. En América Latina, las mujeres tienen una esperanza promedio de vida entre cinco y seis años mayor que la de los hombres (UNDP, 1998: cuadro 2). Por lo tanto, cada día habrá más viudas que viudos.
[7] En Costa Rica, sin embargo, los jueces tienen bastante poder discrecional para modificar los testamentos a favor del cónyuge sobreviviente. En dicho país, el régimen de separación de bienes (vigente si no se estipula otra cosa) se convierte automáticamente en régimen de gananciales

El Salvador, Guatemala y México– el esposo puede testar libremente sus bienes a quien desee. La libertad para testar representa una salida brusca de las normas en el período colonial español y fue impulsada por la ola liberal a finales del siglo XIX en México y Centroamérica. En la mayoría de los países latinoamericanos persistieron las limitaciones a la libertad de testar. En seis de los doce países aquí estudiados se protege a las/os hijas/os de ser desheredadas/os. En estos países, mientras existan hijas/os (o descendientes) la persona puede testar libremente desde una cuarta parte (Bolivia) hasta la mitad (Brasil) de sus bienes. Dos, Brasil y Ecuador, incluyen a los padres junto a las/os hijas/os entre quienes no pueden ser excluidos del testamento. Más variaciones se encuentran en el grado y la clase de protección a las esposas.

Los códigos civiles más favorables a las viudas son los de Brasil y Perú porque la libertad de testar está restringida en su favor y el de sus hijos, sin tener en cuenta el tamaño respectivo del patrimonio del marido y de la esposa. En Bolivia, una quinta parte de los bienes debe reservarse para la esposa y las/os hijas/os; en Perú, una tercera parte. En Bolivia, si no hay hijas/os vivas/os, una tercera parte de los bienes puede ser testada libremente, y dos terceras partes pasan de manera automática a la esposa y/o a los padres del difunto (Bolivia, 1991). Perú es más generoso con las esposas: si no hay hijas/os vivas/os, la porción que se puede testar libremente permanece como una tercera parte, y dos terceras partes de los bienes pasa automáticamente a la esposa. Sólo en el caso

---

cuando fallece uno de los cónyuges. No obstante, un juez decide qué parte de las ganancias corresponde al cónyuge sobreviviente.

Propiedad e igualdad de género

de que no existan hijas/os vivas/os o esposa, los padres heredan automáticamente y entonces un cincuenta por ciento de los bienes son de libre testar (Perú, 1984).

En los otros países con normas que protegen a las esposas (Chile, Colombia, Ecuador, Honduras y Nicaragua), donde se les garantiza una porción de los bienes del esposo, aun si él ha testado de otra manera, la herencia depende de las necesidades económicas de la viuda y de la posición económica relativa de marido y esposa. Honduras y Nicaragua difieren de los tres países andinos en que se encuentran cerca de la libertad testamentaria (al menos tres cuartas partes de los bienes son libres de testar) con la única restricción de la porción conyugal. Estas normas suponen una combinación entre la tradición liberal de la libertad de testar y la inquietud por proteger la situación económica de las viudas.

En la mayor parte de los casos, el Estado provee más protección a las/os hijas/os y las cónyuges con respecto a la herencia cuando el difunto no ha dejado testamento. En todos los países, las/os hijas/os, sin distinción de sexo, son los primeros beneficiarios de los bienes de cualquiera de sus padres. Además, todas/os las/os hijas/os heredan partes iguales del patrimonio[8]. Apenas en tres países (en Bolivia, El Salvador y Perú) las esposas tienen iguales derechos de herencia que las/os hijas/os y en los tres casos también comparten esos derechos con los padres del esposo difunto. En Ecuador, Colombia, Honduras y Nicaragua la porción conyugal depende de

---

[8] Sin embargo, no todos los países otorgan a las/os hijas/os ilegítimas/os los mismos derechos de herencia que tienen los legítimos; por ejemplo, en Honduras y Nicaragua su porción de la herencia es menor.

la necesidad económica, es decir, de si la viuda "no tiene lo necesario para su subsistencia razonable", según lo determine una autoridad. La cantidad real de la porción conyugal se basa en el valor relativo de los bienes del marido y de la esposa, y además se halla sujeta a otras restricciones, como que generalmente no exceda la cuarta parte de los bienes del marido.

Las restricciones, en el caso de México, están en que la viuda hereda una porción igual a la de las/os hijas/os solamente si ella no tiene propiedades; en el caso contrario, ella tiene derecho a la diferencia entre el valor de la porción de las/os hijas/os y su propiedad, incluida su mitad de la comunidad absoluta. En Costa Rica y Nicaragua, también hay limitaciones en la porción de la viuda frente a las/os hijas/os, y la esposa hereda por lo general una porción más pequeña, según sea el tamaño relativo del patrimonio del marido y de la esposa y el número de hijos.

Si una viuda no califica para la porción conyugal, ella no hereda de su marido a menos que no tenga hijas/os vivas/os, en cuyo caso ella debe compartir con los padres del esposo difunto. En Chile, Colombia y Nicaragua, la porción de la viuda en el segundo orden de sucesión se limita a una cuarta parte de los bienes del marido.

En Brasil y Guatemala, que una viuda herede de su marido y qué cantidad depende del régimen matrimonial. En Brasil, bajo el régimen que rige si no se establece otra cosa con la comunidad parcial o participación en ganaciales, la viuda tiene derecho al usufructo de un cuarto de los bienes de su marido, si hay hijas/os vivas/os, o al usufructo de la mitad, si no los hay. Aunque estas normas parecen muy favorables, no le dan a la viuda los derechos de propiedad sobre esta herencia; incluso pierde automáticamente tales privilegios si se casa de nuevo. Bajo el régimen de comunidad absoluta, la esposa no hereda totalmente de su marido, a menos que no haya hijas/os vivas/os ni padres supervivientes (Cefemea, 1996: 63), norma heredada de las regulaciones como colonia portuguesa (Lewin, 1992: 359). No obstante, a la viuda se le garantiza el usufructo del hogar familiar siempre y cuando no se vuelva a casar.

Asimismo, en Guatemala, bajo el régimen de la comunidad absoluta, las esposas heredan de sus esposos sólo si no hay hijas/os vivas/os. Bajo el régimen de participación en gananciales (vigente si no se establece otra cosa), la viuda tiene derecho a una porción conyugal (según el tamaño relativo del patrimonio de cada cónyuge), en ningún caso mayor a la porción de las/os hijas/os. En el régimen de separación de bienes, ella hereda una porción igual a la de cada uno de las/os hijas/os.

En lo atinente a los derechos de herencia de las uniones consensuales, en varios países la reforma inicial del código civil que los reconoció no fue explícita sobre ellos o bien requerían una legislación especial para ser implantados[9]. Así, aunque en Brasil las uniones de hecho fueron reconocidas en 1988, sólo en 1994 se les concedieron los mismos derechos de herencia que a los matrimonios. De manera similar, en Costa Rica se les otorgó a este tipo de uniones un estatus oficial en 1990, pero sólo en 1995 se les otorgaron derechos de herencia similares. En Perú, donde en 1979 las uniones

---

[9] La excepción fue México, que en 1928 reconoció los derechos de herencia de la unión de hecho, aunque en muchos aspectos no dio al llamado concubinato, en sus términos, los mismos beneficios del matrimonio.

consensuales fueron reconocidas, las parejas que las conforman aún no heredan mutuamente, a menos que así se haya dispuesto en un testamento. Sin embargo, las/os hijas/os de estas uniones sí tienen iguales derechos que las/os hijas/os legítimas/os de matrimonios constituidos. Chile es el único país latinoamericano en donde no se reconocen las uniones consensuales para ningún efecto.

HERENCIA PARA LAS VIUDAS

El derecho de las viudas de conservar la propiedad cuando fallecen sus esposos –y se hará especial referencia al control de la finca familiar– depende de varios factores: del régimen de propiedad matrimonial según el cual contrajo nupcias la pareja y el régimen que se aplica en el país respectivo en caso de que no se especifique otra cosa; de si el esposo dejó o no un testamento y de la parte de su patrimonio que puede testar libremente; de si los códigos civiles disponen que las viudas reciban automáticamente una porción de los bienes de su marido, con independencia de lo que éste haya dispuesto en su testamento; y en caso de que el esposo muera intestado, de si la esposa está o no incluida en el primer orden de sucesión. El cuadro de la siguiente página resume la información para doce países y de allí se deriva la probabilidad legal de que las viudas conserven el control de la propiedad de la finca familiar[10].

---

[10] Por control de la propiedad nos referimos a poseer más del cincuenta por ciento, de forma que la tierra no pueda ser vendida o enajenada sin su consentimiento. El control de la propiedad no necesariamente implica la administración de la tierra.

Cuadro 1
Factores que influyen en la probabilidad legal de que las esposas retengan el control de la propiedad de la finca familiar

País	Régimen marital favorable si no hay otra disposición	Protección de esposas con testamento	Esposas en primer orden de sucesión sin testamento
Bolivia	Participación en gananciales	Sí	Sí
Brasil	Participación en gananciales	No	Sí
Chile	Participación en gananciales	Porción conyugal	Porción conyugal
Colombia	Participación en gananciales	No	Porción conyugal
Costa Rica	No estipulado	No	Porción conyugal
Ecuador	Comunidad absoluta	Porción conyugal	Porción conyugal
El Salvador	Comunidad absoluta	No	Sí
Guatemala	Participación en gananciales	No	Porción conyugal
Honduras	No estipulado	Porción conyugal	Porción conyugal
México	Participación en gananciales	No	Porción conyugal
Nicaragua	No estipulado	Porción conyugal	Porción conyugal
Perú	Participación en gananciales	Sí	Sí

FUENTE:
Carmen Diana Deere y Magdalena León, *Género, propiedad y empoderamiento. Tierra, Estado y mercado en América Latina* (Bogotá: Tercer Mundo, 2000).

Habrá más probabilidades en aquellos países donde el régimen vigente, si no se dice otra cosa, es la comunidad absoluta o la participación en los gananciales (en razón de que las viudas mantienen la mitad de la propiedad común de la unión) y en este trabajo abordamos sólo estos casos.

En los casos de matrimonio según el régimen de comunidad absoluta o sociedad conyugal, se les garantiza la propiedad de la mitad de la finca. Si el esposo muere sin dejar testamento, sólo en los países en donde las mujeres forman automáticamente parte del primer orden de sucesión, se les garantiza una porción que permita controlar la propiedad. Según la información conseguida, el único país con esa condición favorable es El Salvador. Sin embargo, cuando el esposo sí deja testamento, no existe ninguna disposición que garantice que la esposa herede de la porción de bienes de él; por lo tanto, no hay garantía de que la esposa termine controlando una parte de la finca.

En el régimen de la participación en los gananciales, la probabilidad de que las viudas conserven el control sobre la finca familiar es más variable y depende de si ellas aportaron tierra al matrimonio; de la relativa cantidad de tierra que cada cónyuge trajo al matrimonio y de la cantidad relativa de tierra que la pareja compró conjuntamente, en vez de adquirirla a título individual. Para simplificar, asumimos que toda la tierra fue adquirida conjuntamente y que la viuda puede probar la propiedad conjunta. En este caso las viudas se hallan en mejores condiciones en Bolivia y Perú, pues en estos países las esposas están en el primer orden de los herederos, en caso de que el esposo muera intestado, y también se protege a las esposas si el marido ha dejado un testamento (véase el cuadro 1). En estos dos países, la viuda

Propiedad e igualdad de género

siempre hereda una porción igual a la de las/os hijas/os, la cual puede darle, si se suma a la mitad del patrimonio familiar, control sobre la propiedad de la finca.

En el caso de Brasil, como ya se señaló, las viudas están en una situación menos favorable porque, si el marido muere intestado, ella hereda una cuarta parte fija de sus bienes pero solamente en usufructo y siempre y cuando no se vuelva a casar. Si bien esto puede darle suficiente poder de negociación para disuadir a sus hijas/os de dividir y vender la finca familiar, reduce sus opciones ante el caso de detentar los derechos de propiedad íntegros sobre la herencia. En la práctica, la ausencia de los derechos de propiedad sobre la herencia ha contribuido a la visión de que las viudas "mantienen" sólo de manera temporal la finca para sus hijas/os y a la ausencia de derechos efectivos sobre la tierra, incluso sobre la mitad de propiedad común.

En otros países con un régimen matrimonial favorable (Chile, Colombia, Guatemala y México), a las viudas se les garantiza una porción conyugal si el esposo muere intestado, pero los términos de esta porción conyugal varían. En México, como ya se señaló, si la esposa no tiene propiedad hereda lo mismo que cualquier de las/os hijas/os; de lo contrario apenas hereda la diferencia entre el valor de la porción de las/os hijas/os y aquella de sus propios bienes. Bajo nuestro supuesto (de que la finca se compró conjuntamente y no hay otra propiedad) ello significa que es improbable que la viuda logre sólo su mitad de la finca. En Chile la porción conyugal es más generosa en cuanto puede igualar hasta dos veces la porción de un/a hijo/a; sin embargo, a menos que ella renuncie a los gananciales, sólo recibe la diferencia entre la porción conyugal y el valor de sus bienes (incluido su

139

cincuenta por ciento de la propiedad común). Tal como lo ilustran estos ejemplos, respetar la porción conyugal significa cuidar las evidentes desigualdades en el valor de la propiedad individual de cada uno de los cónyuges.

Asumamos que toda la tierra de la familia fue heredada por el marido, que la esposa no trajo tierra al matrimonio y que la pareja no compró otra tierra conjuntamente. En ese caso la propiedad común de la pareja (los gananciales) consistirá en el valor de las mejoras a la tierra hechas durante la unión: sólo ese valor se dividirá de forma automática en mitades iguales entre los bienes del difunto y su viuda. Asumamos, además, que la viuda renuncia a esto, que no tiene propiedades, por lo tanto, y que así resulta elegible para el máximo de la porción conyugal. En Colombia, Guatemala y México, la viuda heredaría una porción igual a la de un/a hijo/a; en Chile, el doble que un/a hijo/a o bien, si sólo hay un/a hijo/a, una porción igual a la de ella o él. En esas condiciones, una viuda puede heredar la mitad de la finca familiar sólo en el caso de que ella tenga apena un/a hijo/a.

Las disposiciones de herencia en la mayor parte de los códigos civiles latinoamericanos parecen oponerse a la posibilidad de que las esposas retengan el control sobre la finca familiar en caso de viudez. Ellas demuestran que la porción conyugal fue básicamente concebida para garantizar que la viuda no quedara indigente en los casos de gran inequidad entre los cónyuges en cuanto a la propiedad que cada uno aportó al matrimonio. La porción conyugal no fue regulada con la intención de dar a la mujer autonomía económica, que es nuestra preocupación principal. Este análisis sugiere algo muy grave: en la mayoría de los países, que se garantice a las viudas una seguridad mínima en la vejez depende

Propiedad e igualdad de género

en último término de las prácticas sociales y de la buena voluntad de las autoridades, los esposos y los hijos. En los países con libertad testamentaria o con normas cercanas a ella, los maridos pueden dejar a sus esposas el control total de la finca familiar; en los otros países, pueden dejar a sus esposas el control de la propiedad si ellos escogen hacerlo.

Dadas las implicaciones y complejidades de los diferentes regímenes maritales y las reglas que gobiernan la herencia de las esposas y compañeras, las cuales dependen de si el cónyuge deja o no testamento, no debe en primera instancia sorprender el hecho de que, en la aplicación práctica, estas normas no se entiendan muy bien. Además, existe muy poca investigación sobre las prácticas sociales a nivel local en relación con la herencia de la tierra que les corresponde a las viudas. Los datos disponibles sugieren, adicionalmente, que existe heterogeneidad, pero al mismo tiempo una amplia brecha, entre las normas legales que protegen a las esposas y/o compañeras y las prácticas de herencia a nivel local. Es paradigmático que este tema, que representa uno de los principales medios para adquirir la propiedad de recursos, haya recibido atención muy tangencial en las agendas del movimiento de mujeres tanto urbano como rural.

En Bolivia y Perú, donde las viudas tienen una posición legal relativamente fuerte en lo concerniente a los derechos de herencia, los derechos de usufructo en las comunidades campesinas e indígenas se rigen en gran parte por los usos y las costumbres tradicionales[11]. Una junta de comuneros,

---

[11] Véase en Deere y León (2000a) un análisis detallado de los derechos individuales de las mujeres a la tierra en relación con los derechos colectivos de los pueblos indígenas en Bolivia, Ecuador, Perú y México.

elegida por y entre jefes de hogar varones, se encarga de hacerlos cumplir. Cuando fallece un jefe de hogar, la parcela que tenía la familia en usufructo vuelve a la comunidad, y la junta de gobierno debe determinar si los derechos de usufructo pasan a la esposa o al hijo mayor. En el caso de las comunidades campesinas de la sierra peruana,

> [...] tradicionalmente el derecho de las viudas a conservar una parcela para sostenerse ellas y sus hijos por lo general se ha respetado, aunque existen casos en los que las viudas tienen derechos más restringidos, como acceso a menos tierra de lo corriente, o la tierra más pobre, o incluso casos en los que no se les otorga ningún derecho a la tierra [Coordinadora Nacional, 1997: 3].

También existe una marcada heterogeneidad en los usos y costumbres tradicionales que rigen los derechos de las viudas en las comunidades indígenas de Bolivia. No es claro si, en las comunidades aymará que recibieron tierra colectivamente bajo la reforma agraria, la viuda hereda la parcela familiar en usufructo al morir su marido o si esto depende de que tenga un hijo capaz de trabajar la parcela[12]. Se han citado casos de viudas que pierden su derecho a la parcela familiar y la tierra regresa a la comunidad (Salguero, 1995).

En el caso de México, en el taller sobre empoderamiento y mujer rural (Alberti, 1998: 33), con la presencia de las mujeres de varios estados, éstas señalaron:

---

[12] Según se echó de ver en una discusión durante el Seminario sobre Mujeres Rurales y Tenencia de la Tierra, organizado por el Cedla, el Cidem y consultores R y M "AC", el 11 de julio en La Paz, Bolivia.

Propiedad e igualdad de género

Como la tierra es comunitaria, cuando el esposo muere la tierra regresa a ser propiedad de la comunidad y no de la viuda; no sucede así cuando hay un hijo varón que puede heredarla, los usos y costumbres así lo prescriben.

Las reglas que gobiernan la herencia en los ejidos desde 1940 convirtieron a las esposas y compañeras en herederas preferenciales si el ejidatario moría sin haber dejado testamento; en caso contrario, podía designar como heredero a su esposa o uno de los hijos. Córdova Plaza (1999: 11) arguye que hasta hace treinta años solía ser el hijo mayor quien heredaba la posición de ejidatario y por ende también el patrimonio familiar, pues sólo un miembro por familia podía ser ejidatario. La autora sostiene que uno de los principales cambios en los patrones de herencia es que las esposas/compañeras son designadas con mayor frecuencia como herederas principales en caso de fallecimiento del ejidatario. En un ejido de Tuzamapán, Veracruz, las mujeres representaban el 24% de los miembros y prácticamente todas heredaron esta posición; la inmensa mayoría heredó la posición de sus esposos al quedar viudas. Córdova atribuye el cambio al reconocimiento cada vez mayor del rol de la mujer en la agricultura, que en esta región de Veracruz se ha acentuado debido a un cambio en los cultivos, de caña de azúcar a café.

Hay evidencia cuantitativa de las prácticas de herencia actuales en 14.099 ejidatarios que registraron sus testamentos ante la Secretaría de la Reforma Agraria de 1993 a 1995 (Valenzuela y Robles, 1996: 49-51). Existía la misma probabilidad de que, en sus testamentos, los ejidatarios dejaran la tierra a las esposas/compañeras o los hijos varones. No obstante, se constató una variación regional considerable, pues más del cincuenta por ciento de los ejidatarios dejaba la tierra a sus esposas/compañeras en los estados norteños de Baja California, Nuevo León y San Luis de Potosí, mientras que en los estados centrales y sureños se tendía a favorecer a los hijos varones y no a las esposas/compañeras.

Con base en la información existente, es imposible concluir que en las disposiciones actuales sobre herencia se favorece a las mujeres en comparación con los hombres. El estudio sugiere que en el futuro las mujeres tendrán mayor acceso a la tierra en su nombre, en comparación con lo que hoy en día se acostumbra entre los ejidatarios. No obstante, en términos de la equidad de género resultan particularmente desalentadores los datos comparativos por generaciones, pues a los hijos varones se les designa como herederos en un 38,8% de los casos, mientras que a las mujeres solamente en el 8,8%, lo que significa una ventaja de más de cuatro a uno a favor de los varones. Aunque las ejidatarias también prefieren designar a hijos varones como herederos, es más probable que, en comparación con los hombres, ellas designen a sus hijas como herederas; el diecinueve por ciento de las ejidatarias nombró a sus hijas como herederas, frente a sólo el seis por ciento de los ejidatarios (*ibid.*, 1996: 52). Algo aún más preocupante lo constituye el hecho de que la desigualdad de género se reproduzca en la tercera generación, pues resulta más probable que los nietos varones, y no las nietas, sean nombrados como beneficiarios.

La única evidencia sobre la herencia para las esposas en Chile procede del estudio realizado por Rebolledo (1995) en dos municipalidades con base en archivos. La investigadora halló que, en la década de 1930, y tanto en Santa Cruz como en San Felipe, los hombres y las mujeres tendían a favorecer

Propiedad e igualdad de género

a su cónyuge en el testamento. El cambio más marcado se produjo en Santa Cruz, donde en decenios anteriores los padres habían favorecido a sus hijos mayores. Rebolledo concluye que la tendencia a dejar la tierra a las esposas refleja el reconocimiento cada vez mayor que se ha otorgado a las mujeres en su rol potencial de administradoras de fincas (176). Este cambio en favor de las esposas también podría obedecer al incremento en la esperanza de vida tanto de los hombres como de las mujeres a lo largo del siglo XX.

En Brasil, según las participantes en el Taller sobre Género y Derechos a la Tierra, en 1998, entre las mujeres campesinas de Pernambuco, al noreste, se está haciendo más común que, si fallece el esposo, la finca familiar tiende ahora a ser administrada por la esposa, o en todo caso por lo menos la mitad de la tierra queda bajo su control hasta su defunción. Las participantes de las regiones de Agreste y Sertao informaron que las mujeres conservan al menos la mitad de las tierras familiares; la otra mitad se divide por partes iguales entre las/os hijas/os casadas/os, según lo previsto por los regímenes matrimoniales si no se ha establecido otra cosa.

En suma, la evidencia disponible en América Latina sobre la herencia de las viudas, en la práctica, es muy magra. La que existe sugiere que, hasta hace muy poco, sólo en circunstancias especiales las viudas, en contraste con los hijos mayores, heredaban el patrimonio familiar representado por la tierra. Las comunidades indígenas parecen incluso menos generosas con las viudas que las comunidades campesinas mestizas, más influidas por las reformas legales, aunque este tema merece una investigación más profunda. Y otro tópico amerita una más honda exploración: es el grado en el cual los regímenes maritales de comunidad absoluta fomentan, en comparación con otras opciones, la mayor posesión de tierras por parte de las mujeres y, en particular, un mayor control sobre la tierra.

HERENCIA DE HIJAS/OS EN LA PRÁCTICA

Como se mencionó anteriormente, América Latina tiene una tradición legal en la que toda la prole, sin distinción de sexo, hereda en forma igual de sus padres. Con esa norma, conveniente para la equidad de género, se podría esperar que la distribución de la propiedad, en general, y de la tierra, en particular, entre los hombres y las mujeres guardara relativa equidad. Sin embargo, uno de los factores sobresalientes en América Latina es que hoy la mayor parte de la tierra es propiedad del hombre[13], lo cual sugiere que, en la práctica, la herencia no ha favorecido la equidad de género.

Las prácticas de herencia en relación con la tierra en seis países para los cuales se encontró mayor información[14] (Perú, Ecuador, México, Bolivia, Chile y Brasil)[15], además de poner

---

[13] Los datos disponibles sobre propiedad de la tierra, desagregada por sexo, se encuentran en Deere y León, *op. cit.*, capítulo 9.
[14] Es sorprendente la escasez de estudios comparativos a nivel nacional sobre los patrones de herencia en el campesinado. Algunos países, como Colombia y la mayor parte de los de América Central, han prestado muy poca atención a las prácticas de herencia en los estudios a nivel local. La excepción para Colombia es el estudio de Camacho (1999) sobre las prácticas de herencia en una región afrocolombiana.
[15] Hay buena bibliografía para cada país. Véase, en Perú, De la Cadena (1995, 1988), Lambert (1977), Deere (1990), Bourque y Warren's (1981), Long y Roberts (1978), Isbell (1978) y Custred (1977). En Ecuador, Hamilton (1998), Stolen (1987), Ibarra y Ospina (1994). En México, González (1992), Bonfil y Del Pont (1999), Alberti (1998), Córdova Plaza (1999).

Propiedad e igualdad de género

de relieve una marcada heterogeneidad, la cual varía significativamente dentro de cada país, ilustran la gran brecha que existe entre las normas igualitarias de los códigos civiles latinoamericanos con respecto a los derechos de herencia de las/os hijas/os y las prácticas a nivel local que rigen la herencia de la tierra. En términos generales, puede afirmarse que la herencia de la tierra en América Latina favorece a los hijos varones en comparación con las hijas, incluso en los lugares donde las prácticas de herencia bilaterales son la costumbre. Esto no significa que las hijas no hereden de sus padres, pues en muchas ocasiones reciben otros medios de producción u otras formas de riqueza, como animales, vivienda, enseres domésticos. Pero es menos probable que las hijas hereden tierras y cuando así sucede tienden a recibirla en menos cantidad o de menor calidad. Hasta hace muy poco, el patrón favorable a los hijos varones se fundamentó en el sistema patrilineal, en la virilocalidad[16] de residencia del matrimonio entre el campesinado latinoamericano y en la lógica de la reproducción de los hogares campesinos[17].

En Bolivia, Pacheco (1999), Balan y Dandler (Paulson, 1996), Spedding y Llanos (1998), Spedding (1997) y Arnold (1997). En Brasil, Carneiro (1998), Van Halsema (1991), Woortman (1995), Stephen (1997) y Abramovay *et al.* (1998). En Chile, Rebolledo (1995), Valdés (1995), Bradshaw (1990), Aranda (1992) y Scott (1990).

[16] La lógica de la patrilinealidad es descrita como aquella en que la continuidad de la comunidad se conserva en el tiempo por la asignación de las mujeres a los hombres mediante el matrimonio patrilocal o virelocal y la conservación de las tierras en su dominio (Carneiro *et al.*, 1998: 5).

[17] En las sociedades campesinas, la herencia de la tierra es una condición fundamental de la reproducción de los hogares, pues el acceso a la tierra garantiza la continuidad de la unidad de producción y reproducción entre las generaciones.

En lo que respecta a la etnicidad, hay evidencia mixta en cuanto a si la herencia bilateral se asocia más con las comunidades indígenas en comparación con las comunidades de campesinos blancos y/o mestizos o mulatos. La herencia bilateral es más frecuente en Perú y Ecuador que en Bolivia, México, Chile o Brasil. Sin embargo, es difícil desentrañar las normas ancestrales por las numerosas fuerzas de cambio que durante siglos han ejercido impacto en las comunidades indígenas y sus prácticas.

Asimismo, es difícil discernir la influencia relativa de los códigos civiles equitativos en relación con el género en el fomento de patrones de herencia más igualitarios, pues también inciden otros factores –como la escasez cada vez mayor de la tierra– que pueden alterar la lógica de la reproducción de los hogares campesinos. Sin embargo, algunos factores, como la escolaridad creciente, la migración interna y la integración de las economías campesinas locales a la economía nacional, fomentan una concientización creciente sobre las normas legales nacionales, lo cual fortalece la tendencia hacia prácticas de herencia más equitativas para las/os hijas/os, excepción hecha de México. En este país, varios factores institucionales, como la libertad testamentaria combinada con las regulaciones de los ejidos, hasta muy reciente fecha han apoyado las normas de herencia patrilineal. En suma, de los cuatro países con población indígena grande, México es el que más se caracteriza por la herencia patrilineal.

El número creciente de hogares con jefatura femenina en las áreas rurales también ha fomentado prácticas de herencia igualitarias. En algunas regiones se reconoce socialmente que la herencia femenina de la tierra es una de las mejores políticas para garantizar un nivel mínimo de seguridad

Propiedad e igualdad de género

a las mujeres y sus hijos en caso de abandono, fenómeno que se ha acentuado en el siglo XX.

Existe evidencia abundante de que en el campesinado latinoamericano las prácticas de herencia no son estáticas, pues han cambiado con el tiempo como respuesta a múltiples factores. Sin duda, uno de los factores que han precipitado el cambio ha sido la relativa escasez de tierras. Sin embargo, la evidencia sugiere que esto puede ser un asunto de doble vía. La presión creciente sobre la tierra puede provocar, con el tiempo, un cambio de un sistema de herencia equitativa a una concentración de la tierra por línea masculina, como sugiere el caso de los aymará, en el altiplano boliviano, así como el del campesinado chileno. Al mismo tiempo, la creciente escasez de la tierra puede instar a las familias a emprender varias actividades generadoras de ingresos, con lo cual reducen su dependencia del ingreso agropecuario. La información de Perú, Ecuador, Bolivia, México y Brasil, refuerza la hipótesis de que, a medida que la agricultura pierde importancia como fuente principal de la reproducción del hogar campesino, la herencia de la tierra se vuelve más equitativa. En lo atinente al impacto de la migración, la evidencia es mixta. Sin duda alguna, las mayores oportunidades de migración femenina contribuyen a afianzar la herencia de la tierra a los hijos varones, como se informa en Chile. Por otra parte, la migración de jóvenes, tanto varones como mujeres, puede reducir el sesgo de género, pues en la determinación de la herencia pesan más la persona que desea permanecer en la comunidad y en la finca o la que más contribuye mediante remesas a la seguridad de sus padres en la vejez. De modo similar, cambios demográficos en favor de familias rurales más pequeñas han reducido el número potencial de herederos, un factor que probablemente tiende a justificar los privilegios del hombre en la herencia de la tierra y negar las oportunidades para que las mujeres acumulen capital y se conviertan en agricultoras.

En donde ha predominado la herencia bilateral, la creciente escasez de la tierra en las comunidades campesinas también ha propiciado un cambio de la residencia de patri o virilocal a la uxorilocal. Esto, a su vez, se ha asociado con la adquisición de un mayor poder de negociación por las mujeres (puesto que las esposas no están bajo control directo o indirecto de sus familias políticas) y la tendencia subsecuente hacia una mayor igualdad entre los géneros en la herencia de la tierra. Sin embargo, tales hipótesis exigen una investigación más profunda.

Reflexiones finales

Este trabajo permite hacer énfasis en que existen sesgos tanto en las normas como en las prácticas sociales que limitan los derechos de las mujeres como hijas, esposas/compañeras y viudas a la propiedad de los recursos por la vía de la herencia. La equidad que se establece en las normas de herencia cuando se consagra la herencia bilateral para las/os hijas/os se transgrede en las prácticas sociales, las cuales favorecen a los hijos varones en detrimento de sus hermanas.

En relación con los derechos de las esposas y compañeras a la herencia, en los códigos civiles se aprecia un mayor grado de heterogeneidad, siendo estos derechos limitados en buena parte de los países, aspecto que amerita poner el tema en la agenda del movimiento de mujeres y buscar la revisión de las normas existentes. Aunque la mayoría de los

Propiedad e igualdad de género

países establece una porción conyugal, el objetivo de la norma fue proteger de la miseria a las viudas, en especial si el patrimonio del marido y el de la esposa son drásticamente desiguales. Estas normas no contemplan la posibilidad de equipar a las viudas con autonomía económica.

Estas limitaciones son fundamentales en relación con la posibilidad de adquirir control sobre el recurso tierra. Bajo las normas actuales resulta muy improbable que las viudas puedan mantener una parte del control de la finca y/o los negocios de la familia. Para lograrlo y como expresión de la sociedad patriarcal están en manos de la buena voluntad de las autoridades, de los maridos y de sus descendientes.

Si tenemos en cuenta que la mayor parte de la tierra es propiedad de los hombres, las limitaciones señaladas en los derechos de herencia de las viudas en las comunidades rurales es un factor que limita su control de la finca familiar y no permite avanzar a la equidad de género. Por otro lado, existe muy poca investigación sobre la herencia en la práctica para las viudas, de manera que se pueda evaluar con mayor precisión la situación. Los estudios a nivel local y comparativos en este campo son una tarea pendiente.

Así, la reforma de las normas de herencia en apoyo de los derechos de propiedad de las viudas es una tarea crítica que tiene ante sí el movimiento de mujeres en el nuevo siglo. En primer lugar, como se anotó, la dinámica demográfica acusa un aumento de la población vieja y las mujeres están en ella sobrerepresentadas. En segundo lugar, en razón de la baja cobertura de los sistemas de seguridad social, especialmente en zonas rurales, y de las rupturas de las redes de parentesco dentro de las comunidades, las mujeres viejas están llamadas a ser cada vez más un grupo importante entre las poblaciones económicamente vulnerables. En tercer lugar, el control sobre la pobreza está relacionado con el poder de negociación de los progenitores sobre sus hijos, particularmente la habilidad de los mayores de tener el apoyo de sus hijos en la vejez. Por lo tanto, fortalecer los derechos de herencia de las viudas puede ser una de las medidas más efectivas para proteger a estas poblaciones vulnerables.

Fortalecer los derechos de herencia de las viudas puede traer otros beneficios en términos de las relaciones de género en cuanto a la importancia que tiene la redistribución de la riqueza entre hombres y mujeres. Mientras que las transferencias directas de propiedad pueden ser temporales y de corta vida, apoyar la habilidad de que las mujeres retengan el control de la finca y los negocios familiares, una vez que enviuden, amplía su horizonte de autonomía económica y facilita nuevos modelos de roles para otras mujeres. Un factor igualmente importante es que las mujeres son más proclives a heredar sus propiedades a otras mujeres o a incluir por igual a todas/os sus hijas/os entre sus herederos. Por tanto, si se refuerzan los derechos de herencia de las viudas, se tiene la posibilidad de apoyar procesos de largo plazo en favor de la equidad de género.

Entre las ventajas que entraña prestar atención a los derechos de las viudas, cabe mencionar que esta demanda en aumento potencialmente puede unir las dos vertientes del movimiento de mujeres: la rural y la urbana.

En lo relativo a las prácticas de herencia a esposas, compañeras y viudas, lo mismo que a los descendientes hijas/os, en los registros investigativos de Colombia se aprecia un déficit de información alarmante, superior al de otros países, el cual impidió que fuera uno de los casos de análisis en este

Propiedad e igualdad de género

artículo. Es una tarea por desarrollar en los estudios de antropología social y de género, así como en otros trabajos de caso en diversas comunidades.

El material analizado respalda la hipótesis, planteada por Bina Agarwal (1994a y 1994b), de que acceder a la tierra no equivale a poseer el control efectivo sobre la misma, pues si bien se puede intervenir para que no sea vendida o enajenada sin consentimiento, puede no implicar el manejo administrativo de la misma. En muchas situaciones, la herencia de la tierra por las mujeres simplemente sirve de vehículo para que la tierra pase a los hermanos, los esposos o los hijos varones. En particular, los datos referentes a Chile y Brasil sugieren que la posibilidad de que las mujeres puedan ejercer control sobre la tierra se relaciona, en gran parte, con el grado en el cual las mujeres mismas se vean –y también otros las vean– como agricultoras en potencia. En los demás países examinados en este trabajo, las mujeres desempeñan un rol importante en la producción agrícola, y hay una mayor evidencia de que en ciertas situaciones las mujeres manejan su propia herencia de tierra y, si son viudas, pueden llegar a convertirse en las administradoras principales del patrimonio familiar.

Para que las mujeres ejerzan un control efectivo sobre la tierra se requieren varios factores: primero, deben ser conscientes de sus derechos, no sólo en cuanto a los regímenes de propiedad marital y normas de herencia, sino en cuanto ciudadanas con derechos para administrar sus propios asuntos económicos y plantear exigencias frente a los miembros varones de su familia o de su comunidad y frente al Estado; segundo, ha de producirse un cambio no sólo en la socialización, para que se capacite a las mujeres como agricultoras y se consideren a sí mismas como tales, sino también en las prácticas del Estado, de modo que a las mujeres agricultoras se les faciliten los servicios integrales que requieren. Si bien las campesinas muchas veces no conocen la complejidad de los regímenes matrimoniales ni sus derechos de herencia, las mujeres rurales organizadas en América Latina se están interesando cada vez más por aprender sobre ello y exigir sus derechos en la sociedad conyugal y la herencia, sea como hijas, esposas o compañeras, o como viudas. Además, en los países en donde los códigos civiles son desfavorables para las mujeres en términos de herencia, las organizaciones de mujeres rurales están comenzando a presionar para que sean reformados. Esos esfuerzos iniciales ameritan un respaldo pronto y calificado de la academia feminista y del movimiento de mujeres de estirpe urbana.

Referencias bibliográficas

Abramovay *et al*. *Juventude e agricultura familiar: desafios dos novos padroes sucessorios*. Brasilia: Ed. Unesco, 1998.

Agarwal, Bina. *A Field of One's Own: Gender and Land Rights in South Asia*. Cambridge: Cambridge University Press, 1994a.

———. "Gender and Command over Property: a Critical Gap in Economic Analysis and Policy in South Asia". *World Development*, 22, 10 (1994b), pp. 1455-1478.

Alberti M., Pilar. "La organización de mujeres indígenas como instrumento de cambio en el desarrollo rural con perspectiva de género". *Revista Española de Antropología Americana*, 28 (1998), pp. 189-213.

Propiedad e igualdad de género

Aranda, Ximena. *Mujer rural: diagnóstico para orientar políticas en el agro*. Santiago de Chile: Ministerio de Agricultura, FAO, INDEP y SERNAM, 1992.

Arnold, Denise; Yapita, Juan de Dios. "La lucha por la dote en un ayllu andino". En: Denise Arnold (ed.), *Más allá del silencio: las fronteras de género en los Andes* (La Paz: ILCA/CIASE, 1997; Research Series, 27), pp. 345-383.

Bonfil Sánchez, Paloma; Del Pont Lally, Raúl Marco. *Las mujeres indígenas al final del milenio*. México: Secretaría de Gobernación y Comisión Nacional de la Mujer, 1999.

Bourque, Susan; Warren, Kay. *Women of the Andes: Patriarchy and Social Change in two Peruvian Towns*. Ann Arbor: University of Michigan Press, 1981.

Bradshaw, Sarah. "Women in Chilean Rural Society". En: D. Hojman (ed.), *Neo-Liberal Agriculture in Rural Chile* (Nueva York: St. Martin's Press, 1990), pp. 110-126.

Camacho, Juana. "*Todos tenemos derecho a su parte*: derechos de herencia, acceso y control de bienes en comunidades negras de la costa pacífica chocoana". En: Juana Camacho y Eduardo Restrepo (eds.), *De montes, ríos y ciudades: territorios e identidades de la gente negra de Colombia* (Santafé de Bogotá: Fundación Natura, Ecofondo e Instituto de Antropología, 1999), pp. 107-142.

Carneiro, María José. "Memoria, esquecimento e etnicidade na transmissao do patrimonio familiar". En: M. J. Carneiro (ed.), *Campo aberto: o rural no Estado do Rio de Janeiro* (Rio de Janeiro: Contra Capa, 1998), pp. 273-296.

——— *et al*. "Valor da terra e padrao de heranca entre pequenos agricultores familiares". Ponencia presentada en la XXI Reuniao da Associação Brasileira de Antropologia, realizada en Vitoria, Salvador, en abril de 1998.

Centro Feminista de Estudos e Assessoria. *Guia dos direitos da mulher*. Rio de Janeiro: Rosa dos Tempos, 1996.

Chile. Informe Nacional de la Cuarta Conferencia Mundial sobre la Mujer. Santiago: SERNAM, 1995.

Coordinadora Nacional de Comunidades Campesinas de Perú. Grupo de Trabajo sobre Comunidades y Titulación. "Derechos individuales en el interior de la comunidad". Ponencia presentada en el Primer Taller sobre Comunidades Campesinas y Titulación, efectuado en Lima, en junio de 1997.

Córdova Plaza, Rosio. "Mandiles y machetes: el acceso femenino a la tierra en una comunidad ejidal de Veracruz". Ponencia presentada en el taller *Land in Latin America: New Context, New Claims, New Concepts*, realizado en The Royal Tropical Institute de Amsterdam, en 1999.

Custred, Glynn. "Peasant Kinship, Subsistence and Economics in a High Altitude Andean Environment". En: R. Bolton y E. Mayer (eds.), *Andean Kinship and Marriage* (Washington: American Anthropological Association, 1977), pp. 117-135.

De la Cadena, Marisol. "Comuneros en Huancayo: migración campesina a ciudades serranas". Lima: IEP, 1988; Documento de Trabajo # 26.

———. "*Women Are More Indian*: Ethnicity and Gender in a Community Near Cuzco". En: Brooke Larson y Olivia Harris (eds.), *Ethnicity, Markets and Migration in the Andes: At the Crossroads of History and Anthropology* (Durham: Duke University Press, 1995), pp. 329-348.

Deere, Carmen Diana. *Household and Class Relations: Peasants and Landlords in Northern Peru*. Berkeley: The University of California Press, 1990.

Deere, Carmen Diana; León, Magdalena. *Género, propiedad y empoderamiento. Tierra, Estado y mercado en América Latina*. Bogotá: Tercer Mundo Editores, 2000.

———. "Derechos individuales y colectivos a la tierra: tensiones entre los derechos de mujeres e indígenas bajo el neoliberalismo". *Análisis Político*, n° 39 (2000a).

FAO. *Mesa redonda sobre los mecanismos jurídicos que posibilitan la participación de la mujer en el desarrollo rural*. Santiago de Chile: Oficina Regional de la FAO, 1990.

———. *Situación jurídica de la mujer rural en diecinueve países de América Latina*. Roma: FAO, 1992.

Fundación Arias. *La legislación nacional relacionada con el acceso de las mujeres a la tierra y a la propiedad en El Salvador* (folleto). San José: Fundación Arias, 1998a.

Fundación Arias. *La legislación nacional relacionada con el acceso de las mujeres a la tierra y a la propiedad en Nicaragua* (folleto). San José: Fundación Arias, 1998b.

González Montes, María Soledad. "Familias campesinas mexicanas en el siglo XX". Tesis doctoral defendida en la Universidad Complutense de Madrid en 1992.

Hamilton, Sarah. *The Two-Headed Household: Gender and Rural Developmen in the Ecuadorean Andes*. Pittsburgh: University of Pittsburgh Press, 1998.

Ibarra, Hernán; Espina, Pablo. *Cambios agrarios y tenencia de la tierra en Cotopaxi*. Quito: FEPP, 1994.

Isbell, Billie Jean. *To Defend Ourselves: Ecology and Ritual in an Andean Village*. Austin: Institute of Latin American Studies, University of Texas, 1978.

Lambert, B. "Bilaterality in the Andes". En: R. Bolton y E. Mayer (eds.), *Andean Kinship and Marriage* (Washington: American Anthropological Association, 1977), pp. 1-27.

Lewin, Linda. "Natural and Spurious Children in Brazilian Inheritance Law from Colony to Empire: A Methodological Essay". *The Americas*, XLVIII, 3 (1992), pp. 351-396.

Long, Norman; Roberts, Bryan. "Introduction". En: N. Long y B. Roberts (eds.), *Peasant Cooperation and Capitalist Expansion in Central Peru* (Austin: University of Texas, 1978), pp. 3-44.

Nicaragua. *Código Civil de la República de Nicaragua*. Managua: Ed. Jurídica, 1997.

Pacheco Balanza, Diego. "Tierra del padre o del marido, ¿da lo mismo? Usos y costumbres y criterios de equidad. Informe preliminar de la investigación. La Paz: Fundación Tierra, 1999.

Paulson, Susan. "Familias que no 'conyugan' e identidades que no conjugan: la vida en Mizque desafía nuestras categorías". En: Silvia Rivera Cusilanqui (ed.), *Ser mujer indígena, chola o birlocha en la Bolivia postcolonial de los años noventa* (La Paz: Subsecretaría de Asuntos de Género, Ministerio de Desarrollo Humano, 1996), pp. 85-162.

Rebolledo, Loreto. "Vivir y morir en familia en los albores del siglo". *Proposiciones*, 26 (1995), pp. 166-180.

Salguero, Elizabeth. *Primer Encuentro de Mujeres Indígenas, Campesinas y Originarias (Cochabamba, Bolivia, 1995)*. La Paz: Federación Nacional de Mujeres Campesinas de Bolivia "Bartolina Sisa", 1995.

Scott, Christopher. "Land Reform and Property Rights among Small Farmers in Chile, 1968-1986". En: D. Hojman (ed.), *Neo-Liberal Agriculture in Rural Chile* (New York: St. Martin's Press, 1990), pp. 64-90.

Spedding, Alison L. "*Esa mujer no necesita hombre*: contra la dualidad andina. Imágenes de género entre los yungas de La Paz". En: Denise Arnold (ed.), *Más allá del silencio: las fronteras de género en los Andes* (La Paz: ILCA/CIASE, 1997; Research Series, 27), pp. 325-343.

——; Llanos, David. "Derechos sobre la tierra: lo que la ley INRA no dice". *Tinkazos. Revista Boliviana de Ciencias Sociales*, 1 (julio de 1998), pp. 14-25.

Stephen, Lynn. *Women and Social Movements in Latin America*. Austin: University of Texas, 1997.

Stolen, Kristi Anne. *A media voz: relaciones de género en la sierra ecuatoriana*. Quito: CEPLAES, 1987.

United Nations Development Program. *World Development Report*. New York: UNDP, 1998.

Valdés, Ximena. "Chile: mujeres rurales y su participación en el desarrollo. Bases preliminares para la implementación del Plan de Igualdad de Oportunidades en la Agricultura y el Sector Rural". Informe de consultoría. Santiago de Chile: INDEP y SERNAM, 1995.

Valenzuela, Alejandra; Robles Berlanga, Héctor. "Presencia de la mujer en el campo mexicano". *Estudios Agrarios. Revista de la Procuraduría Agraria*, 5 (1996), pp. 31-63.

Van Halsema, Ineke. *Housewives in the Field: Power, Culture and Gender in a South-Brazilian Village*. Amsterdam: CEDLA, 1991.

Woortman, Ellen F. *Hedeiros, parentes e compadres*. São Paulo y Brasilia: Hucitec y Edunb, 1995.

Maternidad y gestación de vida
Su problematización frente al nuevo milenio

Florence Thomas

> *Unos de los mitos favoritos de la mentalidad conservadora estriba, precisamente, en que toda mujer es una madre en potencia.*
>
> KATE MILLETT, *Política sexual*

Pensar que la maternidad, sin duda la figura central de la feminidad y el eje articulador de la identidad femenina, se constituye hoy en un campo de problematización, parecerá a algunos, incluso a algunas, algo exagerado, desproporcionado o apocalíptico. En efecto, durante siglos las mujeres se han reconocido en la figura de la madre, una representación cultural de tanta fuerza que llegó a significarnos del todo y a invadir nuestra subjetividad a tal punto que se ha convertido en la metáfora por excelencia de nuestra manera de ser en el mundo... o más exactamente de no ser.

Así el rol materno era el rol femenino por definición. La maternidad, con sus dos colaterales de esposidad y domesticidad, debía colmar nuestras expectativas porque llenaba las expectativas de los hombres en una cultura profundamente patriarcal. En efecto, hasta hoy, pertenecer al género feme-

Maternidad y gestación de vida

nino había significado adaptarse a las fantasías, los deseos y los temores de los hombres en relación a lo femenino. Había significado posicionarse como "ser de otro", "al servicio de otro". Encerrada en las múltiples prácticas sociales de la maternidad que lograron normativizar los deseos femeninos casi exclusivamente alrededor del deseo maternal, de alguna manera, la mujer madre había sido apropiada materialmente y por consiguiente desposeída mentalmente. Volviéndose permeable al mundo se perdía a sí misma porque perdía el sentido de sus límites; personaje errante, sin "habitación propia", no tanto física sino sobre todo subjetiva, y por consiguiente sin "sí-mismo", debía permanecer como una simple herramienta de la naturaleza. Durante siglos el deseo de procrear fue el único posible y legítimo. Su anatomía era su destino y, con muy pocas excepciones, su único destino.

En estas condiciones, la madre se ubicaba fuera de los circuitos del saber, fuera de los circuitos del poder y sobre todo fuera de los circuitos del placer, es decir, fuera de la cultura. Con una anatomía programada para dar la vida y sin posibilidad de separar sexualidad de reproducción, parecía difícil pretender y acceder a la cultura. La madre era el único personaje familiar con esta condición de desposesión casi total. Así es que la biología a través de nuestra anatomía sirvió de pretexto real para fatalizar la maternidad e inscribirla en el orden de la naturaleza. Los hombres habían podido trascender la naturaleza, los instintos animales y los determinismos biológicos, las mujeres no. El famoso y tenaz instinto materno vino a completar el cuadro de una maternidad-destino-fatalidad que se encontraba reforzada por múltiples imágenes culturales, como la de María, virgen y madre, que en los países evangelizados por una Iglesia española fanatizada se iba a constituir en una representación y un verdadero ideario que resiste y marca aún los imaginarios colectivos de la feminidad latinoamericana. Sacralizar y fetichizar la maternidad mostró ser a lo largo de muchos siglos la mejor manera de negar a la mujer su femineidad, su eroticidad y por consiguiente su peligrosidad. La historia incluso nos cuenta hoy día que las políticas fachistas fueron las que más sacralizaron a las madres y menos reconocieron a las mujeres.

Y ni siquiera en estas condiciones la maternidad perteneció a las mujeres. La ideología patriarcal logró despojarlas y recuperar casi todo lo que rodeaba el acto de dar a luz: se entregó el parto al saber médico practicado exclusivamente por los hombres hasta mediados del siglo XX en Colombia, alejando y castigando las prácticas de las parteras; convenció a las mujeres de que eran meras reproductoras de vida habitadas por un instinto materno, vaciando así casi totalmente este hecho de su sentido sagrado y tan hondamente simbólico; logró callar culturalmente a las madres identificándolas con la abnegación y una existencia enteramente articulada al servicio de los otros; pudo por medio de una operación magistral, aunque bastante tortuosa, devolverles la virginidad y finalmente logró arrebatarles el producto de este trabajo simbólico imprimiendo el nombre del padre a los hijos y las hijas. Y así fuimos todas madres patriarcales, generadoras de hijos e hijas patriarcales.

Romper con esta representación ancestral de nuestra identidad desgarró e incluso costó la vida a múltiples mujeres en la historia. Pocas resistieron a los numerosos castigos y mecanismos de culpa previstos por la cultura para cual-

Maternidad y gestación de vida

quier caso de alejamiento de los caminos trazados para la feminidad. Algunas tuvieron que disfrazarse de hombre o adoptar seudónimos masculinos para poder escribir o actuar; otras renunciar a toda vida mundanal y encerrarse en conventos para escapar al matrimonio y las consecuentes maternidades repetidas y, desde un cuarto propio, más a menudo una celda propia, poder acceder a una biblioteca, a la lectura y la escritura; otras tuvieron que aceptar los estigmas de calificativos denigrantes cuando no insultantes; otras fueron encerradas en manicomios, torturadas, quemadas o guillotinadas; la mayoría condenadas a la soledad y al desamor por el inconcebible atrevimiento de expresar un deseo de saber para ser en el mundo mediante fertilidades distintas a las genealógicas. Por supuesto, la gran mayoría de mujeres se adaptó al molde cultural previsto para una feminidad al servicio de la reproducción de la especie, logrando además una sublimación casi gozosa que permitía escapar a la victimización y en muchos casos al sufrimiento.

Sin embargo, hoy, múltiples cambios tanto económicos, como sociales y políticos de este país, cambios iniciados desde los años cincuenta y reforzados en la actualidad por la denominada internacionalización y globalización de la economía, incidieron paulatinamente en la condición social femenina, logrando incluso cuestionar el viejo marco explicativo de la feminidad que se había vuelto incapaz de responder a esta nueva lógica de modernidad del país. Un país que sabe hoy que el desarrollo económico contemporáneo que trata de incluir en sus proyectos la construcción de una democracia cada vez más participativa y real (aunque no sé si estas dos metas son conciliables...) no se puede lograr sin una secularización de los sujetos. Se había vuelto necesario pensar en mujeres en cuanto sujetos políticos o sea mujeres que pudieran participar de la modernidad.

Es así como, en un contexto de modernización primero e internacionalización hoy, y gracias a los aportes de las teorías feministas, los estudios de género y las demandas de los movimientos sociales de mujeres, ellas se constituyen poco a poco en sujetos políticos y de derecho; empiezan a tener un espacio propio que les permite volverse lentamente pero de manera imparable generadoras de cultura, de arte, de literatura, de música, de cine y en general de investigaciones en todos los campos de la ciencia. Descubren con asombro los caminos del saber que les permiten interpretar de otra manera su existencia en el mundo en cuanto sujetos "para sí", al mismo tiempo que hacen aparecer, por supuesto y consecuentemente, un conflicto latente entre feminidad y maternidad, dos conceptos hasta hace poco sinónimos e inseparables, pero hoy, por todo lo antes dicho, disociados. En efecto, si la mujer en cuanto sujeto político, trabajadora y amante, puede participar de las figuras de la modernidad, en cuanto madre había quedado relegada "a la iconografía decimonónica en sus estereotipos y su sistema de códigos", como lo señala Silvia Vegetti en uno de sus últimos trabajos sobre la maternidad.

Desde este punto de vista cabe afirmar que la maternidad constituye en la actualidad un campo de problematización que es necesario trabajar con nuevos marcos explicativos y nuevas representaciones culturales. No se les puede pedir por más tiempo a las mujeres cumplir simultáneamente con nuevos roles generados por los contextos socio-económicos y las dinámicas políticas actuales, y viejos roles definidos hace siglos y muy sutilmente naturalizados por una cultura pa-

Maternidad y gestación de vida

triarcal que quiere modernizarse sin tocar el corazón de sus viejos fantasmas, representaciones e imaginarios. Este costo es demasiado alto para las mujeres hoy en día y se ha vuelto necesario para ellas reconstruirse una nueva salud mental o, más exacta y sencillamente, una nueva salud que obligatoriamente pasa, según mi punto de vista, por un redimensionamiento de la maternidad.

Las mujeres deben un sentido a la maternidad que no les impida nacer a ellas mismas, no como hace siglos, cuando, al tiempo que nacía un nuevo ser humano, nacía también una madre pero moría una mujer. Y esto es importante porque la mujer-madre es el lugar para los otros pero sin lugar para el sí-misma. La representación tradicional de la madre, y ni siquiera diría "buena madre" puesto que parece un imposible por lo menos para la literatura psicoanalítica y terapéutica en general, es una imagen de caracola que pasa su tiempo en prestar su casa-concha para el bienestar de los(as) otros(as), abrir sus puertas, sus orificios, prestar su tiempo, su calor y sus propios materiales para la construcción de los otros y las otras; podríamos decir que lo femenino-materno ha sido y es el material básico, la materia prima de la especie humana, de la subjetividad humana. Los hombres y las mujeres se constituyen a partir de este material y luego, gracias a otra operación de una cultura del entre-hombres, todos se olvidan de ese primer préstamo y construyen el mundo tratando de borrar toda huella de esta deuda como si la humanidad no quisiera recordar que es deudora de primer grado a las madres... Y hablo de una deuda ante todo subjetiva y no tanto social. Claro que nadie lo logra del todo y la huella está; esta huella que se convertirá en la eterna nostalgia del hombre varón. Pero mientras tanto la madre sigue sin lugar para ella misma cuando es lugar por excelencia, claustro para el embrión, el feto, lugar para el niño y la niña y finalmente para los hombres que no dejan de buscar a la madre a través de las mujeres, como niños eternamente despechados.

La madre es un ser descentrado de sí-mismo, perpetuamente de la cocina al comedor, del comedor a la cocina, del llanto del niño a la leche que se derrama, del teléfono que suena al timbre de la puerta, de la fiebre nocturna del niño al cansancio del compañero y otra vez al tinto que no hay que dejar hervir... Mientras tanto, los hombres discuten, explican, relatan, cuentan, recrean, dan soluciones, se proyectan y duermen de un solo tiro. Hay una secuencia en lo que hacen, inician, desarrollan y concluyen. Están en lo que están. Ella, la mujer-madre, está y no está. Recoge pedazos de la discusión, trata de meterse en ella pero nuevamente alguien o algo la solicita. El tinto está listo. Y otra vez le tocan las migajas de la conversación. Lástima porque ella pensaba decir algo, pero se le fue la idea... La mujer-madre vive así. A golpes, hipotecada, prestada, fraccionada. Hipotecada en la construcción y el bienestar de los y las que aman. Y ni siquiera creo necesario matizar ese retrato de la mujer-madre en virtud de los cambios sociológicos actuales, pues estoy convencida de que en lo fundamental aún resulta válido y este personaje, utilizado materialmente, se sigue caracterizando por una gran vulnerabilidad subjetiva.

Ahora, cuando una mujer madre no acepta esta desposesión en cuanto su ser en el mundo, se empieza a conflictuar al punto a veces de estrellarse y entrar en una cadena de insatisfacciones, cansancios mentales, depresiones, estrés y todo tipo de síntomas que, por supuesto, la cultura y el discurso psiquiátrico tradicional interpretarán desde los marcos de

Maternidad y gestación de vida

una subjetividad histérica. Al fin y al cabo, ¿qué quieren las mujeres? Ésta sigue siendo la gran pregunta que no podrá responderse mientras la cultura patriarcal y sus discursos normativos no inicien un juicio a sus propias categorías trasnochadas.

Sin embargo, y gracias a lo que significó la obtención del control de su fecundidad y por extensión, por lo menos simbólicamente, el control de su propio cuerpo que hasta hace poco representaba la garantía por excelencia de la hegemonía masculina, reforzado por los argumentos teóricos cada vez más sólidos y numerosos de las teorías feministas y de las demandas de los movimientos sociales de mujeres, ellas descubren que este fatalismo biológico en el cual estaba encerrado el concepto de maternidad se puede romper y la maternidad volverse entonces sólo una acepción de la feminidad entre múltiples otras. A este propósito, quiero aprovechar para recordarles que la píldora anticonceptiva cumple –por lo menos en América Latina– cuarenta años.

Sí, la píldora y por extensión los métodos anticonceptivos ubican a la maternidad como una opción y abren la puerta a su historización y su politización. Hoy día las mujeres pueden legítimamente rehusar ser madres, y la maternidad se volvió una escogencia humana que disocia definitivamente la mujer de la hembra. La maternidad deja entonces de ser un mero hecho biológico y las mujeres, mientras siguen trayendo hijos e hijas al mundo, se vuelven poco a poco capaces de traerse a sí mismas al mundo. De este modo construyen un proyecto materno que las incluye y que, recuperando una función simbólica por generarse ya no desde la necesidad sino desde la libertad, ubica la maternidad en el centro de una nueva eticidad que le permite recobrar su viejo y probablemente muy envidiado significado de privilegio ante la posibilidad de dar la vida, significado del cual el patriarcalismo había despojado a las mujeres.

La maternidad paulatinamente se está resignificando. Eva y María –la mujer peligrosa y la madre abnegada– poco a poco se vuelven capaces de construir nuevas alianzas que permiten que la una no signifique la imposibilidad de la otra. Se inicia un diálogo fecundo entre las dos, que permite reconocer que ser buenas madres no significa renunciar a ser mujeres felices frente a hijos e hijas del deseo y a hijos e hijas felices no obligatoriamente nuestros, porque nuestras fertilidades anteriormente sólo del orden de la genealogía se enriquecerán de fertilidades esta vez culturales.

A su vez, la maternidad tiene que perder poco a poco su viejo sabor de des-erotización y de mujeres llenas de hijos y vacías de deseo para recuperar corporeidad, sensualidad y erotismo desde un registro de la afirmación que les permita el acceso a la ética que no puede nacer sin el acceso al deseo y a la libertad.

Por supuesto, es una maternidad que tiene también que renunciar a todos los pequeños y dañinos poderes que había tenido que instaurar para sobrevivir. Entre éstos las nuevas madres tienen que renunciar a los hijos y las hijas como propiedad privada. Si quieren acceder a esta nueva ética desde marcos de equidad, tienen que dejar de ser madres patriarcales, madres fálicas, madres perpetuamente ocupadas y silenciosas porque han sido colmadas con un hijo falo o una hija futura rival que les regaló una cultura que no les pertenece. Tienen que aprender poco a poco a desprenderse de los hijos y las hijas, y convencerse de que ellos y ellas no les pertenecen; para lograrlo, tienen que dejarse habitar por

Maternidad y gestación de vida

otros proyectos vitales que las signifiquen, por otros sueños, por otras fertilidades que les permitan, si es el caso, irse tranquila y legítimamente porque estos hijos y estas hijas tienen también un padre que es capaz de aprender –exactamente como les ha tocado a ellas– a criar, hecho que no tiene nada que ver con la biología o el instinto.

Lo que tendrán que aprender las mujeres para dejar de estar conflictuadas por su nueva condición de sujeto es amar una maternidad libre y altamente significativa simbólicamente y desconfiar de lo que había hecho de ella la cultura patriarcal. Se trata, como nos lo recuerda Silvia Vegetti, de

[...] crear espacios de vacío y silencio, interrumpir la marcha de los acontecimientos, descentralizar los pensamientos, hacer erráticos nuestros afectos, concentrarnos en cosas inesperadas y mantener una posición atópica respecto al mundo y a sus expectativas aunque profundamente radical en sí misma, que se fundamente en nuestros propias posibilidades y realizaciones.

Ello significa también, paralelamente, re-pensar la paternidad con la misma intensidad. Pues estas nuevas madres se estrellarán frente a los mismos padres de siempre o más exactamente frente al mismo vacío de paternidad. Es urgente que nazcan padres, animados por el deseo de ser padres y ya no más por una paternidad probatoria de hombría.

Por supuesto, y estamos conscientes de ello, esto representa todavía para la realidad colombiana un rompimiento de la tradición, radical y subversivo. Resulta evidente que tocar la piedra angular del ejercicio del poder patriarcal, que se significa todavía por la ecuación mujer=madre, no se efectuará en poco tiempo ni sin resistencia. Ello obliga a que aprendamos a reconocer y enfrentar dichas resistencias. Sin embargo, los espacios para el cambio también existen y ya se están abriendo silenciosamente pero, desde mi óptica de soñadora, sin retroceso posible.

Ahora bien, en estos marcos para un cambio y para posibilitar esta nueva salud mental que esbocé para las mujeres colombianas, no quisiera pasar por alto una condición ineludible sin la cual difícilmente podríamos seguir hablando de salud mental –pero también de salud sexual y reproductiva– y de equidad. Esta condición es la necesidad de la despenalización o, por lo menos, la legalización de la interrupción voluntaria del embarazo. Este requerimiento se hace absolutamente indispensable si queremos abrirnos paso a una democracia que incluya entre sus proyectos a las mujeres, pero también si deseamos verdaderamente devolverle el sentido ético a la maternidad, ese sentido que por fin permitirá que sólo nazcan los hijos y las hijas del deseo. Quisiera recordar brevemente, porque creo que es el momento, que los países occidentales en su mayoría lo entendieron cuando revisaron su legislación en relación con ese importante punto. Incluso 94% de los países del mundo han revisado hoy sus concepciones alrededor de la tradicional ilegalidad de la interrupción voluntaria del embarazo. Lamentablemente, Colombia (con Chile y El Salvador para América Latina; todos los otros países latinoamericanos han previsto excepciones a la situación de ilegalidad del aborto) integra el 6% de países totalmente ciegos y sordos a cualquier posibilidad de revisión de su actual legislación. No existe un solo motivo por el cual una mujer podría abortar legalmente en nuestro país. Ni siquiera existe el aborto humanitario o por violación. Esto significa

Maternidad y gestación de vida

simplemente que más de cuatrocientas mil mujeres abortan clandestinamente en Colombia, contradiciendo gran parte de la filosofía que sustenta hoy el enfoque de la salud sexual y reproductiva.

De hecho, cuando la maternidad se transforma en una opción, es decir, en una intencionalidad reflexiva, no admite derogación y debemos prever de alguna manera los "actos fallidos". Hoy en día debemos aceptar que, si la maternidad tiene un significado simbólico, cada vez más reflejo de la propia libertad, no por esto –y más después de haber sido destino durante milenios– entra de una vez en el campo de la racionalidad. La vida mental es un entramado de motivaciones conscientes e inconscientes y, en relación con el deseo o no de ser madre, múltiples elementos perturbadores se harán presentes para desviar la intencionalidad.

Borrar en un momento siglos de una magistral operación cultural patriarcal que obligaba a las mujeres a ser madres para obtener un mínimo de reconocimiento y de autoestima no es posible, y tendremos que remitirnos durante un tiempo al conflicto psíquico nunca resuelto del todo "entre el ejercicio de una sexualidad no procreativa y el deseo inconsciente de la fecundidad, rechazado por la conciencia, pero nunca incapacitado del todo para manifestarse imprevisiblemente", como nos lo recuerdan las psicoanalistas que han reflexionado últimamente sobre el problema. Tenemos que aceptar que en este campo la educación nunca será, ni en el mejor de los casos, una panacea, pues no podrá suplir lo que una ideología construyó en miles de años y porque la sexualidad es, de todos los fenómenos humanos, el menos educable y el más subversivo e irreductible... Tenemos que aceptar que lo que constituye lo esencial de la sexualidad humana y que trasciende cualquier saber, cualquier aprendizaje, es su dimensión inconsciente. En estas condiciones, y conociendo el peso de una maternidad inoportuna o, peor, no deseada por una mujer para el futuro de este hijo o hija –tema que hemos desarrollado varias veces en otras intervenciones–, y a pesar de que ninguna mujer desea abortar ni planea hacerse un aborto, miles de ellas llegan a él cuando no hay otra alternativa. Porque es necesario preguntarnos: ¿qué ofrece una sociedad que pide un certificado de no embarazo para optar a un puesto y que penaliza el aborto? Las mujeres, por llegar a él en condiciones de clandestinidad, se desgarran tanto física como subjetivamente.

Es que las mujeres, mucho más sabias y sobre todo más generosas que los patriarcas, han entendido desde hace tiempo que la maternidad significa mucho más que dar la vida, mucho más que un acto de reproducción de vida; dar la vida significa ante todo generar *una* vida, generar *un* mundo desde lo simbólico, el deseo y las palabras, y no sólo desde la biología. Por esto las mujeres con un gran sentido de la responsabilidad han entendido que puede existir un sentido profundamente ético en la ilegalidad actual de un aborto. Al fin y al cabo, la legalidad ha sido siempre definida por los hombres juristas de una cultura patriarcal hecha a su exacta medida. Pero el costo subjetivo de la ilegalidad es demasiado alto para las mujeres y si queremos responder desde la equidad, la solidaridad y desde una nueva ética de la diferencia sexual a los actuales conflictos generados por la misma lógica de desarrollo de este país, y si de verdad se trata de iniciar mínimamente un reconocimiento a la inmensa deuda social pero sobre todo subjetiva que tiene el androcentrismo con las mujeres, ni siquiera se debería pedir la

Maternidad y gestación de vida

despenalización de la interrupción voluntaria del embarazo: simplemente se debería exigirla.

A título de ilustración, vale la pena recordar las consignas que circulaban durante las manifestaciones a favor de la despenalización del aborto en Francia después de mayo del 68. Hace más de treinta años, las mujeres francesas exigían el aborto libre, despenalizado, practicado en las mejores condiciones médicas y pagado por el sistema de seguridad social. Demandaban una contracepción bien hecha y accesible a todas y todos, la multiplicación de centros de planificación familiar y la educación sexual en todas las escuelas. Hace más de treinta años las mujeres francesas querían tener sólo los hijos y las hijas del deseo. Hace veinticinco años lograron la gran mayoría de sus exigencias con la promulgación de una ley de interrupción voluntaria del embarazo (Ley Veil, 1975).

Definitivamente es necesario re-inscribir a la maternidad en una nueva simbólica, construir metáforas más adaptadas a nuestro estatus de sujeto autónomo; una maternidad que transite por la libertad y ya no por la necesidad; una maternidad que tenga como único fundamento el deseo y no la biología, acercándonos cada vez más a la cultura, a la historia y la política. Es necesario desmistificar y desfetichizar la maternidad tal como nos fue impuesta para devenir mujer, única manera de devenir nuevas madres, madres livianas, madres desculpabilizadas, madres generadoras de mundo, madres-hijas, madres-hermanas, madres portadoras de unos afectos por fuera de la ley, como nos lo recomienda Françoise Collin, y ante todo madres que dejan de llevar sobre sus hombros la pesadísima metáfora de una cultura del entre-hombres que nos había querido castigar por ser dadoras de vida. Por supuesto. la libre opción a la maternidad constituye una propuesta peligrosa y subversiva. Pero ¿para quiénes? Con toda seguridad para los patriarcas que ya están entendiendo que sus pesadillas son nuestros sueños, estos sueños que nada ni nadie nunca pudo interrumpir...

REFERENCIAS BIBLIOGRÁFICAS

Fernández, Ana María. *La mujer de la ilusión*. Buenos Aires: Paidós, 1993.
Les Cahiers du Grif. Les enfants des femmes (volumen colectivo). Bruxelles: Ed. Complexes, 1992.
Tubert, Silvia (ed.). *Las figuras de la madre*. Valencia: Universitat de Valencia, 1996.
Vegetti Finzi, Silvia. *El niño de la noche. Hacerse mujer, hacerse madre*. Valencia: Universitat de Valencia, 1992.
Woolf, Virginia. *Une chambre a soi*. París: Denoel-Gonthier, 1980.

Tercera parte

MASCULINIDADES

Traficando con hombres
La antropología de la masculinidad[1]

Matthew C. Gutmann

CUESTIONES CONCEPTUALES

La antropología, desde siempre, se ha ocupado de hombres que hablan a hombres sobre hombres. Sin embargo, hasta hace poco tiempo, fueron pocos aquellos que dentro de la disciplina del "estudio del hombre" examinaron realmente a los hombres como *hombres*. Aunque durante las dos últimas décadas el estudio de género ha conformado el cuerpo teórico y empírico nuevo más importante dentro de la antropología en su conjunto, los estudios de género aún son equiparados con los estudios sobre las mujeres.

Los nuevos análisis sobre los hombres como sujetos con género y que otorgan género constituyen actualmente la antropología de la masculinidad. Existen al menos cuatro formas distintas mediante las cuales los antropólogos definen y usan el concepto de masculinidad y las nociones relativas

---

[1] Una versión de este artículo fue publicada en *The Annual Review of Anthropology*, 26 (1997): 385-409. La traducción es de Patricia Prieto.

a la identidad masculina, la hombría, la virilidad y los roles masculinos. La mayoría de los antropólogos que trabaja el tema utiliza más de uno de estos conceptos, lo cual permite señalar la fluidez de los mismos y la lamentable falta de rigor teórico en el enfoque del tema.

El primer concepto de masculinidad sostiene que ésta es, por definición, cualquier cosa que los hombres piensen y hagan. El segundo afirma que la masculinidad es todo lo que los hombres piensen y hagan para ser hombres. El tercero plantea que algunos hombres, de manera inherente o por adscripción, son considerados "más hombres" que otros hombres. La última forma de abordar la masculinidad subraya la importancia central y general de las relaciones entre lo masculino y lo femenino, de modo que la masculinidad es cualquier cosa que no sean las mujeres.

Hasta la fecha, en la literatura antropológica sobre la masculinidad se ha hecho mucho énfasis en cómo los hombres, en contextos culturales diferentes, desempeñan su propia hombría y la de otros. Herzfeld (1985: 16, 47) señaló la importancia que, para los hombres de una aldea en Creta, tenía el distinguir entre "ser un buen hombre" y "*ser bueno como hombre*", porque aquí lo que cuenta es la "excelencia en el desempeño" de la hombría, más que el simple hecho de haber nacido varón.

En su estudio etnográfico sobre una "subcultura masculina" entre los sambia de Nueva Guinea, Herdt (1994b: 1) intenta presentar de qué forma "los hombres se perciben a sí mismos como personas masculinas, sus tradiciones rituales, sus mujeres, y el cosmos". La comprensión de la masculinidad sambia, según Herdt, depende, por consiguiente, de la atención prestada al lenguaje masculino, es decir, a lo que los hombres dicen sobre sí mismos como hombres. Además, cuando explora las iniciaciones masculinas entre los sambia, Herdt (1994b: 322) enfatiza en lo que él llama "una masculinidad fálica tan intensa" que los varones se esfuerzan no por alcanzar la masculinidad por oposición a la feminidad, sino por lograr una clase específica de masculinidad, la cual, por su naturaleza misma, sólo es accesible a los hombres. Por su parte, Gregor (1985) apunta que, para los mehinaku del Brasil, así como para otros grupos en otras partes, "la identidad masculina tiene una fundamentación anatómica". No obstante, Herdt (1994b: 17) sostiene que entre los sambia, si bien no es un "dogma público" de los hombres, "la masculinidad misma emerge de la feminidad".

En el primer gran estudio antropológico sobre la masculinidad, Brandes (1980) describe cómo las identidades masculinas se desarrollan en relación con las mujeres. Su examen del folclore y de los hombres en la Andalucía rural nos muestra que aun si las mujeres no están físicamente presentes con los hombres mientras éstos trabajan o beben, y si no son reflejadas en los pensamientos conscientes de los hombres, la "presencia" de las mujeres es un factor significativo en la comprensión subjetiva de los hombres, de lo que para ellos significa ser hombres. En un debate acerca de las identidades de género en sectores de la clase obrera de Ciudad de México, Gutmann (1996) planteó que la mayoría de los hombres, durante la mayor parte de sus vidas, perciben sus identidades masculinas a partir de las comparaciones que hacen con las identidades femeninas.

La atención prestada en la antropología a los hombres-como-hombres (Godelier, 1986; Ortner y Whitehead, 1981) ha sido insuficiente, y buena parte de lo que los antropólogos han escrito sobre la masculinidad debe inferirse de la investigación realizada sobre las mujeres y, por extrapolación, de estudios sobre otros temas.

Además de marcos de referencia conceptuales diferentes, existen dos enfoques temáticos distintos en el estudio antropológico de la masculinidad. Algunos estudios se ocupan primordialmente de hechos relacionados exclusivamente con hombres, como la iniciación masculina y el sexo entre hombres, las organizaciones exclusivamente masculinas, como los cultos de hombres, y lugares exclusivos para hombres, como casas y bares para varones. Otros estudios incluyen descripciones y análisis de las mujeres como parte integral del estudio más amplio de lo varonil y la masculinidad. Como ejemplo del primer caso, vale citar la muy leída encuesta de Gilmore (1990), de orientación funcionalista, que subraya el carácter omnipresente, aunque no necesariamente universal, del imaginario masculino en el mundo, junto a un arquetipo y una "estructura profunda" de masculinidad subyacentes, transcultural y transhistóricamente. El otro enfoque ha sido documentar la naturaleza ambigua y fluida de la masculinidad en contextos espaciales y temporales específicos, lo cual ha suministrado evidencia implícita para el argumento de Yanagisako y Collier (1978) según el cual no existe un "punto de vista masculino" único.

Luego de seguirles la pista a ciertos antecedentes históricos del estudio contemporáneo de la masculinidad, la revisión se ocupa de temas más amplios que los antropólogos recientes han relacionado con los hombres y la virilidad: el carácter nacional, las divisiones del trabajo, los lazos familiares, de parentesco y de amistad, el cuerpo y las luchas por el poder. Debido a la ausencia de un esfuerzo teórico sistemá-

Traficando con hombres

tico sobre la masculinidad, la mayoría de los estudios antropológicos referidos a los hombres-como-hombres se centran sólo en uno o dos de estos temas, creando categorías y definiciones múltiples y contradictorias sobre los hombres.

EL VARÓN HISTÓRICO EN LA ANTROPOLOGÍA

"El muchacho arapesh cultiva a su esposa", escribió Margaret Mead (1963: 90). Asimismo, históricamente, los antropólogos han cultivado a sus hombres nativos: las pretensiones de los etnógrafos acerca de que han descubierto una masculinidad exótica (u omnipresente) en los rincones más lejanos del planeta siempre se han fundamentado en las contribuciones centrales de los propios antropólogos a la creación de categorías de masculinidad y sus opuestos en diversos medios culturales. Desde el interés de Malinoswki (1929) por los impulsos sexuales (tanto de los nativos como de los antropólogos), la autoridad masculina (y cómo ésta puede encontrarse en hombres fuera del padre) y el complejo de Edipo, hasta los estudios de Evans-Pritchard (1974) –para quien, como lo afirma Ardener (1989), las mujeres y el ganado eran importantes, omnipresentes e igualmente mudos– los antropólogos han desempeñado un papel no del todo insignificante en el desarrollo y la popularización de definiciones y de diferenciaciones "nativas" sobre la masculinidad, la feminidad y la homosexualidad, entre otros rasgos. Retrospectivamente, es bastante difícil aclarar hasta dónde los puntos de vista expresados han representado los de los hombres, las mujeres, los antropólogos o una combinación de todos ellos.

Cuando la antropología como disciplina apenas tomaba forma, los círculos intelectuales en Europa y Estados Unidos experimentaban lo que Mosse (1996: 78) denomina los retos de fin de siglo a la masculinidad y a los hombres modernos, como la categoría "sin marca": los hombres "no varoniles" y las mujeres "no femeninas" están haciéndose cada día más visibles. Estos retos, y el movimiento a favor de los derechos de las mujeres, han puesto en peligro aquella división de género clave en la construcción de la masculinidad moderna. Con todo este cuestionamiento sexual, de nuevo el llamado de las sirenas de los mares del sur resultó demasiado para los sugestionables europeos. Por ejemplo, si para algunos antropólogos los hombres de Tahití parecían más libres de expresar su sexualidad masculina, en gran medida eso se atribuyó a cierta cualidad infantil de los hombres en aquellos contextos "primitivos".

El trabajo de Margaret Mead en el Pacífico ofreció una información sorprendente y contraria a las nociones populares existentes en Occidente sobre la adolescencia y la sexualidad; asimismo, desestabilizó muchos supuestos acerca de la masculinidad y la femineidad como cualidades inherentes. Cuando escribió sobre el carácter ambiguo y contradictorio del género, Mead (1963: 259) planteó: "Encontramos que los arapesh –tanto hombres como mujeres– hacen gala de una personalidad que, al ser externa a nuestras nociones históricamente limitadas, podríamos denominar como maternal en sus aspectos relativos al parentesco y femenina en sus aspectos sexuales". En su elaboración acerca del "dilema del individuo cuyos impulsos análogos no son considerados en las instituciones de su cultura", Ruth Benedict (1934: 262) también optó por resaltar la diversidad de las masculinidades y demostró que la homosexualidad históricamente ha sido considerada anormal sólo en algunas sociedades.

Antropólogos posteriores, incluidos aquellos asociados de alguna manera con la escuela de la cultura y la personalidad durante la Segunda Guerra Mundial y la década de 1950, siguieron probando similitudes y diferencias comparativas relacionadas con la participación de los hombres en la crianza de los hijos, las estructuras de personalidad masculinas, la orientación masculina hacia la guerra, los ritos masculinos de iniciación y socialización, el simbolismo del pene, entre otros. En forma creciente, se relacionaron modelos bifurcados de dualismos hombre-mujer con rasgos del carácter nacional más "femeninos" y más "masculinos" (véase Herman, 1995). Con respecto a las premisas no examinadas de la dominación masculina universal y las diferencias universales de los roles-sexos, ninguna teoría tuvo tanta influencia en las ciencias sociales durante la postguerra como la de Parsons y Bales (1955), que presentaron a las mujeres como expresivas (emocionales) y a los hombres como instrumentales (pragmáticos, racionales y cognitivos). Así, la biología, en última instancia, determinaba lo que hombres y mujeres hacían de modo diferencial en la familia. Por lo general, la "naturaleza humana" ha sido un código referido a la importancia fundamental que se atribuye a determinadas capacidades musculares y reproductivas, las cuales, a su vez, según algunos, tienen como resultado inevitable algunos patrones socioculturales relacionados con la caza y con lo doméstico (véase también Friedl, 1984).

Lévi-Strauss trató de aclarar ciertas cuestiones centrales; sin embargo, debe resaltarse que en *Las estructuras elementales del parentesco* (1969a) –un clásico muy influyente en la primera generación de antropólogas feministas responsables de iniciar los estudios de género en forma profunda– escasamente menciona categorías como hombres, masculinidad, mujeres y femineidad. Lo que aparece con bastante frecuencia es la alusión a los hombres mediante el eufemismo; por ejemplo, los hombres son llamados "los dadores de esposas". Así como sucedió con los primeros estudios antropológicos feministas durante los años setenta, los primeros enfoques empleados para estudiar la masculinidad tendían a mostrar un mundo demasiado dicotomizado, en el cual los hombres eran hombres y las mujeres eran mujeres, y donde ellas contribuían tan poco a la "construcción" de los hombres como ellos a la de las mujeres. A diferencia de esos primeros estudios antropológicos feministas sobre las mujeres, que trataban de resaltar la "invisibilidad" anterior de las mujeres en el canon, los hombres nunca han sido invisibles para la etnografía o las teorías sobre el "género humano".

Las economías culturales de la masculinidad

En los últimos quince años, han aparecido en inglés y otros idiomas varias etnografías y volúmenes editados acerca de la masculinidad (véase Castelain-Meunier, 1988; Fachel Leal, 1992; Welzer-Lang y Pichevin, 1992). Algunos de esos estudios han sido realizados por antropólogos prominentes. Sus enfoques y sus conclusiones teóricas difieren de un modo considerable; no obstante, los mejores han acertado al plantear interrogantes específicos sobre lugares y situaciones históricas determinados, a la vez que la mayoría ha evitado caer en una desafortunada reacción de "yo también" frente a la antropología feminista. Aquellos que intentaron hacer generalizaciones sobre "culturas" enteras de poblaciones supuestamente homogéneas han tendido a reinventar muchos de los mismos adjetivos desgastados con que los "hombres" (por ejemplo, los hombres de la América Latina urbana, del sur de España o de las tierras altas de Nueva Guinea) fueron calificados como representativos de uno u otro paradigma de las ciencias sociales.

Regiones culturales y cuestiones de límites

Muy a menudo, las cuestiones sobre la virilidad y las definiciones de masculinidad han sido puestas sobre el tapete en la confrontación entre el colonizador y los colonizados, como lo concluyó Stoler (1991: 56): "La desmasculinización de los hombres colonizados y la hipermasculinidad de los varones europeos representan afirmaciones fundamentales de la supremacía blanca" (véase también Fanon, 1967). En parte por la dinámica interna de la antropología y en parte por las exigencias que planteó el reordenamiento imperial de la segunda postguerra, el estudio de la masculinidad en la antropología ha estado ligado con frecuencia a los estudios de áreas culturales. En cuanto a "los ideales de virilidad" en el Mediterráneo, Gilmore (1990: 48) planteó, por ejemplo, "tres imperativos morales: primero, embarazar a la esposa; segundo, proveer a los dependientes; tercero, proteger la familia". El argumento es que tales propósitos y cualidades específicas, en una forma significativa, se encuentran más marcados en esa área cultural que en cualquier otro lugar del mundo. Los antropólogos que se inclinan a equiparar a "la nación" exclusivamente con los hombres en estas sociedades también han tendido, de una forma poco sorprendente, a minimizar las contribuciones de las mujeres a la masculinidad y los rasgos nacionales. (Véase también Mernissi, 1987, y Knauss, 1987, acerca de los ideales con contenido de género asociados con el Islam en el Medio Oriente).

Por otro lado, estudiosos como Strathern consideran que al examinar las relaciones masculino-femenino algunos argumentos acerca de las particularidades propias de un área han sido exagerados. Strathern (1988: 64) afirmó: "Creo que en forma demasiado axiomática el modelo rol-sexo ha tenido un peso en los análisis antropológicos de la iniciación en las tierras altas de Nueva Guinea y del antagonismo masculino-femenino" (véase también Bowden, 1984). A su vez, Herdt y Stoller (1990: 352-353) concluyen que "para el estudio de lo erótico y de la identidad de género, los datos transculturales son aún demasiado pobres y descontextualizados para poder realmente comparar la masculinidad y la feminidad, la excitación sexual y las fantasías de personas de diferentes culturas". (Sobre esfuerzos recientes en esa dirección, véase Parker *et al.*, 1992, y Parker y Gagnon, 1995). En su crítica de la "cultura mediterránea", Herzfeld (1987: 76) sostiene que "los etnógrafos pueden haber contribuido de manera involuntaria a la creación de un estereotipo" y que han dado lugar a una profecía que se cumple a sí misma, argumento que puede extenderse para criticar el regionalismo cultural de la masculinidad.

Lo masculino y lo femenino varían culturalmente, y las prácticas y creencias sexuales son contextuales; no obstante, el contexto cultural no equivale necesariamente a los rasgos de la cultura nacional. Además, la mayoría de los antropólogos que han escrito sobre la masculinidad en las últimas dos décadas han considerado que se justifica discutir las transformaciones en curso en coyunturas culturales distintas: Herdt (1993, XXXII) señaló "la forma igualitaria que parece una im-

Traficando con hombres

portación cultural de la modernización" en Nueva Guinea, en tanto que Keesing (1982: 16) reconoció potenciales reacciones "regionales" a la occidentalización como una posible "perpetuación o un renacimiento del culto a lo masculino". Brandes (1980: 11) anotó que en Andalucía "las normas sociales existentes entre las personas menores de veinticinco o veinte años parecen distanciarse bruscamente de las compartidas por sus padres", y Herzfeld (1985) describió "transformaciones" modernas en Creta. En conjunto, el énfasis de Gayle Rubin (1975) sobre los cambios y las transiciones trascendentales operadas en las relaciones de género y sexo es correcto, como también su temporal suspensión del dictamen de la exterminación prematura del "sexo ofensor".

En estos estudios etnográficos sobre los hombres, la influencia, a veces indirecta, de ciertas corrientes teóricas claves resulta evidente, comenzando por las obras de Marx y de Freud (véase Laqueur, 1990) y más recientemente por las referencias a Foucault (1980a, 1980b), Merleau-Ponty (1962) y Bourdieu (1990a, 1990b, 1997).

Divisiones del trabajo por género

Otro elemento de la economía cultural de la masculinidad que merece atención es la marcada diferencia entre lo que hombres y mujeres hacen en sus actividades y labores diarias. La mayoría de los etnógrafos, siguiendo el ejemplo de Durkheim (1933), ha intentado documentar esas divisiones del trabajo y, con esta base, hacer generalizaciones más amplias sobre las desigualdades culturales. Delaney (1991: 251), por ejemplo, anotó la separación física por razones de género en una aldea de Turquía: "Fuera de la actividad sexual y la alimentación, la única actividad en la cual hombres y mujeres pasan períodos amplios juntos es el trabajo en el *bahce* (jardín)", lo cual revela las desigualdades de poder entre los hombres y las mujeres, emanadas de fundamentos teológicos en esa área. Godelier (1986: 29) concluyó que entre los baruya de Nueva Guinea las divisiones del trabajo según género presuponen, más que originan, la dominación masculina, en tanto las mujeres son excluidas de la propiedad de la tierra, las herramientas importantes y los objetos sagrados, entre otras cosas. Un artículo de Richard Lee (1968) demostró que durante los años cincuenta, por lo menos, el trabajo de las mujeres recolectando nueces y granos aportaba una mayor cantidad de calorías a la dieta de los Kung San, en el sur de África, que las actividades de caza de los hombres, lo cual reveló que las contribuciones de las mujeres en esa sociedad de recolectores eran mayores no sólo en la crianza de los hijos, sino en el mantenimiento de los adultos. Cabe señalar como saludable el desarrollo en recientes estudios de género en cuanto al intento de describir y analizar las divisiones del trabajo no como tipos ideales estáticos y formales, sino tal como se presentan en sus manifestaciones culturales e históricas actuales y contradictorias.

LA FAMILIA

Parentesco y matrimonio

Weeks (1985: 159) advirtió que "la narración de Lévi-Strauss sobre el significado fundante del intercambio de mujeres presupone de entrada que son los hombres quienes, por ser naturalmente promiscuos, están en condiciones de intercam-

Traficando con hombres

biar sus mujeres". Aunque ciertos antropólogos han presentado evidencia que no contradice ni atenúa –sino apoya– la teoría fundacional de Lévi-Strauss sobre el intercambio masculino de mujeres, otros han hallado motivos para cuestionar tan uniforme descripción del matrimonio. Al explorar las relaciones de género en la sociedad malaya del siglo XIX, Peletz (1996: 88) mostró que "en la práctica, aunque no necesariamente en la ideología local (oficial), los hombres eran intercambiados por las mujeres y no por otros hombres", y llamó la atención (1996: 97) sobre un problema conceptual, específicamente respecto a la "preocupación por las *formas* de intercambio y el descuido relativo de los *contenidos* y las *estrategias* de intercambio" presentes en Lévi-Strauss.

En su trabajo sobre la matrifocalidad en Guayana, Raymond Smith (1956) reconceptualizó las dinámicas de poder en los hogares, la herencia y, sencillamente, el "lugar de los hombres" en las vidas de muchas familias. (Véase un tratamiento reciente de estos temas en Brana Schute, 1979). Por su parte, Lomnitz y Pérez-Lizaur (1987) encontraron que en las élites de Ciudad de México la "centralización de las mujeres" y la preeminencia de la "gran familia" revelan mucho sobre los límites del poder masculino tanto en las familias como en las compañías que estas familias manejan y de las cuales son propietarias. En cuanto a los términos para aludir al parentesco, el estudio de Carol Stack (1974) sobre las mujeres afroamericanas en el sur de Illinois fue el primero en poner en duda la comprensión fácil de los identificadores "madre" y "padre". Stack encontró que los roles de los hombres como padres dependían primordialmente no de sus relaciones con los hijos, sino de las relaciones de los hombres con las madres de los hijos.

Matthew C. Gutmann

El ejercicio de la paternidad: paternar

A partir de los estudios de John y Beatrice Whiting sobre la crianza de los hijos en los años cincuenta, los significados de la paternidad y las prácticas de los padres han sido examinados transculturalmente en forma detallada. Al documentar la ausencia del padre, los ritos de la circuncisión, los ritos de iniciación masculinos, cómo duermen los niños, la envidia por la posición y lo que se ha denominado laxamente "hipermasculinidad" y "supermasculinidad", los Whiting y sus estudiantes, colegas y críticos, han escrito sobre los parámetros biológicos dentro de los cuales puede florecer la diversidad cultural en las sociedades humanas (véase, por ejemplo, Broude, 1990; Cath *et al.*, 1989; Hollos y Leis, 1989; Parker y Parker, 1992, West y Konner, 1976; Whiting, 1963; Whiting y Whiting, 1975; Whiting *et al.*, 1958).

Los testimonios sobre la experiencia de paternar abundan en la antropología. Al escribir sobre la Irlanda rural en los años setenta, Scheper-Hughes (1979: 148) explicaba que, lejos de ser ineptos por naturaleza para desempeñar el papel de padres, "los hombres son socializados para que se sientan inadecuados y torpes en extremo con los bebés". En un trabajo posterior, sobre un tugurio en el nordeste de Brasil, él mismo (1992: 323-325) señalaba que los "padres" son los hombres que proveen a los bebés leche en polvo, llamada popularmente "leche del padre", y que a través de ese regalo se establece la legitimidad simbólica del hijo. El trabajo de Taggart (1992) revela que en la Sierra Nahua de México la mayoría de los niños, hasta hace poco, dormía con su padre y no con su madre, desde el destete hasta la pubertad. Y en su encuesta cuantitativa acerca del cuidado de los hijos

Traficando con hombres

entre los pigmeos aka, Hewlett (1991: 168) informó que "los padres aka gastan 47% de su día alzando o encontrándose a un brazo de distancia de sus niños pequeños, y mientras los alzan, es más probable que sean los padres y no las madres quienes los abracen y los besen". (Ver Read, 1952, sobre los asuntos de los hombres gahuku-gama, y Battaglia, 1985, con respecto a la crianza paterna de los sabarl en Nueva Guinea).

Gutmann (1996) se apoya en Lewis (1963) para abordar el patrón histórico por el que los hombres del México rural desempeñan un papel más significativo en la crianza de los hijos varones que sus congéneres del proletariado urbano. No obstante, concluye que para muchos hombres y mujeres de las comunidades de invasión en México ser un padre activo, consistente y a largo plazo, es un elemento crucial en lo que significa ser hombre y en lo que hacen los hombres.

Y Bourgois (1995: 316) cita a un joven puertorriqueño que resalta las contradicciones de ser padre en Nueva York:

> Estuve saliendo con esta señora de la calle 104 durante tres años; ella tiene cinco hijos; ninguno de ellos es mío; y yo los cuidaba, mano. En los días de escuela, yo les compraba la ropa para el primer día de clases, y toda esa mierda. Usted debía haberme visto, cómo robaba radios de los carros, como un loco. Forzar los carros, conseguir tres, cuatro, cinco radios en una noche, solamente para comprarles zapatos nuevos.

La amistad masculina

Los espacios masculinos, la segregación de los hombres y lo que Sedgwick (1985) llama homo-sociabilidad, ha recibido reconocimiento etnográfico pero poco análisis sistemático. En las casas secretas de hombres en varias sociedades (Poole, 1982; Tuzin, 1982, 1997), en enclaves exclusivamente masculinos, cafés o bares (Brandes, 1987; Cowan, 1990; Duneier, 1992; Herzfeld, 1985; Jardim, 1992; Lewgoy, 1992; Limón, 1994; Marshall, 1979), en las relaciones de dependencia del cuatismo y la "solidaridad de comensales" (véase, respectivamente, Lomnitz, 1977, y Papataxiarchis, 1991), en el desempleo entre los jóvenes de clase obrera (véase Wikkis, 1979) y en los deportes para hombres (véase Alter, 1992; Wacquant, 1995a, 1995b), la exclusividad de los hombres ha sido mejor documentada que entendida. Al emplear el trabajo de Bourdieu sobre el cuerpo (por ejemplo, 1990a), los estudios de Wacquant (1997) sobre el *"libido sexualis* (heterosexual)" y el *"libido pugilistica* (homoerótico)", entre los boxeadores africano-americanos en Chicago, son notables por la construcción teórica que hace sobre la masculinidad (y lo que determina que algunos hombres sean más "varoniles") y los cuerpos masculinos, así como por el detalle etnográfico.

Un tema central en la discusión de la amistad masculina es la "creación de vínculos masculinos" (*male bonding*), término inventado por el antropólogo Lionel Tiger (1984: 208), con la explicación de que los "hombres 'necesitan' lugares u ocasiones en que se excluya a las mujeres". A pesar de que la frase "creación de vínculos masculinos" ya forma parte del lenguaje común en Estados Unidos como descripción abreviada de camaradería masculina (a munudo usada de modo despectivo), Tiger acuñó el término tratando de ligar supuestos impulsos inherentes en los hombres (a diferencia de las mujeres) con los cuales los hombres demuestran solidaridad entre sí. La "creación de vínculos masculinos", señaló Tiger

Traficando con hombres

(1984: 135), es un rasgo desarrollado a lo largo de miles de años: "un proceso con raíces biológicas conectado con el establecimiento de alianzas necesarias para la defensa de grupo y la cacería".

Connell (1995) contextualiza históricamente la teoría de Tiger sobre la "creación de vínculos masculinos": "Desde que se derrumbó la capacidad de la religión para justificar la ideología de género, la biología ha sido llamada a llenar el vacío". Se dice que, con sus genes masculinos, los hombres heredan tendencias a la agresión, la vida familiar, la competitividad, el poder político, la jerarquía, la promiscuidad y demás. La influencia de un análisis tan "naturalizado" se extiende más allá de los confines de la antropología y de la academia para justificar el excluir a las mujeres de los dominios masculinos claves. En el Movimiento de Hombres Nuevos de Estados Unidos (véase la etnografía de este movimiento en Schwalbe, 1996, y su filosofía en Bly, 1990), la masculinidad como hecho biológico, autenticada por la genitalidad y la antropología "pop", ha sido elevada al nivel de los vínculos místicos.

El cuerpo

Fisuras somáticas

El componente erótico en la creación de vínculos masculinos y la rivalidad masculina está claramente demostrado en muchos estudios recientes sobre sexo con el mismo sexo. El artículo de Weston (1993) acerca de los estudios de lesbianismo y homosexualidad en la antropología constituye la mejor revisión a la fecha de la manera como la disciplina ha abordado este tema; acá resalto sólo unos puntos adicionales. Muchos estudios en la antropología de la masculinidad tienen como componente central el informar y analizar algún tipo de relaciones, atracciones y fantasías sexuales entre varones (Almaguer, 1991; Carrier, 1995; Cohen, 1995a, 1995b; Herdt, 1982, 1987, 1994b; Lancaster, 1992, 1997a, 1997b, 1998; Parker, 1991; Roscoe, 1991; Wilson, 1995). Es de gran importancia teórica el que el término "homosexualidad" encuentre cada vez más rechazo, por considerárselo demasiado limitado en su significación y sus implicaciones (véase Elliston, 1995). Tal como lo planteó Herdt (1994a, XIII-XIV): "Ya no es útil considerar que los sambia practican la 'homosexualidad', por los significados confusos que tiene este concepto y por sus sesgos intelectuales en la historia occidental de la sexualidad".

Los grandes estudios antropológicos sobre los hombres que sostienen relaciones sexuales con otros hombres se iniciaron con el de Esther Newton (1972) sobre las reinas *drag* (*drag queens*) y la disertación de Joseph Carrier (1972) sobre "los encuentros homosexuales de los varones mexicanos urbanos" (véase Carrier, 1995), aunque otros trabajos sobre el sexo con el mismo sexo sólo surgieron en forma regular una década después. Sigue vigente el planteamiento de Chodorow (1994) según el cual la heterosexualidad, al igual que la homosexualidad, es un fenómeno problemático e insuficientemente estudiado, en especial si se considera la sexualidad como algo más que contacto corporal genital y reproductivo. (Véase también Greenberg, 1988; Katz, 1990; Rubin, 1993).

Anteriores estudios antropológicos se ocuparon de la sexualidad y los cuerpos masculinos (por ejemplo, Malinowski, 1929, 1955), y trabajos más recientes trataron el tema, pero no la nomenclatura de la masculinidad (por ejemplo, Spiro, 1982). Fue sólo a principios de los años setenta, debido a la influencia política del feminismo, los estudios sobre la homosexualidad y el lesbianismo y el desafío teórico de Foucault y otros, como Jeffrey Weeks, que los antropólogos empezaron a explorar de modo sistemático la relación entre los cuerpos materiales y las relaciones culturales.

Respecto de la cultura sexual en Brasil, Parker (1991: 92) anotó: "Está claro que, en la época moderna, la sexualidad centrada en la reproducción se ha convertido en algo que debe ser manejado no solamente por la Iglesia católica o por el Estado, sino por los individuos mismos". Asimismo, en su estudio sobre la tensión entre cuerpos y tecnologías sociales, Cohen (1995b) orienta la discusión antropológica del deseo sexual y los cuerpos en otra dirección, para analizar la pornografía política de la ciudad de Banaras, al norte de India. Cuando escribe sobre el sufrimiento social diferencial entre hombres y mujeres víctimas del polio en China, Kohrman (1997) señala que "para los hombres los aspectos más difíciles tienen que ver con la inmovilidad", mientras que en las mujeres "su dolor parece centrarse en la imperfección corporal". Un área de la indagación antropológica relacionada con los hombres, que parece bastante precaria, es la prostitución: si bien existen algunos materiales etnográficos sobre varones prostitutos, se necesita más documentación sobre las relaciones de los hombres con las mujeres prostitutas.

Las fisuras somáticas se cruzan en muchos casos, como en la insinuación ritual que los hombres hacen de sí mismos en las labores físicas de la reproducción mediante la covada, la cual es analizada generalmente como una afirmación de la paternidad social, un reconocimiento del papel del marido en el parto, una revelación de las cualidades femeninas de los hombres, y como un reflejo del deseo de los hombres de imitar las habilidades reproductivas de las mujeres, es decir, "envidia de la matriz" (véase Moore, 1988: 29, y también Paige y Paige, 1981). Es interesante comparar la covada con las observaciones de Ginsburg (1990: 64) sobre el movimiento provida de Dakota del Norte, donde el "aborto se fusiona con el imaginario de una sexualidad destructiva, decadente y por lo general masculina". Tal comprensión, a su vez, está vinculada con la relación entre sexualidad y dominación masculina. Según Godelier (1986), la sexualidad masculina entre los baruya se usa para mantener los mecanismos de la dominación masculina, la producción de "grandes hombres" y la ideología que justifica el orden social en su conjunto (véase también Godelier y Strathern, 1991).

Fisuras sexuales:
"tercer género", personas con dos espíritus, hijras

Los orígenes de la expresión "tercer género", muy popularizada en los estudios culturales, lésbicos y homosexuales, pueden ser parcialmente rastreados en las investigaciones sobre género y prácticas sexuales que no pueden ser fácilmente categorizadas como heterosexuales u homosexuales. Pero no toda tercería es semejante, y esta formulación puede *reificarse* como un dogma esencialista. En su narración etnohistórica acerca de un "hombre-mujer" zuni del siglo XIX, Roscoe (1991: 2) señaló que We'wha "era un hombre que combinaba el trabajo y los roles sociales de hombres y mujeres, un artista y un sacerdote que vestía, al menos parcialmente, ropas de mujer". Aunque esta forma de vestir

Traficando con hombres

(*cross-dressing*) de los nativos norteamericanos –hasta hace poco denominada *berdache* por los antropólogos– disminuyó como práctica a comienzos del siglo XX, los hombres de muchas tribus continuaron mostrando una preferencia hacia el trabajo de las mujeres y/o a sentirse atraídos por otros hombres. Con la introducción de un volumen cuya intención era reemplazar ese apelativo por el de "personas con dos espíritus", Jacobs (Jacobs *et al.*, 1997) sostuvo que "el término *berdache*" (sic), tal como lo usan los antropólogos, es anacrónico, anticuado y no refleja las conversaciones nativas norteamericanas contemporáneas sobre la diversidad de géneros y las sexualidades". (Para trabajos anteriores sobre el tema, véase también Whitehead, 1981, y Williams, 1988).

Al escribir sobre los *hijras* del norte de la India, los cuales podrían ser sometidos a la castración o a la penectomía o congénitamente "no ser ni hombres ni mujeres", Cohen (1995a) explica por qué el "tercer género" no puede ser una categoría confiable (véase también Nanda, 1990). En igual sentido, Robertson (1992: 422) se refiere a la androginia en el teatro japonés: "A pesar del funcionamiento de un principio normalizador, se da el caso que en el Japón ni la femineidad ni la masculinidad han sido consideradas como de incumbencia exclusiva de cuerpos femeninos o masculinos". (Sobre el travestismo en Samoa, véase Mageo, 1992; sobre el travestismo en Sardinia, véase Counihan, 1985).

Los objetos del deseo corporal

Herzfeld (1985: 66) anota que, según los hombres de la Grecia rural, las mujeres son "pasivas, indecisas e incapaces de controlar su sexualidad o sus temperamentos" (a ese respecto véase también Herzfeld, 1991). Brandes (1980: 77) nos dice que en Andalucía, de nuevo según los hombres, las mujeres no son consideradas pasivas, sino que son ampliamente conocidas como "seductoras, poseídas por apetitos lujuriosos insaciables". Brandes (1980: 80) también anota que los hombres con frecuencia se sienten amenazados por su atracción hacia las mujeres, "la cual se centra principalmente en el trasero femenino", y por transferencia muchos pueden sentir ansiedad respecto a su propia penetración anal potencial. Dundes (1978) también ofrece un marco de referencia analítico para el examen de las preocupaciones homoeróticas de los hombres relacionadas con los traseros.

Si, en términos generales, los etnógrafos han concluido que son pocos los hombres que equiparan su virilidad con sus genitales, son muchos los estudios que indican que son un punto de referencia favorito. Entre los *hijras*, de acuerdo con Nanda (1990: 24), "la castración es la principal fuente del poder ritual", algo parecido tal vez a lo que Gayle Rubin (1994: 79), en su crítica a la degradación de esos enfoques psicoanalíticos, denomina "*phallus ex machina*". De hecho, es mucha la tinta que se ha gastado en la antropología tratando de estudiar comparativamente el papel del semen. Herdt (1994b: 181) informa que, entre los sambia, "el temor a que se agote el semen es esencial desde el punto de vista masculino". Como lo anota Herdt en forma por demás conocida (1994b: 236), el propósito de las repetidas inseminaciones orales hechas por muchachos mayores a muchachos menores es "crear un fondo de virilidad". La experiencia subjetiva violenta y traumática propia de los cultos masculinos es examinada por Poole (1982) en las transformaciones rituales inducidas, referidas a la persona, al ser y al cuerpo, que practican los bimin-kuskusmin de Papúa, en Nueva Guinea. Y Brandes (1980: 83) señala que en Moteros, España, se cree tanto que la leche materna existe en cantidad limitada como que al semen le pasa lo mismo y que, con cada eyaculación, los hombres se acercan a la tumba. Las mujeres que desean matar a sus esposos tienen relaciones sexuales con ellos con mayor frecuencia. (Sobre las ramificaciones de la pérdida de semen entre los atletas, véase Gregor, 1985: 145; Monsiváis, 1981: 113; Wacquant, 1995a: 509). Los poderes sagrados del semen también son invocados por los meratus dayaks de Indonesia con un hechizo para detener las balas: "Eres semen. Divinidad blanca. Gota coagulada. Cerrada con una llave. Hierro fluido. Semen fluido" (citado en Tsing, 1993: 77).

EL PODER

No es sorprendente que una de las preocupaciones centrales en los primeros estudios de Lewis Henry Morgan, en los cuales se documentaba la variación transcultural, fuera la relación cambiante entre parentesco y poder. Es típico un comentario suyo según el cual "en la familia patriarcal de tipo romano la autoridad paterna iba más allá de los límites de la razón, hasta llegar a un exceso de dominación" (Morgan, 1985: 466-467). Aunque hay otros desacuerdos, en la mayoría de los artículos antropológicos sobre la masculinidad, hasta la fecha, se da una especie de consenso con respecto a por qué y cómo la desigualdad de género puede caracterizar las relaciones entre mujeres y hombres o entre hombres diferentes en situaciones históricas y culturales diversas. Para describir los elementos de la lucha masculina por el poder, y como parte de la búsqueda de la "estructura profunda de la masculinidad", David Gilmore (1990: 106) ha promovido la noción de que, en muchas culturas –si no en la mayoría–, los hombres por lo menos comparten la creencia de que son creados artificialmente, mientras que las mujeres nacen naturalmente. Por consiguiente, los hombres deben ponerse a prueba entre sí como no tienen que hacerlo las mujeres (ver también Dwyer, 1978; Herdt, 1987: 6; Mead, 1975: 103).

Esas imágenes transculturales y transhistóricas acerca de los hombres son recogidas en trabajos recientes de Bordieu sobre la masculinidad; por ejemplo, cuando afirma que, con la excepción del tiempo y del espacio, "entre todas las formas de esencialismo", el sexismo "es sin duda el más difícil de erradicar" (1990b: 103), y cuando declara (1997) que "el acto sexual es representado como un acto de dominación, un acto de posesión, la 'toma' de la mujer por el hombre", lo cual supone que las posiciones sexuales son las mismas para todo el mundo en todo momento.

Varones alfa y míticos

Existe evidencia etnográfica para tales generalizaciones. En la Turquía rural, no solamente se simboliza al Dios creativo como masculino, sino que se considera que los varones humanos son quienes dan la vida en tanto que las mujeres apenas alumbran (Delaney, 1991). Entre los tswana del siglo XIX, mediante el intercambio de ganado, "los hombres producían y reproducían la sustancia social de la colectividad –en contraste con la reproducción física realizada por las mujeres– de sus componentes individuales" (Comaroff, 1985: 60). El problema no estriba en el análisis de situaciones culturales específicas, sino en el tópico según el cual "los hombres en todo el mundo comparten iguales nociones" (Gilmore, 1990: 109) acerca de los hombres varoniles (activos y creativos), dado que tales nociones se basan, en su mayoría, en lo que los informantes varones les han dicho a los etnógrafos varones acerca de sí mismos y acerca de las mujeres. Quienes comparten con Lévi-Strauss (1969a: 496) la conclusión según la cual el "surgimiento del pensamiento simbólico debe haber requerido que las mujeres, al igual que las palabras, fueran objetos de intercambio", pocas veces hallan diferencias culturalmente significativas entre los hombres y entre diferentes clases de masculinidades. En contraste con los paradigmas basados en imágenes relativamente homogéneas de la masculinidad y de hombres todopoderosos, se encuentran los conceptos de masculinidades hegemónicas y subordinadas (o marginales) propuestos por Connell (1987, 1995). Connell busca establecer un mapa amplio de las desigualdades de poder, a la vez que intenta dar cuenta de las diversas relaciones entre mujeres y hombres, específicamente de la mediación activa de las mujeres (Stephen, 1997) y los hombres en la transformación de las relaciones de género.

Una contribución importante de los estudios antropológicos sobre la masculinidad ha sido explorar las percepciones subjetivas de los hombres acerca de ser hombres, en las cuales se incluye la relación de ser hombre con la reivindicación, la búsqueda y el ejercicio de variadas formas de poder sobre otros hombres y sobre las mujeres. Así, estos estudios han servido de complemento a trabajos anteriores sobre el "mito de la dominación masculina" (Leacock, 1981; Rogers, 1975), los interrogantes acerca del poder informal de las mujeres y aspectos relacionados con el "ser varonil". Ha resultado difícil, en el estudio de la masculinidad, documentar la variedad de formas y modos que asumen las relaciones de poder basadas en el género (Foucault), sin perder de vista las desigualdades fundamentales entre hombres y mujeres, en muchos contextos donde puede ser difícil discernirlas en el nivel familiar, de pequeña escala. Reconocer la variedad e incluso la complicidad no supone dejar de lado la habilidad para distinguir poderes mayores y menores ni entraña aceptar la teoría hidráulica del poder según la cual la ganancia de uno necesariamente implica la pérdida del otro, aunque exige un marco de referencia histórico claro (véase di Leonardo, 1979, y Sacks, 1982).

El nacionalismo, la guerra y la violencia doméstica

Trabajos recientes e innovadores sobre la masculinidad y la violencia abordan el nacionalismo, la guerra y la violencia doméstica. Es obvio que la guerra existe con anterioridad y por fuera de los contextos nacionalistas. Los lectores interesados en el tema de los hombres y la guerra en sociedades tribales y en otras en las cuales no existe el Estado pueden consultar a Chagnon (1968), para una etnografía sociobiológica clásica sobre la masculinidad y la guerra, así como a Fried *et al.* (1967) para una visión más general de la antropología de la guerra. En cuanto al nacionalismo, no pueden ser más claros sus vínculos con lo varonil en diversos contextos culturales. Por ejemplo, Mosse (1996) documentó las historias asociadas del nacionalismo europeo y de la masculinidad; Oliven (1996) analizó a los gauchos brasileños y la identidad nacional, y Guy (1992) examinó la relación histórica entre la sexualidad masculina, la familia y el nacionalismo en Argentina.

Traficando con hombres

En la Creta rural, Herzfeld (1985: 25) describió la *poniria* (astucia baja) como "un atributo emblemático de la virilidad, y por ser la quintaesencia de lo *griego*, una fuente de orgullo agresivo", propio de cierto tipo de virilidad, análogo a lo femenino, en oposición a las formas oficiales masculinas de sabiduría e inteligencia. Greenberg (1989) señaló varias semejanzas en una aldea del sur de México. En su análisis de la descripción popular de los muchachos parsi de la época postcolonial, en la India, como serviles e impotentes, Luhrmann (1996: 132-133) dedujo que ese discurso sexualizado referido a las inadecuaciones masculinas representa un desplazamiento de la ansiedad, debido a que "entre los parsis la idea de impotencia está asociada no sólo con los hombres parsi, sino también con el fin del imperio". De un modo muy diverso, otros han establecido conexiones entre la masculinidad, la violencia y el poder formal. En Nueva Guinea, los hombres influidos por el mensaje colonial, según el cual la pobreza era debida principalmente a la violencia masculina, respondieron, según Brison (1995: 172), con una ambivalencia nueva acerca del poder o bien trataron de capitalizar su "rudeza", lo cual en ambos casos sirvió para resaltar el poder y el prestigio de los europeos. Para una investigación etnográfica aguda acerca de la masculinidad y de los líderes militares en Estados Unidos, véase Cohn (1987). Sobre los aspectos de la masculinidad en el contexto del terrorismo de Estado, véase Nordstrom y Martin (1992).

Si el hecho de golpear a la esposa se da entre los recién casados (Herdt, 1994b) o durante el primer embarazo de la mujer (Gutmann, 1996), si la violencia masculina prevalece históricamente en ciertas clases o entre hombres que están perdiendo su poder autoritario sobre las mujeres (Bourgois,

1995); en los documentos antropológicos sobre los hombres, las fuentes de la violencia, cuando no sus consecuencias, muchas veces están sobredeterminadas y subteorizadas, salvo entre quienes destacan la incidencia de factores biológico-hormonales en el comportamiento humano, como Konner (1982: 111), quien sostuvo que "el caso más fuerte a favor de las diferencias de género (regidas por la biología) se halla en el campo del comportamiento agresivo". Las teorías que se apoyan en factores político-económicos, raciales, de género y culturales son tristemente inadecuadas en la literatura antropológica sobre hombres y violencia.

Los antropólogos varones tampoco han sido lo bastante activos en lo atinente a la investigación de los temas más importantes y difíciles de la violencia de género, como la violación y el maltrato a las mujeres. (Una colección única sobre el maltrato femenino es el libro de Counts *et al.*, 1992). Si bien Gregor (1985) y otros analizaron el peligro de la violación en las sociedades tribales, a excepción de los trabajos de Bourgois (1995) y Sanday (1990) sobre la violación en los Estados Unidos contemporáneos, son pocos los esfuerzos serios de los antropólogos para documentar y contextualizar esta forma de maltrato masculino contra las mujeres en las sociedades modernas. El informe de Malinowski (1929) sobre *yausa* – los "asaltos orgiásticos" de las mujeres trobriand mediante los cuales ellas violaban grupalmente a un hombre– resulta aún poco usual en los anales etnográficos.

LAS MUJERES Y LA MASCULINIDAD

Para contrarrestar las décadas en las cuales los antropólogos varones entrevistaban y describían casi exclusivamente a informantes varones, las antropólogas feministas hicieron mucho énfasis a principios de los años setenta en las mujeres y los denominados "mundos de las mujeres". En buena parte se trataba de "descubrir" a las mujeres, tan notoriamente ausentes (o "desaparecidas") de las etnografías anteriores. Sólo hacia 1980 los hombres empezaron a explorar de un modo sistemático a los hombres como personas con género y que otorgan género. Pero, irónicamente, la mayor parte de los estudios etnográficos sobre la masculinidad han hecho uso insuficiente de las contribuciones feministas a nuestros conocimientos sobre la sexualidad y el género, y no han participado mucho en los importantes debates de este discurso. En parte, ello ilustra lo que Lutz (1995) llama la "masculinización de la teoría", en este caso mediante la evasión de lo que se considera de poco valor teórico. Véase, por ejemplo, la crítica de Gilmore (1990: 23, 166) a los "marxistas doctrinarios" y a las "feministas radicales".

La forma de incorporar las opiniones y experiencias de las mujeres respecto a los hombres y la masculinidad es de gran importancia. Algunos antropólogos han planteado que como hombres, están muy limitados en su capacidad para trabajar con mujeres. (Para versiones diferentes al respecto, véase Brandes, 1987; Gilmore, 1990 y 1991; Gregory, 1984; Herdt y Stoller, 1990; Keesing, 1982; Streicker, 1995). Por su parte, Gutmann (1997) sostiene que las investigaciones etnográficas sobre los hombres y la masculinidad deben incluir las ideas que las mujeres tiene sobre los hombres y sus experiencias con ellos. Más que la simple afirmación estadística según la cual al aumentar el tamaño de la muestra se logrará aumentar nuestra comprensión del sujeto de estudio, y más que ofrecer un suplemento al trabajo etnográfico con hombres sobre la masculinidad a través de la inclusión de las voces y experiencias femeninas, la cuestión vigente sigue siendo la relacionada con el hecho de que las masculinidades se desarrollan y se transforman y que tienen poco significado, si no se relacionan con las mujeres y las identidades y prácticas femeninas en toda su diversidad y su complejidad correspondientes.

Varios antropólogos han escrito sobre las ansiedades de castración por parte de los hombres (por ejemplo, Murphy y Murphy, 1985) y sobre las intimidades entre madre e hijo (*cf*. Gregor, 1985; Spiro, 1982). Ubicándose en un marco de referencia lacaniano, Allison (1994: 150) señaló, respecto de los clubes de sexo de Tokio, que "lo que los hombres dicen que necesitan, lo que piensan estar haciendo y justifican como necesario 'para el trabajo' se lleva a cabo en forma simbólica y ritual a través de las mujeres y de la sexualidad que ellas representan". Bloch (1986: 103-104) planteó que la ambigüedad central de los ritos de circuncisión masculina de los merina tenía que ver con que se identificaba a las mujeres tanto con lo salvaje como con la descendencia ancestral. Puede plantearse que desde Lévi-Strauss (por ejemplo, *Lo crudo y lo cocido*, 1969b), todo esto ha sido obvio para la antropología: al trabajar con este marco de referencia, Sherry Ortner (1974) construyó su modelo naturaleza/cultura, en el cual se definía explícitamente a los hombres en relación con las mujeres. No obstante, este modelo está basado en la noción según la cual, aunque las mujeres pueden "controlar" a los hijos varones, entre los adultos prevalece que los hombres culturalmente dominen a las mujeres.

Así, a determinado nivel, el tema de la influencia de las mujeres sobre los hombres y la masculinidad ha sido extensamente tratado aunque aún no sea éste el caso en la literatura atinente al establecimiento de vínculos entre madre e hijo, al conflicto edípico y a la separación madre-hijo. El paso a seguir es vincular estos estudios y preocupaciones aparentemente más de tipo psicológico con interrogantes políticos sobre el poder y la desigualdad. Hay que prestar atención no sólo a la autoridad de las madres sobre los hijos varones, sino también a la influencia de las mujeres sobre los adultos varones. El estudio de Stern (1995) sobre la época colonial tardía en México es ejemplar en su análisis de la mediación y las aspiraciones de las mujeres en la promoción de "cambios en las principales convenciones sociales relacionadas con el género" y el patriarcado, en el contexto de la nueva política económica de crecimiento e industrialización.

En muchos documentos antropológicos sobre la masculinidad es recurrente el tópico de que, "según los nativos", los hombres se hacen, y las mujeres nacen. La concienzuda crítica a esa concepción en MacCormack y Strathern (1980) ha sido muy influyente en la antropología feminista, si bien muy poco, por desgracia, la han tenido en cuenta los antropólogos, para quienes las mujeres son casi irrelevantes en las construcciones de la masculinidad. No obstante, vale la penar preguntarse si no existen sesgos en las narraciones de algunos etnógrafos. Éste es un asunto metodológico y, más aún, conceptual: aunque es un error asumir que hay demasiada similitud entre contextos culturales, las conclusiones según las cuales es imposible que un etnógrafo varón recoja información útil sobre las mujeres, y mucho menos de las mujeres sobre los hombres, ameritan una mayor atención. Aunque las mujeres y los hombres no se encuentren en presencia del otro durante los rituales, por dar un ejemplo, los hombres y las mujeres sí interactúan con regularidad durante otros momentos, y afectan hondamente sus vidas y sus identidades mutuas. No debemos confundir los roles y las definiciones formales con la vida diaria.

Se han logrado avances importantes en el estudio de las mujeres en diversos contextos culturales. Los correspondientes estudios sobre la masculinidad están aún muy rezagados, lo cual no significa que las etnografías sobre los hombres deban ser consideradas, entendidas o utilizadas principalmente como un complemento de los estudios de las mujeres. Más bien, deben ser desarrolladas y nutridas como algo integral para la comprensión de la relación ambigua entre diferencias y similitudes, igualdades y desigualdades de género múltiple. Es el mismo caso de lo que sucede con el estudio de la etnicidad: nunca se puede estudiar un género sin estudiar a los otros.

PUNTOS RECIENTES DE CONVERGENCIA

Los ritos de iniciación masculina

En su análisis de ritos de paso masculinos, Keesing (1982) encuentra paralelos entre Nueva Guinea y la Amazonia tanto en el énfasis que se da al crecimiento *creado* frente al *natural* dentro de ese convertirse los muchachos en hombres, como en lo que los hombres pueden producir de una manera en que no lo pueden hacer las mujeres. La iniciación, según él (1982: 35), "dramatiza el cambio de *status*, a través del renacimiento simbólico, a la vez que incide directa y drásticamente, en un nivel psicológico, sobre los vínculos con las mujeres y su mundo, los cuales deben ser abandonados por los novicios". El debate sigue con respecto a si los ritos de iniciación representan una ruptura simbólica con las madres y las mujeres en general o si se relacionan más con la pubertad y las etapas fisiológicas de la maduración, porque tanto la mutilación corporal masculina como la separación de los varones y las mujeres se destacan en varios registros de ritos de iniciación. (Véase Herdt, 1982; Newman y Boyd, 1982; Whiting *et al.*, 1958).

Desde Nueva Guinea y Madagascar hasta la Amazonia, las mujeres también parecen ocupar un lugar central en los eventos de iniciación y en los análisis explicativos de su significado. Comaroff (1985: 114) describió cómo, en los ritos de iniciación de los tswana de la precolonia, se proyecta al hombre como "ser humano hábil" y a la mujer como "socializada de modo incompleto". Godelier (1986: 47) informó que entre los baruya "se requieren diez años para separar a un niño varón de su madre", en tanto que "se necesitan menos de dos semanas para convertir a una adolescente en una joven lista para el matrimonio y para tener hijos". Sobre las ceremonias de circuncisión entre los merina de Madagascar, Bloch (1986: 60) señaló que "la representación negativa de la femineidad es particularmente destacada". No obstante, también escribió (1987: 324-325) acerca de "la naturaleza sistemáticamente *contradictoria* de las representaciones de las mujeres" entre los merina (cursivas en el original). Un entendimiento tan importante de la contradicción y la indeterminación a menudo se halla ausente de las descripciones, de las semblanzas y del sentido de los ritos de iniciación masculinos, si bien algunos investigadores, como Dundes (1976), han escrito acerca del género ambivalente de los varones iniciados.

El machismo

Los hombres tanto en México como en el resto de América Latina y, por supuesto, en todos los países de habla hispana a menudo han sido uniformemente caracterizados como machos por antropólogos, académicos y periodistas. A pesar de que los términos "macho", en su acepción moderna, y "machismo" tienen una historia de pocas palabras, muchos escritores de todo el mundo se han esforzado por descubrir un machismo omnipresente, virulento y "típicamente latino" entre los hombres de estas regiones. En los años noventa se ha dado una verdadera explosión en el trabajo etnográfico sobre el machismo y las áreas relacionadas (véase Baca-Zinn, 1982; Bolton, 1979; Gilmore y Gilmore, 1979; más recientemente, Brusco, 1995; Carrier, 1995; De Barbieri, 1990; Gutmann, 1996; Lancaster, 1992; Leiner, 1994; Limón, 1994; Lumsden, 1996; Mirandé, 1997; Murray, 1995; Parker, 1991; Ramírez, 1993).

La investigación central de Brusco (1995), por ejemplo, plantea que el protestantismo evangélico en Colombia ha liberado a las mujeres porque ha "domesticado" a los hombres: los esposos y padres evangélicos evitan el machismo "público" –las borracheras, la violencia y el adulterio– y regresan a sus responsabilidades familiares. Por su parte, Ramírez (1993: 13) señaló que la expresión "machismo" no se usa en las áreas de clase obrera por él estudiadas en Puerto Rico; sin embargo, se utiliza corrientemente en los círculos académicos y feministas de la isla. Lancaster (1992: 237), por su parte, registró que las relaciones específicas y desiguales entre los hombres y las mujeres son las que en última instancia "afianzan" el sistema del machismo en Nicaragua: las mujeres pueden hacer parte permanente de las vidas de los hombres, pero no alcanzan a ser parte de la ecuación de la masculinidad por razones básicas de la corporalidad.

CONCLUSIONES

En cualquier análisis sobre la masculinidad existen problemas potenciales, en especial si el tema se reduce a la posesión de genitales masculinos o, más aún, si se considera que es "sólo para hombres". Aunque arbitraria y artificial de muchas maneras, esta revisión tiene la intención de contrarrestar tal tipología. Confío en que la lectura de este ensayo no se cumpla como un intento por representar el "turno de los hombres" en las mesas académicas donde se indaga sobre el género. Más bien, mi propósito ha sido describir los estudios de los hombres, en cuanto hombres, en el contexto de un rompecabezas multigénero.

Los antropólogos que tratan diferentes temas reconocerán que en muchos trabajos se da por hecho la naturaleza de los hombres y la masculinidad. Una rápida ojeada a los índices de la mayor parte de las etnografías muestra que las "mujeres" sí existen como categoría, en tanto que los "hombres" raramente aparecen listados. La masculinidad es ignorada o se la considera como la norma, de forma tal que hacer un inventario por separado resulta innecesario. Por eso aquí también, con frecuencia, "género" quiere decir mujeres, y no hombres.

Como lo afirmó Malinowski (1929: 283), "en los asuntos más delicados, el etnógrafo se ve obligado en gran medida a depender de los rumores", y con contadas excepciones la situación no ha cambiado desde ese entonces, así que ¿cuál debe ser nuestra comprensión de los hombres arapesh "afeminados" que paternan a sus hijos como si fueran madres? ¿Cuál es la razón para que los *hijras* de la India traten de alcanzar una terminación permanente a su búsqueda de la "castración"? ¿Cómo y por qué los hombres que se visten coquetamente, usando ropa del sexo opuesto, en Nicaragua (véase Lancaster, 1997b), hacen exhibición de "feminidad"? Éstos son los interrogantes que constituyen la materialidad corporal y las prácticas de hombres que se definen a sí mismos –y son definidos por otros– simplemente como personas que no son mujeres.

Entre los modos de desempeño con los cuales se resalta la virilidad en Creta –la facilidad para expresarse, el canto, el baile y el abigeato de ovejas (véase Herzfeld 1985: 124)– y el intento de crear obstáculos modernos para el logro del *status* de varón (Gilmore 1990: 221) existe una variedad de cualidades y caracterizaciones que los antropólogos han calificado de masculinas y varoniles. La afirmación según la cual los hombres se hacen mientras que las mujeres nacen (así sea de acuerdo con "el punto de vista de los nativos") es contradicha por la afirmación según la cual los hombres son los defensores de la "naturaleza" y del "orden natural de las cosas", mientras que las mujeres son quienes instigan a favor del cambio en las relaciones de género y muchos otros tópicos. Ello hace parte de lo que Peletz (1996: 294) denomina "la reestructuración histórica de los roles masculinos", en la medida en que las contradicciones, las desigualdades y las ambigüedades en las relaciones, ideologías y prácticas de género en todas sus múltiples facetas y manifestaciones demuestran ser parte central del proceso de transformaciones sociales de género.

Traficando con hombres

AGRADECIMIENTOS

Mis agradecimientos van para Stanley Brandes, Lawrence Cohen, Meg Conkey, Micaela di Leonardo, Michael Herzfeld, Louise Lamhere, Roger Lancaster, Shirley Lindenbaum, Nancy Scheper-Hughes, Mel Spiro, Lynn Stephen y Loïc Wacquant por sus comentarios acerca de este ensayo o sus discusiones sobre la masculinidad, y por la bendición de Gayle Rubin, quien me permitió hacer eco de su título anterior, el cual, a su vez, proviene de Emma Goldman.

Elaboré este trabajo gracias al apoyo de una beca postdoctoral del Instituto Nacional de Salud, administrada por el Centro de Investigación Preventiva y la Escuela de Salud Pública, en la Universidad de California, en Berkeley.

REFERENCIAS BIBLIOGRÁFICAS

Allison, A. *Nightwork: Sexuality, Pleasure, and Corporate Masculinity in a Tokyo Hostess Club*. Chicago: University of Chicago Press, 1994.

Almaguer, T. "Chicano Men: a Cartography of HomoSexual Identity and Behavior". *Differences*, 3 (1991), pp. 75-100.

Alter, J. S. *The Wrestler's Body: Identity and Ideology in North India*. Berkeley: University of California Press, 1992.

Ardener, E. *The Voice of Prophecy and Other Essays*. London: Blackwell, 1989.

Baca-Zinn, M. "Chicano Men and Masculinity". *Journal of Ethnology Studies*, 10, 2 (1982), pp. 29-44.

Battaglia, D. "We Feed our Father: Paternal Nurture Among the Sabari of Papua, New Guinea". *American Ethnology*, 12, 3 (1985), pp. 427-441.

Benedict, R. *Patterns of Culture*. Boston: Houghton Mifflin, 1934.

Bloch, M. *From Blessing to Violence: History and Ideology in the Circumcision Ritual of the Merina of Madagascar*. Cambridge: Cambridge University Press, 1986.

———. "Decent and Sources of Contradiction in Representations of Women and Kinship". En: J. F. Collier y S. J. Yanagisako (editores), *Gender and Kinship: Essays Toward an Unified Analysis* (Stanford: Stanford University Press, 1987), pp. 324-337.

Bly, R. *Iron John: A Book About Men*. New York: Vintage, 1990.

Bolton, R. "Machismo in Motion: the Ethos of Peruvian Truckers". *Ethos*, 7, 4 (1979), pp. 312-342.

Bourdieu, P. *The Logic of Practice*. Stanford: Stanford University Press, 1990a.

———. "La Domination Masculine". *Actes of Research in Social Sciences*, 84 (1990b), pp. 2-31.

———. "Masculine Domination Revisited". *Berkeley Journal of Sociology* (1997).

Bourgois, P. *In Search of Respect: Selling Crack in El Barrio*. Cambridge: Cambridge University Press, 1995.

Bowden, R. "Art and Gender Ideology in the Sepik". *Man*, 19, 3 (1984), pp. 445-458.

Brana-Shute, G. *On the Corner: Male Social Life in a Paramaribo Creole Neighborhood*. Prospects Heights, Illinois: Waveland, 1979.

Brandes, S. *Metaphores of Masculinity: Sex and Status in Andalusian Folklore*. Philadelphia: University of Philadelphia Press, 1980.

———. "Sex Roles and Anthropological Research in Rural Andalusia". *Women's Studies*, 13 (1987), pp. 357-372.

Brison, K. "Changing Constructions of Masculinity in a Sepik Society". *Ethnology*, 34, 3 (1995), pp. 155-175.
Broude, G. "Protest Masculinity: a Further Look at the Causes and the Concept". *Ethos*, 18, 1 (1990), pp. 103-122.
Brusco, E. E. *The Reformation of Machismo in Colombia*. Austin: University of Texas Press, 1995.
Carrier, J. M. *Intimacy and Homosexuality Among Mexican Men*. New York: The Colombia University Press, 1995.
Castelain-Meunier, C. *Les hommes, aujourd'hui: virilité et identité*. París: Acropole, 1988.
Cath, S. H.; Gurwitt, A.; Gunsberg, L. (eds.). *Fathers and Their Families*. Hillsdale, N. J.: Analytic, 1989.
Chagnon, N. A. *Yanomamo: The Fierce People*. New York: Holt, Rinehart y Winston, 1968.
Chodorow, N. J. *Femininities, Masculinities, Sexualities: Freud and Beyond*. Lexington: University Ky. Press, 1994.
Cohen, L. "The Pleasures of Castration: the Postoperative Status of Hijras, Jankhas, and Academics". En: P. R. Abramson y S. D. Pinkerton (eds.), *Sexual Nature, Sexual Culture* (Chicago: University of Chicago Press, 1995a), pp. 276-304.
―――. "Holi in Banaras and the Mahaland of Modernity". *Gay Lesbian Quarterly*, 2 (1995b), pp. 399-424.
Cohn, C. "Sex and Death in the Rational World of Defense Intellectuals". *Signs*, 12, 4 (1987), pp. 687-718.
Collier, J. F.; Yanagisako, S. J. (eds). *Gender and Kinship: Essays Toward an Unified Analysis*. Stanford: Stanford University Press, 1987.
Comaroff, J. *Body of Power, Spirit of Resistance: The Culture and History of a South African People*. Chicago: The University of Chicago Press, 1985.

Connell, R. W. *Gender and Power: Society, the Person and Sexual Politics*. Cambridge: Polity Press, 1987.

———. *Masculinities*. Berkeley: The University of California Press, 1995.

Counihan, C. "Transvestism and Gender in a Sardinian Carnival". *Anthropology*, 9 (1985), pp. 11-24.

Counts, D. A.; Brown, J. K.; Campbell, J. C. (eds.). *Sanctions and Sanctuary: Cultural Perspectives on the Beating of Wives*. Boulder, Colorado: Westview, 1992.

Cowan, J. K. *Dance and the Body Politic in Northern Greece*. Princeton, N. J.: Princeton University Press, 1990.

De Barbieri, T. "Sobre géneros, prácticas y valores: notas acerca de erosiones del machismo en México". En: J. M. Ramírez Sáiz (ed)., *Normas y prácticas morales y cívicas en la vida cotidiana* (México: UNAM, 1990), pp. 83-106.

Delaney, C. *The Seed and the Soil: Gender and Cosmology in Turkish Village Society*. Berkeley: University of California Press, 1991.

Di Leonardo, M. "Methodology and Misinterpretation of Women's Status in Kinship Studies. A Case Study of Goodenough and the Definition of Marriage". *American Ethnology*, 6, 4 (1979), pp. 627-637.

Dundes, A. "A Psychoanalytic Study of the Bullroarer". *Man*, 11 (1976), pp. 220-238.

———. "Into the Endzone for a Touchdown: a Psychoanalytic Consideration of American Football". *West. Folk*, 37 (1978), pp. 75-88.

Duneier, M. *Slim's Table: Race, Respectability, and Masculinity*. Chicago: University of Chicago Press, 1992.

Durkheim, E. *The Division of Labor in Society*. New York: Free Press, 1993.

Dwyer, D. *Images and Self-images: Male and Female in Morocco*. New York: Columbia University Press, 1978.

Elliston, D. A. "Erotic Anthropology: Ritualized Homosexuality in Melanesia and Beyond". *American Ethnology*, 22, 4 (1995), pp. 848-867.

Evans-Pritchard, E. (ed). *Man and Woman Among the Azande*. London: Faber and Faber, 1974.

Fachel Leal, O. (ed). "Cultura e identidade masculina". *Cadernos de Antropologia*, 7 (Porto Alegre, Brazil, 1992).

Fanon, F. *Black Skin, White Masks*. New York: Grove, 1967.

Foucault, M. *The History of Sexuality*. Volumen 1. New York: Vintage, 1980a.

———. *Herculine Barbin: Being the Recently Discovered Memoirs of a Nineteenth-Century French Hermaphrodite*. New York: Pantheon Books, 1980b.

Fried, M.; Harris, M.; Murphy, R. (eds). *War: The Anthropology of Armed Conflict and Aggression*. New York: Natural History, 1967.

Friedl, E. *Women and Men: An Anthropologist's View*. Prospect Heights, Illinois: Waveland, 1984.

Gilmore, D. D. *Manhood in the Making: Cultural Concepts of Masculinity*. New Haven: Yale University Press, 1990.

———. "Commodity, Comity, Community: Male Exchange in Rural Andalusia". *Ethnology*, 30, 1 (1991), pp. 17-30.

Gilmore, M. M.; Gilmore, D. D. "Machismo: a Psychodynamic Approach". *Journal of Psychoanalytic Anthropology*, 2, 3 (1979), pp. 281-300.

Ginsburg, F. "The 'World-made' Flesh: the Disembodiment of Gender in the Abortion Debate". En: F. Ginsburg y A. L. Tsing (eds.), *Uncertain Terms: Negotiating Gender in American Culture* (Boston: Beacon, 1990), pp. 59-75.

Godelier, M. *The Making of Great Men: Male Domination and Power Among the New Guinea Baruya*. Cambridge: Cambridge University Press, 1986.

———; Strathern, M. (eds). *Big Men and Great Men: Personifications of Power in Melanesia*. Cambridge: Cambridge University Press, 1991.

Greenberg, J. *Blood Ties: Life and Violence in Rural Mexico*. Tucson: University of Arizona Press, 1989.

Gregor, T. *Anxious Pleasures: The Sexual Life of an Amazonian People*. Chicago: University of Chicago Press, 1985.

Gregory, J. R. "The Myth of the Male Ethnographer and the Women's World". *American Anthropology*, 86 (1984), pp. 316-327.

Gutmann, M. C. *The Meanings of Macho: Being a Man in Mexico City*. Berkeley: University of California Press, 1996.

———. "The Ethnographic (G)Ambit: Women and the Negotiation of Masculinity in Mexico City". *American Ethnology*, 24, 4 (1997).

Guy, D. J. *Sex and Danger in Buenos Aires: Prostitution, Family and Nation in Argentina*. Lincoln: University of Nebraska Press, 1992.

Herdt, G. (ed). *Rituals of Manhood: Male Initiation in Papua, New Guinea*. Berkeley: University of California, 1982.

———. *The Sambia: Ritual and Gender in New Guinea*. Fort Worth: Holt, Rinehart & Winston, 1987.

——— (ed.). *Ritualized Homosexuality in Melanesia*. Berkeley: University of California Press, 1993.

———. *Guardians of the Flutes: Idioms of Masculinity*. Chicago: University of Chicago Press, 1981.

———. "Preface". *Guardians of the Flutes: Idioms of Masculinity*. Chicago: University of Chicago Press, 1994.

———; Stoller, R. J. *Intimate Communications: Erotics and the Study of Culture*. New York: Columbia University, 1990.

Herman, E. *The Romance of American Psychology: Political Culture in the Age of Experts*. Berkeley: University of California Press, 1995.

Herzfeld, M. *The Poetics of Manhood: Contest and Identity in a Cretan Mountain Village*. Princeton, New Jersey: Princeton University Press, 1985.

———. "As in Your Own House: Hospitality, Ethnography and the Stereotype of Mediterranean Society". En: D. D. Gilmore (ed.), *Honor and Shame and the Unity of the Mediterranean* (Washington: American Anthropology Association, 1987), pp. 75-89.

———. "Silence, Submission and Subversion: Toward a Poetics of Womanhood". En: P. Loizos y E. Papataxiarchis (eds.), *Contested Identities: Gender and Kinship in Modern Greece* (Princeton, New Jersey: Princeton University Press, 1991), pp. 79-97.

Hewlett, B. S. *Intimate Fathers: The Nature and Context of Aka Pygmy Paternal Infant Care*. Ann Arbor: University of Michigan Press, 1991.

Hollos, M.; Leis, P. *Becoming Nigerian in Ijo Society*. New Brunswick, New Jersey: Rutgers University Press, 1989.

Jacobs, S. E.; Thomas, W.; Lang, S. (eds.). *Two-Spirit People: Native American Gender Identity, Sexuality and Spirituality*. Urbana: University of Illinois Press, 1997.

Jardim, D. "Espaço social e autosegregação entre homens: gostos, sonoridades e masculinidade". *Cadernos de Antropologia*, 7 (Porto Alegre, Brasil, 1992), pp. 29-42.

Katz, J. "The Invention of Heterosexuality". *Social Revue*, 1 (1990), pp. 7-34.

Keesing, R. M. "Introduction". En: G. Herdt (ed.), *Rituals of Manhood: Male Initiation in Papua, New Guinea* (Berkeley: University of California, 1982), pp. 1-43.

Knauss, P. *The Persistance of Patriarchy: Class, Gender and Ideology in Twentieth Century Algeria*. New York: Praeger, 1987.

Kohrman, M. *Motorcycles for the Disabled: Power, Mobility and Transformation of Experience in Urban China*. Manuscrito. 1997.

Konner, M. *The Tangled Wing: Biological Constraints on the Human Spirit*. New York: Harper, 1982.

Lancaster, R. N. *Life is Hard: Machismo, Danger and the Intimacy of Power in Nicaragua*. Berkeley: University of California Press, 1992.

―――. "On Homosexualities in Latin America (and Other Places)". *American Ethnology*, 24, 1 (1997a), pp. 193-202.

―――. "Gutol's Performance: Notes on the Transvestism of Everyday Life". En: D. Balderston y D. J. Guy (ed.), *Sex and Sexuality in Latin America* (New York: New York University Press, 1997b), pp. 9-32.

―――. *The Queer Body*. Berkeley: The University of California Press, 1998.

Laqueur, T. *Making Sex: Body and Gender from the Greeks to Freud*. Cambridge: Harvard University Press, 1990.

Leacock, E. *Myths of Male Dominance*. New York: M. R., 1981.

Lee, R. B. "What Hunters Do for a Living, or, How to Make Out on Scarce Resources". En: R. B. Lee, I. De Vore (eds.), *Man and Hunter* (Chicago: Aldine, 1968), pp. 30-48.

Leiner, M. *Sexual Politics in Cuba: Machismo, Homosexuality, and AIDS*. Boulder, Colorado: Westview, 1994.

Lévi-Strauss, C. *The Elementary Structures of Kinship*. Boston: Beacon, 1969a.

———. *The Raw and the Cooked*. New York: Harper, 1969b.
Lewgoy, B. "Os cafés na vida urbana do Porto Alegre (1920-1940): as transformaçãos em um espaço de sociabilidade masculino". *Cadernos de Antropologia*, 7 (Porto Alegre, Brasil, 1992), pp. 61-80.
Lewis, O. *Life in a Mexican Village: Tepoztlán Restudied*. Urbana: University of Illinois Press, 1963.
Limón, J. *Dancing with the Devil: Society and Cultural Poetics in Mexican-American South Texas*. Madison: University of Wisconsin Press, 1994.
Loizos, P.; Papataxiarchis, E. (eds.). *Contested Identities: Gender and Kinship in Modern Greece*. Princeton, New Jersey: Princeton University Press, 1991.
Lomnitz, L. A. *Networks and Marginality: Life in a Mexican Shantytown*. New York: Academic, 1977.
———; Pérez-Lizaur, M. *A Mexican Elite Family: 1820-1980*. Princeton, New Jersey: Princeton University Press, 1987.
Luhrmann, T. M. *The Good Parsi: The Fate of a Colonial Elite in a Postcolonial Society*. Cambridge: The Harvard University Press, 1996.
Lumsden, I. *Machos, Maricones, and Gays: Cuba and Homosexuality*. Philadelphia: Temple University Press, 1996.
Lutz, C. "The Gender of Theory". En: R. Behar, D. A. Gordon (ed.), *Women Writing Culture* (Berkeley: University of California Press, 1995), pp. 249-266.
MacCormack, C.; Strathern, M. (eds). *Nature, Culture, and Gender*. Cambridge: Cambridge University Press, 1980.
Mageo, J. M. "Male Transvestism and Cultural Change in Samoa". *American Ethnology*, 19, 3 (1992), pp. 443-459.
Malinowski, B. *The Sexual Life of Savages in North-Western Melanesia*. New York: Harcourt, Brace & World, 1929.

———. *Sex and Repression in Savage Society*. Cleveland: Meridian Books, 1955.
Marshall, M. *Weekend Warriors: Alcohol in a Micronesian Culture*. Palo Alto, California: Mayfield, 1979.
Mead, M. *Sex and Temperament in Three Primitive Societies*. New York: Laurel, 1963.
———. *Male and Female: A Study of the Sexes in a Changing World*. New York: Morrow, 1975.
Merleau-Ponty, M. *Phenomenology of Perception*. London: Routledge & Kegan Paul, 1962.
Mernissi, F. *Beyond the Veil: Male-Female Dynamics in a Modern Muslim Society*. Bloomington: The University of Indiana Press, 1987.
Mirandé, A. *Hombres y Machos: Masculinity and Latino Culture*. Boulder, Colorado: Westview, 1997.
Monsiváis, C. *Escenas de pudor y liviandad*. México: Editorial Grijalbo, 1981.
Moore, H. L. *Feminism and Anthropology*. Minneapolis: University of Minnesota Press, 1988.
Morgan, L. H. *Ancient Society*. Tucson: University of Arizona Press, 1985.
Mosse, G. L. *The Image of Man: The Creation of Modern Masculinity*. New York: Oxford University Press, 1996.
Murphy, Y.; Murphy, R. F. *Women of the Forest*. New York: Columbia University Press, 1985.
Murray, S. O. *Latin American Male Homosexualities*. Albuquerque: University of Nuevo Mexico Press, 1995.
Nanda, S. *Neither Man Nor Woman: The Hijras of India*. Belmont, California: Wadsworth, 1990.
Newman, P. L.; Boyd, D. J. "The Making of Men: Ritual and Meaning in Awa Male Initiation". En: G. Herdt (ed.),

Rituals of Manhood: Male Initiation in Papua, New Guinea (Berkeley: University of California, 1982), pp. 239-285.

Newton, E. *Mother Camp: Female Impersonators in America*. Engelwood Cliffs, New Jersey: Prentice-Hall, 1972.

Nordstrom, C.; Martin, J. (eds.). *The Paths to Domination, Resistance, and Terror*: Berkeley: The University of California Press, 1992.

Oliven, R. *Tradition Matters: Modern Gaúcho Identity in Brazil*. New York: Columbia University Press, 1996.

Ortner, S. B. "Is Female to Male as Nature is to Culture?". En: M. Z. Rosaldo y L. Lamphere (eds.), *Woman, Culture and Society* (Stanford: Stanford University Press, 1974), pp. 67-88.

———; Whitehead, H. "Accounting for Sexual Meanings". En: S. B. Ortner y H. Whitehead (eds.), *Sexual Meanings: The Cultural Construction of Gender and Sexuality* (Cambridge: Cambridge University Press, 1981), pp. 1-27.

Paige, K. E.; Paige, J. M. *The Politics of Reproductive Ritual*. Berkeley: University of California Press, 1981.

Papataxiarchis, E. "Friends of the Heart: Males Commensal Solidarity, Gender, and Kinship in Aegean Greece". En: P. Loizos, E. Papataxiarchis (eds.), *Contested Identities: Gender and Kinship in Modern Greece* (Princeton, New Jersey: Princeton University Press, 1991), pp. 156-179.

Parker, A.; Russo, M.; Sommer, D.; Yaeger, P. (eds.). *Nationalisms and Sexualities*. New York: Routledge, 1992.

Parker, R. G. *Bodies, Pleasures, and Passions: Sexual Culture in Contemporary Brazil*. Boston: Beacon, 1991.

———; Gagnon, J. H. (eds.). *Coceiving Sexuality: Approaches to Sex Research in a Postmodern World*. New York: Routledge, 1995.

Parker, S.; Parker, H. "Male Gender Identity in the Israeli Kibbutz: Reflections on protest masculinity". *Ethos*, 20, 3 (1992), pp. 340-357.

Parsons, T.; Bales, R. F. *Family, Socialization and Interaction Process*. New York: Free Press, 1955.

Peletz, M. *Reason and Passion: Representations of Gender in a Malay Society*. Berkeley: University of California Press, 1996.

Poole, F. "The Ritual Forging of Identity: Aspects of Person and Self in Bimin-Kuskusmin Males Initiation". En: G. Herdt (ed.), *Rituals of Manhood: Male Initiation in Papua, New Guinea* (Berkeley: University of California, 1982), pp. 99-154.

Ramírez, R. L. *Dime, capitán: reflexiones sobre la masculinidad*. Río Piedras, Puerto Rico: Ediciones Huracán, 1993.

Read, K. E. "Nama Cult of the Central Highlands, New Guinea". *Oceana*, 23, 1 (1952), pp. 1-25.

Robertson, J. "The Politics of Androginy in Japan: Sexuality and Subversion in the Theater and Beyond". *American Ethnology*, 19, 2 (1992), pp. 419-442.

Rogers, S. "Female Forms of Power and the Myth of Male Dominance: a Model of Female/Male Interaction in Peasant Society". *American Ethnology*, 2 (1975), pp. 727-755.

Roscoe, W. *The Zuni Man-Woman*. Albuquerque: University of Nuevo Mexico Press, 1991.

Rubin, G. "The Traffic in Women: Notes on the 'Political Economy' of Sex". En: R. Reiter (ed.), *Anthropology of Women* (New York: M. R., 1975), pp. 157-210.

———. "Thinking Sex: Notes for a Radical Theory of the Politics of Sexuality". En: H. Abelove, M. A. Barale, D. M. Halperin (eds.), *The Lesbian and Gay Studies Reader* (New York: Routledge, 1993), pp. 3-44.

———. "Sexual Traffic: Interview". *Differences*, 6, 2 (1994), pp. 62-99.

Sacks, K. *Sisters and Wives: The Past and Future of Sexual Inequality*. Urbana: University of Illinois Press, 1982.

Sanday, P. R. *Fraternity Gang Rape: Sex, Brotherhood, and Privilege on Campus*. New York: The New York University, 1990.

Scheper-Hughes, N. *Saints, Scholars, and Schizophrenics: Mental Illness in Rural Ireland*. Berkeley: University of California Press, 1979.

———. *Death Without Weeping: The Violence of Everyday Life in Brazil*. Berkeley: University of California Press, 1992.

Schwalbe, M. *Unlocking the Iron Cage: The Men's Movement, Gender, Politics, and American Culture*. New York: Oxford University Press, 1996.

Sedgwick, E. *Between Men: English Literature and Male Homosocial Desire*. New York: Columbia University Press, 1985.

Smith, R. *The Negro Family in British Guiana: Family Structure and Social Status in the Villages*. London: Routledge & Kegan Paul, 1956.

Spiro, M. E. *Oedipus in the Trobriands*. Chicago: University of Chicago Press, 1982.

Stack, C. *All Our Kin: Strategies for Survival in a Black Community*. New York: Harper & Row, 1974.

Stephen, L. *Women and Social Movements in Latin America: Power from Below*. Austin: University of Texas Press, 1997.

Stern, S. J. *The Secret History of Gender: Women, Men, and Power in Late Colonial Mexico"*. Chapel Hill: University of North Carolina Press, 1995.

Stoler, A. L. "Carnal Knowledge and Imperial Power: Gender, Race, and Morality in Colonial Asia". En: M. di Leonardo (ed.), *Gender at the Crossroads of Knowledge: Feminist*

Anthropology in the Postmodern Era (Berkeley: University of California Press, 1991), pp. 51-101.

Strathern, M. *Gender of the Gift: Problems with Women and Problems with Society in Melanesia*. Berkeley: University of California Press, 1988.

Streicker, J. "Policing Boundaries: Race, Class, and Gender in Cartagena, Colombia". *American Ethnology*, 22, 1 (1995), pp. 54-74.

Taggart, J. M. "Gender Segregation and Cultural Constructions of Sexuality in Two Hispanic Societies". *American Ethnology*, 19, 1 (1992), pp. 75-96.

Tiger, L. *Men in Groups*. New York: Boyars, 1984.

Tsing, A. L. *In the Realm of the Diamond Queen: Marginality in an Out-of-the-Way Place*. Princeton, New Jersey: Princeton University Press, 1993.

Tuzin, D. F. "Ritual Violence Among the Ilahita Arapesh". En: G. Herdt (ed.), *Rituals of Manhood: Male Initiation in Papua, New Guinea* (Berkeley: University of California, 1982), pp. 321-355.

———. *The Cassowary's Revenge: The Life and Death of Masculinity in a New Guinea Society*. Chicago: The University of Chicago Press, 1997.

Wacquant, L. J. "The Pugilistic Point of View: How Boxers Think and Feel About Their Trade". *Theorist Sociology*, 24, 4 (1995a), pp. 489-535.

———. "Pugs at Work: Bodily Capital and Bodily Labour Among Professional Boxers". *Body Society*, 1, 1 (1995b), pp. 65-93.

———. *The Prizefighter's Three Bodies*. Manuscrito. 1997.

Weeks, J. *Sexuality and Its Discontents: Meanings, Myths, and Modern Sexualities*. London: Routledge, 1985.

Welzer-Lang, D.; Pichevin, M. (eds.). *Des hommes et du masculin*. Lyon: Presses University, 1992.
West, M.; Konner, M. "The Role of the Father: an Anthropological Perspective". En: M. E. Lamb (ed.), *The Role of the Father in Child Development* (New York: Wiley, 1976), pp. 185-218.
Weston, K. "Lesbian/Gay Studies in the House of Anthropology". *Revue of Anthropology*, 22 (1993), pp. 339-367.
Whitehead, H. "The Bow and the Burden Strap: a New Look at Institutionalized Homosexuality in Native North America". En: S. B. Ortner y H. Whitehead (eds.), *Sexual Meanings: The Cultural Construction of Gender and Sexuality* (Cambridge: Cambridge University Press, 1981), pp. 80-115.
Whiting, B. B. (ed.). *Six Cultures: Studies of Child Rearing*. New York: Wiley, 1963.
———; Whiting, J. W. M. *Children of Six Cultures: A Psycho-Cultural Analysis*. Cambridge: Harvard University, 1975.
Whiting, J. W. M.; Kluckhohn, R.; Anthony, A. "The Function of Male Initiation Ceremonies at Puberty". En: E. E. Maccoby, T. Newcomb, E. L. Hartley (eds.), *Readings in Social Psychology* (New York: Holt, Rinehart & Winston, 1958), pp. 359-370.
Williams, W. *The Spirit and the Flesh: Sexual Diversity in American Indian Culture*. Boston: Beacon, 1988.
Willis, P. *Learning to Labor: How Working Class Kids Get Working Class Jobs*. New York: Columbia University Press, 1979.
Wilson, C. *Hidden in the Blood: A Personal Investigation of AIDS in Yucatan*. New York: Columbia University Press, 1995.

Masculinidad y desarrollo
El caso de los compañeros de las mujeres cabeza de hogar[1]

Javier Pineda Duque

Introducción

En los últimos años se ha dado un gran debate sobre la importancia de las identidades masculinas en los estudios y programas para el desarrollo, más pertinente en los espacios académicos que buscan introducir una perspectiva de género en el desarrollo. Tal debate parte de reconocer que los estudios sobre género se han centrado en la mujer, lo cual ha llevado a que ambas categorías, mujer y género, sean consideradas como sinónimos y ha marcado los conceptos y las prácticas del desarrollo (Sweetman, 1997; Chant, 2000). Lo anterior supone varias cosas. Primero, reconocer que los hombres tienen identidades de género, las cuales constituyen un aspecto social de diferenciación y se evidencian

---

[1] Este artículo hace parte de la investigación de doctorado que adelanta el autor en la Universidad de Durham, Reino Unido, sobre organizaciones sin ánimo de lucro para el desarrollo e impactos de género de los planes nacionales de la microempresa.

Masculinidad y desarrollo

tanto en las relaciones entre los mismos hombres (de subordinación, hegemonía, confrontación, etc.) como en las relaciones de género con las mujeres, que tienen un carácter predominante de dominación. Segundo, continuar trabajando sólo con las mujeres ha permitido a las organizaciones públicas y privadas para el desarrollo evadir el incómodo tema de la interferencia en las relaciones interpersonales, el campo de lo "privado" o las relaciones de poder en el hogar. Así, focalizar los programas de desarrollo en las mujeres contribuye no sólo a sobrecargar a las mujeres de trabajo, lo cual lleva a su agotamiento, sino también a que ellas conserven las responsabilidades asociadas con sus funciones productivas y reproductivas. Tercero, el creciente reconocimiento de que el *empoderamiento* de la mujer debe ser completado por cambios en los hombres, si se desea que sea sostenido (Rowlands, 1997; White, 1997; Townsend *et al.*, 2000).

Este artículo analiza las relaciones de poder de género, incorporando a esa noción la dinámica de las identidades masculinas como factor histórico y cambiante. El estudio se basa en las relaciones entre parejas en los hogares con cabeza femenina, con el propósito de presentar una perspectiva distinta de los estudios centrados en la subordinación de la mujer, realizados tradicionalmente por quienes trabajan con perspectiva de género en los países en desarrollo. También se pretende analizar cómo la vida cotidiana de los hombres y sus masculinidades afectan el desarrollo y poner de relieve los retos que ello representa tanto para los análisis con la perspectiva de género como para las organizaciones que adelantan programas de desarrollo con esa orientación. A la vez, se busca averiguar las posibilidades y las condiciones que permiten a hombres de sectores populares subvertir las formas hegemónicas de masculinidad. Ello resultaría útil para que las agencias para el desarrollo implantaran una política de género más integral y sostenible.

Este trabajo también identifica las nuevas expresiones de masculinidad entre los compañeros de las mujeres cabeza de hogar en el distrito de Aguablanca, en Cali. Las mujeres son clientas del Banco Mundial de la Mujer (WWB)[2], una organización no gubernamental con un muy difundido programa de microcrédito en Cali y, sobre todo, en Aguablanca. Los programas de microempresa y microcrédito han sido una de las actividades más importantes de las organizaciones no gubernamentales así en Colombia como en otros países en desarrollo (Pineda, 1999a): WWB Cali es vista como una de las más promisorias en el campo del microcrédito para el Plan Nacional de la Microempresa en Colombia, en términos de su enfoque financiero, según los lineamientos de las entidades internacionales para el desarrollo (WWB, 1995). Esta entidad fue pionera del Programa de Desarrollo de Familias con Jefatura Femenina (Fundaciones FES y Restrepo Barco, y la Dirección Nacional de Equidad para las Mujeres) y del Programa de Capacitación de Mujeres Jefes de Hogar (Fundación FES y Banco Interamericano de Desarrollo), lo que le ha permitido vincular el servicio de microcrédito con estos programas, en comunidades pobres urbanas.

Para poner en contexto lo anterior, este artículo describe el mercado de trabajo urbano dentro del cual tiene lugar

---

[2] Quiero expresar un especial reconocimiento a las directivas del WWB Cali que prestaron su colaboración para llevar a cabo esta investigación, a los analistas de crédito que me apoyaron en el trabajo de campo y, por supuesto, a los clientes del banco que me brindaron su confianza.

Masculinidad y desarrollo

la dinámica de las relaciones de género entre las parejas. Hay que tener en cuenta que el desempleo masculino y las actividades de rebusque de las mujeres han sido características del mercado de trabajo en Cali durante los últimos años. Algunos hombres han hallado en las microempresas caseras de las mujeres una alternativa de trabajo y supervivencia. Este proceso de reconversión laboral del hombre se ha desarrollado en un contexto de reconfiguración de las relaciones de poder en el hogar, de liderazgo femenino y de cambios en las identidades que han permitido mayor cooperación en las relaciones de género. Así, el artículo plantea varias preguntas y sugerencias sobre las políticas de género en los programas de desarrollo.

El estudio se basa en entrevistas semiestructuradas, que se realizaron en Cali en octubre de 1998 y julio de 1999, a un total de veintitrés hombres y dieciocho mujeres de treinta y un hogares, incluidas diez parejas, cuyos miembros fueron entrevistados por separado. Los informantes, entre los veinte y los cincuenta años, tenían características e identidades raciales diferentes. Las consideraciones de edad y etnia, relevantes en el análisis y la dinámica de las identidades, no son incluidas en este artículo por razones de extensión. En todos los hogares, las mujeres son las clientas del WWB, es decir, han tomado diferentes créditos a su nombre. El criterio que primó en la búsqueda y selección de los hogares fue el liderazgo femenino o compartido, el cual se cumplió en la casi totalidad de los casos. Puedo adelantar que las relaciones de género son ambivalentes, discontinuas y contradictorias y que en ningún caso se pueden desprender conclusiones de tipo general. Busqué en lo posible que las voces de las mujeres y los hombres hablaran por ellas y por ellos mismos, por lo cual en algunas partes del trabajo prevalecen las voces de los entrevistados sobre las del autor.

Desempleo masculino y feminización de la pobreza:
el contexto de los hogares con jefatura femenina

La mayor participación de la mujer en trabajos remunerados, sea en el mercado laboral propiamente (asalariado) o en la producción directa de bienes y servicios (trabajo independiente), es algo verificado y sentido con mayor fuerza a partir de los años ochenta. Dicho proceso ha estado asociado, tal como lo señaló la Misión de Empleo a mediados de la década (Chenery, 1986), a la caída de las tasas de fecundidad y al proceso de transición demográfica, junto a la urbanización de la sociedad y la expansión de los servicios educativos, entre otros factores.

Este proceso se ha reflejado en los indicadores tradicionalmente utilizados para describir el mercado de trabajo, y así lo muestran los estudios más recientes sobre mujer y mercado laboral, que ofrecen una amplia disponibilidad y análisis de estadísticas, basadas sobre todo en encuestas de hogares (ver Henao y Parra, 1998; Tenjo y Ribero, 1998, y otros). Así, mientras la mujer representaba 36,5% de la población ocupada urbana en 1982, la proporción subió a 44% en 1998. Colombia presenta actualmente una de las tasas más altas de participación femenina en el mercado laboral en América Latina (51%). Si bien las tasas de participación[3] y de ocu-

---

[3] Población económicamente activa (población ocupada o que busca empleo, variable económica) como proporción de la población en edad de trabajar (variable demográfica).

Masculinidad y desarrollo

pación[4] masculinas se mantienen en niveles superiores a las femeninas, las brechas entre ellas han disminuido de una manera notoria: la de participación pasó de los 34,2 puntos en 1982 a los 22,7 en 1997, y la de ocupación pasó de los 33,5 puntos a los 23,6 en igual período. Como lo señala uno de los estudios (Henao y Parra, 1998: 76), el 57% de los nuevos empleos generados entre 1991 y 1997 fueron ocupados por mujeres. Este proceso de "feminización" del mercado laboral es típico no sólo de Colombia, sino también de otras economías de menores y mayores ingresos.

La otra cara de esta feminización, la pérdida de empleo por parte de los hombres[5], se expresa en la reducción de la brecha entre las tasas de desempleo femenina y masculina, debido a que el desempleo de los hombres creció más que el de las mujeres. La mayor absorción de mujeres por el mercado de trabajo no es en sí un fenómeno negativo; por el contrario, es quizá el factor más importante para la equidad de género. Lo cuestionable es la forma en que éste se produce y el consiguiente desplazamiento masculino. Eso contribuye a la llamada "crisis de masculinidad" y a la exacerbación de la violencia doméstica (Profamilia, 1998).

El fenómeno de la feminización de los mercados laborales está relacionado, por una parte, en el caso del empleo

---

[4] Ocupados como proporción de la población en edad de trabajar.
[5] La pérdida de empleos masculinos incluye el desplazamiento de hombres por mujeres (por ejemplo, en el sector financiero y en los cargos públicos), la pérdida relativa debida al cambio estructural de la economía (crecimiento relativo de los servicios y el comercio), y el diferencial en las tasas de crecimiento de ocupaciones con alta presencia femenina (por ejemplo, odontólogos *versus* médicos).

233

asalariado, con una "selectividad preferencial de la mano de obra femenina". Dicha preferencia apunta al abaratamiento de los costos laborales. Y, no obstante lo anterior, se presenta una reducción significativa de la brecha salarial entre hombres y mujeres (que pasó de 35,8% en 1982 a 26,9% en 1996), lo cual indica un mejoramiento en la equidad de ingresos entre unos y otras. Esto, a su vez, atañe al incremento de la inequidad, tanto en la distribución de los ingresos como entre las ganancias y los ingresos laborales. Es decir, se ha mejorado el ingreso real de la mujer en relación con el del hombre, pero ello ha disminuido el ingreso de los hogares, pues se reemplaza mano de obra masculina (más costosa) por mano de obra femenina. Así, el discurso sobre la mayor participación de la mujer en el mercado laboral presenta un doble filo: incorpora a la mujer al mercado laboral pero reduce el costo de retribución a la familia, con lo cual la inequidad de género se institucionaliza. En términos del desarrollo humano, lo que ha ganado el país por equidad de género en una década lo pierde por la desigualdad en la distribución del ingreso. De este modo, la búsqueda de la equidad de género debe pasar, para que sea auténtica, por la búsqueda de la equidad social (Pineda, 1999).

En el caso del empleo independiente e informal, la feminización del mercado de trabajo está relacionada con lo que se ha denominado la "feminización de la pobreza", asociada a los hogares con jefatura femenina, y éstos se han convertido en un elemento característico de la pobreza (Rico de Alonso y López, 1998; De Suremain, 1998, entre otros). Las principales características que presentan los hogares pobres en Colombia son: hogares numerosos con jefatura femenina, con alta dependencia económica, con mayor número de hijos menores de edad que no asisten a la escuela y con baja escolaridad del jefe de hogar. Esta configuración presenta gran variedad entre las diversas regiones y aun entre los mismos hogares pobres (DNP, 1998). No obstante las limitaciones que presentan los estudios basados en las líneas de pobreza[6], un análisis de la estructura de gastos de los hogares, hecho a partir de la Encuesta Nacional de Calidad de Vida, permite apreciar la estructura porcentual de los hogares con jefatura femenina, según líneas de pobreza y región en Colombia[7]. Así, los hogares urbanos no pobres tienen jefatura femenina en 28,3% de los casos; los pobres no indigentes, en 28,4%, y los indigentes, en 37,9% (Acevedo y Castaño, 1998). Así, entre algo más de siete millones de hogares urbanos en el país[8], dos millones de ellos son pobres y, de éstos, medio millón son indigentes. Entre los últimos, 169.799, el 37,9%, son hogares con jefatura femenina en condiciones de indigencia. Un completo estudio sobre las características laborales de las mujeres jefas de hogar fue realizado recientemente en seis ciudades co-

---

[6] La línea de pobreza es un indicador pobre del bienestar, primero, porque no refleja los recursos disponibles para los miembros del hogar individualmente considerados (por género), y segundo, porque el ingreso no incorpora los "bienes básicos" adquiridos por fuera del mercado, al igual que los bienes "intangibles", como el sentido que la gente tiene de dignidad y autonomía en el control de sus propias vidas, etc.

[7] La estructura de gastos resulta una mejor medida que la de los ingresos, por razones tanto pragmáticas como conceptuales, debido, entre otros factores, a que los ingresos se derivan de actividades con variaciones estacionales y costos asociados difíciles de precisar.

[8] Los hogares rurales, según esa fuente, son 2'460.000 en total: 150.000 pobres no indigentes y 103.000 indigentes, con jefatura femenina.

lombianas (López, 1998). En 1996, 52,2% del empleo de las jefas de hogar de estratos 1 y 2 era asalariado, con un 17,3% de asalariadas de las microempresas; 34,7% eran trabajadoras independientes informales, y 52% estaban vinculadas a microempresas; así, las microempresas de subsistencia se caracterizan por vincular a trabajadoras independientes.

El Programa Desarrollo de Familias con Jefatura Femenina adelantado por iniciativa privada desde 1990 en Cali, y que fue duplicado posteriormente por el Estado[9], presenta ciertas características que vale la pena destacar. En primer lugar, adopta una definición según la cual la mujer jefa de hogar no es necesariamente una mujer sin compañero. En efecto, 49% de las beneficiarias del programa son mujeres jefes de hogar, casadas o no, con compañero. Esta característica, junto al hecho de que 63,3% de ellas tienen edades entre los 31 y los 45 años, sugiere "que la situación de la jefatura obedece, actualmente, al incremento de las tasas de desempleo de los hombres y a las precarias condiciones económicas de las familias que llevan a la mujer a desarrollar estrategias más efectivas de supervivencia" (Espinosa y Toro, 1998).

En segundo lugar, la subestimación estadística de la jefatura femenina sugiere la incorporación de un prejuicio implícito: la mujer jefe de hogar es una mujer sola, es decir, sin compañero[10]. Los prejuicios están también asociados con la

---

[9] Inicialmente por la Consejería Presidencial para la Juventud, la Mujer y la Familia, y luego por la Dirección Nacional de Equidad para las Mujeres, en coordinación con la FES y la Fundación Restrepo Barco.

[10] Debe señalarse que la definición de jefe de hogar adoptada por el Programa difiere conceptual y operativamente de la dada por el DANE para fines estadísticos. Este último considera jefe al que es reconocido como

Masculinidad y desarrollo

consideración generalizada de que los hogares con cabeza femenina son "los más pobres entre los pobres", es decir, son más desafortunados que los hogares con cabeza masculina. Aunque la pobreza puede verse como causa y consecuencia del rompimiento de las parejas o de la existencia de parejas sin vínculo estable o de la "ausencia del compañero", una creciente investigación sugiere que los hogares con cabeza femenina no son necesariamente más pobres que los hogares con cabeza masculina, y considerarlos "los más pobres entre los pobres" es un desafortunado estereotipo[11]. El elemento básico de este argumento es que los ingresos agregados de los hogares dicen poco acerca de la pobreza y que el examen de las características y dinámicas internas de los hogares es un elemento vital para entender la vulnerabilidad económica. El énfasis de las investigaciones en los efectos de la privación de elementos materiales ha negado el examen de otros elementos, institucionales y sociales, que son importantes en la formación y supervivencia de los hogares (Chant, 1998).

La "feminización de la pobreza" y el surgimiento en todo el mundo de los programas de jefatura femenina, impulsados por la Nueva Agenda de la Pobreza de los organismos

---

tal por razones económicas, de edad o de otra índole. La definición del DANE lleva a subestimar a las mujeres jefes de hogar en unión libre o casadas en la medida en que la identificación del jefe recae sobre el encuestado. Esto explica, en parte, la gran diferencia entre el porcentaje de las mujeres jefas con compañero en las estadísticas del DANE y el mismo porcentaje en las del Programa (9% *vs.* 49%).
[11] Para el caso de Colombia, considerando el ingreso por persona en el hogar, se encuentra que "no parece cierto que los hogares con jefatura femenina sean más pobres que los hogares con jefatura masculina" (López, 1998: 24).

multilaterales, presentan la tendencia a reducir la justicia de género y la equidad para la mujer a las políticas en contra de la pobreza. La distinción entre género y pobreza es importante, debido a "que las desventajas de género van mucho más allá del tema de la pobreza[12]. El discurso de la equidad de género se ha institucionalizado y ha sobrevivido al interior de los programas de desarrollo porque ha sido fácil tratarlo como un tema de pobreza, con el argumento de la "feminización de la pobreza". Ello elude la visión feminista sobre las desventajas de género, que son productos de una sociedad patriarcal que devalúa lo femenino, pero que necesariamente están relacionadas con la estructura de clases y con los ingresos. Las políticas contra la pobreza no necesariamente tienen en cuenta los temas de género, porque la subordinación de las mujeres no es una causa directa de la pobreza (Jackson, 1997).

Empoderamiento de la mujer y masculinidades emergentes

El debate sobre el empoderamiento[13] personal de las mujeres en los programas de microcrédito se ha dado sobre temas como los siguientes: su importancia para el fortalecimiento del papel económico de la mujer; su capacidad para incrementar su contribución en el ingreso familiar y su par-

---

[12] Para revisar los análisis de la relación entre pobreza y género, véase Pineda (1998a).
[13] El concepto de *empoderamiento* usado aquí es el de Townsend *et al.* (2000): un proceso autónomo y no dado por otros. Sobre las razones para el uso de este término en español, derivado del término *empowerment* del inglés, véase León (1997).

ticipación en las decisiones del hogar, y para brindarles experiencia y confianza en la esfera pública. La literatura sobre el tema se ha basa principalmente en estudios realizados en el contexto del sur de Asia y el oriente de África, y en comunidades rurales (Kabeer, 1994; Goetz y Gupta, 1996; Mayoux, 1998, entre otros).

Las relaciones de poder entre géneros en comunidades pobres urbanas de Cali han cambiado, en un contexto marcado por elementos como los siguientes: la relativamente alta movilidad física de la mujer; la larga experiencia de las mujeres como trabajadoras independientes y su participación en organizaciones comunitarias; las tasas de fertilidad relativamente bajas; la expansión de los servicios educativos y de bienestar infantil. Así, si bien la participación de la mujer en programas de microcrédito puede apuntar al *empoderamiento* de la mujer, su efecto es mínimo.

Otros factores relacionados con los anteriores aspectos y con sus historias particulares de vida tienen un peso preponderante, especialmente sus vivencias y experiencias específicas en las relaciones de género, marcadas por condiciones de subordinación, humillación y, en no pocos casos, violencia ejercida por compañeros previos. Estos factores son precisamente los que pesan en el cambio de las identidades de género y tienen un efecto importante en la construcción de las nuevas identidades masculinas. Las masculinidades, o las identidades de género de los hombres, han de ser vistas entonces dentro de este panorama de empoderamiento de la mujer y reconfiguración en las relaciones de poder, teniendo en cuenta que dichas masculinidades se definen tanto en sus propias relaciones como en relación con las identidades femeninas.

La "mujer cabeza de hogar" no es una realidad inmutable, como toda realidad social. Los hombres, como las mujeres, no nacen para ser cabezas de hogar. Cuando la economía colombiana comenzó su declive en 1995, el número de las mujeres cabezas de hogar se incrementó (pasó de 26,9% a 34,2% en la economía regional del Valle del Cauca, entre 1993 y 1997). Y el desempleo masculino contribuyó no sólo al crecimiento de los hogares con cabeza femenina, sino también a reconfigurar las relaciones de poder entre los géneros, lo cual fue facilitado adicionalmente por los cambios ya descritos que se venían produciendo con anterioridad en la sociedad colombiana.

La mayoría de los hombres entrevistados en Aguablanca habían perdido su empleo en empresas del sector formal. Ellos tuvieron que enfrentar no sólo la vulnerabilidad familiar en un contexto de pobreza y ausencia de beneficios sociales al desempleo, sino también la imposibilidad de cumplir su función como proveedores en el hogar. El empleo asalariado que tenían con anterioridad fue el principal medio para el sustento de la familia y para asumir gastos personales fuera de ella, y como tal fue también un factor importante en las identidades masculinas predominantes, ayudando a mantener las relaciones de poder a favor del varón, en los casos aquí analizados. La ausencia de empleo disminuyó la capacidad de los varones para proveer a sus familias y, en esa vía, abrió la opción para modificar identidades y comportamientos tradicionales de los hombres. El crecimiento del desempleo en la población de hombres en Aguablanca ha conducido a los desempleados a encontrar en las microempresas de sus compañeras una alternativa de empleo y supervivencia personal y familiar, lo que ha tenido

Masculinidad y desarrollo

un fuerte impacto en ellos como hombres y como trabajadores. En este proceso, no sólo las masculinidades tradicionales han sido confrontadas, sino que han aparecido nuevas expresiones de ser hombre y consecuentemente se han creado nuevas relaciones de poder. Dentro de la literatura sobre masculinidades en países con economías de altos ingresos, se han desarrollado algunos análisis sobre los efectos del desempleo en las identidades masculinas. La importancia de esos análisis estriba en la consideración de los hombres como seres con identidades de género y no como meros desempleados (Morgan, 1992; Willott y Griffin, 1994). Willott y Griffin han explorado dos importantes elementos en la construcción de las identidades masculinas en hombres trabajadores de Inglaterra, como son la construcción de la masculinidad en el ámbito de lo público y en la provisión doméstica. Una de sus conclusiones es que, si bien el desempleo sirve para debilitar masculinidades hegemónicas[14], la resistencia que muchos hombres ejercen para no perder poder, regularmente a través de trabajo casual en el sector informal, puede servir para fortalecer una identidad masculina con referencia a las formas hegemónicas. Lo que muestra el presente análisis es que en las economías de bajos ingresos, donde el sector informal ocupa a cerca de la mitad de la población laboral, el desempleo en los hombres de clase trabajadora puede contribuir a generar alternativas frente a las formas dominantes de mascu-

---

[14] "Masculinidad hegemónica" es el concepto acuñado en la literatura para describir la forma más aceptada de ser hombre en una sociedad determinada, y de ejercer poder a través de la organización de la vida privada y de las expresiones culturales (Connell, 1987).

linidad, cuando los hombres son "domesticados" trabajando en las microempresas de sus compañeras.

La alteración de formas hegemónicas de masculinidad no empodera a la mujer. Ellas se han *empoderado a sí mismas*, en el proceso de convertirse en microempresarias, a través de segundas uniones conyugales o participando en la vida pública, etc. Y estos procesos han incidido en la erosión del poder patriarcal de sus compañeros, en el marco del desempleo, de la inseguridad y de la pobreza. En este contexto de cambio, el empoderamiento personal de la mujer, al igual que las nuevas masculinidades, pueden ser apoyados a través de programas de desarrollo y, en particular, de programas de microcrédito.

El trabajar en la microempresa de la mujer:
la "domesticación" del hombre

El término "domesticación" del hombre es considerado aquí como el proceso a través del cual el hombre participa más activamente en las actividades domésticas (productivas y reproductivas) en la esfera de lo privado, esfera tradicionalmente reservada a la mujer, alterando significativamente, a favor de ella, las relaciones de poder en el hogar. Este proceso está relacionado principalmente con los cambios en la división del trabajo, pero abarca un amplio abanico de aspectos ideológicos y materiales comunes a él, algunos de los cuales se mencionan aquí.

Jorge Eliécer es un hombre de cuarenta años, que trabaja en la microempresa de su esposa haciendo objetos de cerámica en la terraza de su casa aún en construcción. Sinteticemos su historia con sus propias palabras:

Masculinidad y desarrollo

>Yo trabajé en una empresa de dulces, Comapan de Cali, que hace cuatro años quebró... eso lo cerraron. Cuando salí de allá, eso fue en octubre, en abril yo ya estaba enfermo, cuando perdí el trabajo. Eso lo cerraron y la plata se perdió toda. La liquidación de trece años se perdió, trece años perdidos y ahí quedamos parados. De ahí para acá nos sostenemos con lo que hemos ido logrando con esta cerámica.

Su esposa, entrevistada separadamente, cuenta también cómo fue el proceso:

>Vivía de mi esposo... a mí me gustaba esto, siempre he hecho mucha cosa, pintura en tela, decoración de tortas... Hasta que por aquí nos fuimos las mujeres a aprender y me comenzó a gustar esto, y de pronto la empresa en que él trabajaba decayó, todos quedaron sin trabajo. Entonces, en vista de eso, yo dije, si yo sé un arte, vamos a ponerlo a funcionar, y ahí mismo. Esto fue hace cuatro años. Antes yo simplemente iba a trabajar donde una amiga, pero ya montarlo es muy tenaz. Yo comencé con las uñas... Yo conté con tan mala suerte que tras que él se quedó sin trabajo, se enfermó... Entonces, claro, ya me tocaba a mí, me tocaba ver por mis hijos, porque ellos salieron sin ningún peso de liquidación, la empresa los sacó a la calle, quebrados. Menos mal quedamos con la casita, pero me tocó a mí sola salir adelante.

Ella es quien maneja y dirige la microempresa: atiende clientes, toma pedidos, lleva la contabilidad, pinta la cerámica, maneja el dinero y sale a comprar materiales. Se convirtió en la cabeza del hogar tras quedar su marido desempleado y durar enfermo (síndrome nefrótico agudo) durante un período como parte de los efectos causados por la crítica situación de desempleo, facilitando así una renegociación en las relaciones de poder y la distribución de tareas productivas y reproductivas en el hogar. Al respecto, ella señala:

> Él antes era muy machista, ¡sí! Cuando él era el que trabajaba y el que entraba la platica, él no estaba de acuerdo con que me fuera a trabajar... la necesidad. Cuando él estaba tirado en la cama, pues ahí sí no pudo ponerle objeciones a que yo trabajara. Y ahora, pues es tan normal que una mujer trabaje... Antes no le gustaba que yo trabajara. Él decía: "La responsabilidad es del hombre, y mientras el hombre trabaje el deber de la mujer es quedarse en la casa con los hijos". Yo creo que aún la mayoría es así.

Cuando Jorge Eliécer responde a la pregunta acerca de qué piensa de los hombres en la casa, él enfatiza:

> Cuando toca, toca. He visto mucho que la señora se ha ido a trabajar y el señor se queda en la casa haciendo de comer. Hoy en día la situación está así, le está resultando trabajo a la mujer y al hombre no. Por eso hay veces que le toca al hombre quedarse en la casa cocinando y viendo por los hijos.

Los cambios en el mercado laboral, por cierto, han tenido un considerable impacto en las relaciones de género en la sociedad colombiana. Sin embargo, la aceptación de los hombres de que la mujer salga a trabajar no parece un cam-

Masculinidad y desarrollo

bio tan novedoso, aunque sí importante, cuando Colombia presenta una de las tasas más altas de participación femenina en el mercado laboral urbano en América Latina, lo cual, a su vez, ha alterado significativamente la realidad y el ideal del hogar con el hombre como único proveedor. Lo que vale la pena resaltar es que los hombres estén trabajando en casa de manera permanente y regular. Trabajar en casa es potencialmente, pero no necesariamente, una vía para la participación cotidiana de los hombres en el trabajo doméstico, en labores tradicionalmente desempeñadas por mujeres. Hombres que cocinan y cuidan de los niños, como algo normal, sí que representan un gran cambio.

Para la mayoría de los hombres entrevistados en Cali, es totalmente normal trabajar en la casa, como muchos de los microempresarios lo hacen, aunque cocinar y cuidar de los niños es visto generalmente como algo temporal. En la cita anterior, Jorge Eliécer nos habla del trabajo doméstico como una función que no es para hombres, pero que le toca desarrollar algunas veces, a pesar de que él la ha asumido por varios años. El discurso masculino acerca de la participación de la mujer en el trabajo productivo y del hombre en el trabajo doméstico, está aún inmerso en una visión tradicional de la división del trabajo entre los géneros en esa población de hombres, como lo puede estar en algunos sectores de clase media, y ello crea contradicciones con la realidad vivida diariamente, que es percibida como temporal y fuera del cauce "normal" de las cosas. Tales contradicciones han hecho aparecer nuevos discursos con respecto a la equidad de género en algunos hombres. Uno de los hombres entrevistados, que trabajaba medio tiempo en la microempresa de su compañera, señalaba:

245

Para mí, la participación de la mujer es muy importante. Estamos viviendo una situación crítica donde no hay fuentes de trabajo, y se está viendo que a la mujer se le facilita más el empleo que al hombre, posiblemente porque le están dando más facilidades a la mujer. Entonces, uno como hombre debe comprender la situación, no llenarse de celos ni de rencor. Se está presentando el problema de que se están destruyendo muchos hogares, debido a que el hombre se siente menospreciado o cohibido, ya tiene que someterse a que la mujer tiene que ocupar puestos que el hombre no pensó, por machismo o rivalidad, o por egoísmo. Pero tenemos que ser realistas, tenemos que someternos a esa situación, de que la mujer tiene derecho y puede también desempeñar puestos públicos o ciertos trabajos que el hombre anteriormente creía que era el único que podía hacerlos.

Otro de los hombres entrevistados en Aguablanca, que le "ayuda" a su compañera en la microempresa, señala:

> Como está la situación económica a nivel del país, donde muchas empresas por toda parte están quebrando o están sacando personal, entonces qué pasa, hay muchos hombres que están desempleados, en este momento es más fácil conseguir empleo para la mujer que para el hombre... para el hombre es muy difícil, ahí es donde la mujer viene a ocupar el puesto del hombre y el hombre tiene que desempeñar el puesto de la mujer...

Las anteriores citas ilustran la pérdida de empleo masculino descrita anteriormente. En el primer caso, hay un reco-

Masculinidad y desarrollo

nocimiento implícito del machismo como una causa de la "destrucción" de los hogares. Ese reconocimiento es una crítica a las formas tradicionales de ser hombre y la necesidad de que los hombres muestren una actitud más positiva ante el trabajo de la mujer y, en consecuencia, es también un cambio en las actitudes masculinas. En el segundo caso, el hombre considera, como lo hizo Jorge Eliécer, que hay un lugar adecuado para él y para la mujer en la división del trabajo, y éste ha sido alterado: "la mujer viene a ocupar el puesto del hombre y el hombre tiene que desempeñar el puesto de la mujer". Los hombres que hablan sobre los cambios sociales en los que ellos toman parte reconocen los derechos de la mujer como una imposición generada por las circunstancias económicas, pero no como derechos que deben ser respetados por sí mismos. Aún están enraizados ciertos ideales acerca de la división de género del trabajo en el modelo tradicional del hombre como único proveedor, modelo que no puede ser cumplido en la gran mayoría de hogares colombianos, pero para el cual aún no se ha encontrado un nuevo paradigma en el pensamiento de muchos hombres.

La superposición entre el lugar de trabajo y el mundo doméstico en las comunidades pobres urbanas constituye una profunda diferencia frente a las dimensiones geográfica y política de género vistas en los países del norte (Collinson y Hearn, 1996a). Esa literatura relaciona el lugar de trabajo con la esfera de lo público y el hogar con la esfera de lo privado. La asociación tradicional de lo público con el hombre y la masculinidad, y de lo privado con la mujer, los niños y la feminidad, aspectos fundamentales en la construcción de la masculinidad, no es tan simple en el caso del sector informal urbano. El análisis de estos dos mundos es central

247

aquí, dado que dicha división entraña y sustenta inevitablemente relaciones de poder, normalmente en la forma de mundo de lo privado sometido a la esfera de lo público. Pero si la esfera de lo privado es ocupada por los hombres (como es nuestro caso), ¿podemos suponer una alteración de las relaciones de poder?

Todos los hogares entrevistados en Cali tenían sus microempresas en el lugar de residencia. Trabajar en casa no implica necesariamente alterar la identidad masculina o cambiar positivamente las relaciones de poder en términos de equidad; por el contrario, puede entrañar el fortalecimiento del poder patriarcal. Pero, en el caso de los negocios liderados por las mujeres, lo primero parece más usual[15]. Para los hombres que trabajan en dichas microempresas la esfera de lo público es reducida. El espacio de lo público lo determinan generalmente las relaciones sociales establecidas en que se producen transacciones: es la casa-negocio o es el exterior, con la venta y la compra de productos. Cuando el negocio es una actividad comercial (panaderías, tiendas, talleres, etc.), se presenta una segmentación de la esfera "privada" del hogar entre el espacio público, el de la tienda, y el espacio privado, el de la vivienda familiar. Así la casa se convierte en un espacio semipúblico. Cuando el negocio consiste en actividades de procesamiento (producción de artesanías, alimentos, cerámicas), la producción tiende a ser desarrollada totalmente en la esfera de lo privado, con mano de obra familiar, y la comercialización, en la esfera de lo pú-

---

[15] La misma investigación, desarrollada en barrios populares de Bogotá con microempresas del sector metalmecánico lideradas por hombres, muestra que lo segundo es más común.

Masculinidad y desarrollo

blico. Como veremos más adelante, las relaciones de poder son afectadas particularmente por la forma en la cual las parejas establecen acuerdos acerca de la división del trabajo en los negocios y, en consecuencia, la decisión acerca de quién ocupa el espacio público.

Ramón y Doralba han vivido ocho años en Aguablanca, adonde llegaron tras perder él su empleo como trabajador de una estación de gasolina. En Aguablanca montaron una panadería y, como otras parejas, presentan una especial división del trabajo. La panadería se encuentra en el primer piso de la casa, y en el segundo se encuentran los dormitorios atestados de sacos de harina, cilindros de gas y utensilios del negocio. Acerca de cómo se han organizado ellos en el trabajo, Ramón, un hombre de cuarenta años, comenta:

> Y entonces, de trabajar uno en la casa, como trabajamos nosotros, es muy fácil adaptarse a lo que es el trabajo, porque hay que repartirse el trabajo. Yo cogí la panadería y ella la administración. ¿Por qué motivo? Porque para un buen trabajador es muy difícil [administrar al mismo tiempo] porque no le rinde. Entonces ella está al frente del negocio y yo al frente de la producción.

La división del trabajo por género, entre trabajo pesado (producción) y liviano (administración), un tema de amplio análisis en los estudios de género, masculinidad y desarrollo, ha sido, en el caso de Aguablanca, una fuente y un mecanismo de justificación del liderazgo femenino. El trabajo independiente de las mujeres, antes y después del desempleo masculino, ha sido ciertamente una fuente en el crecimiento de la confianza, la participación en la toma de decisiones y el *empoderamiento* autónomo de la mujer. Ser un microempresario ha significado aprender estrategias de supervivencia, participar en el mercado, tomar decisiones de inversión y asumir riesgos. La mayor parte de las parejas afirma tomar las decisiones en conjunto, tanto las decisiones importantes como las cotidianas, pero, en la práctica, es la mujer la que implementa las decisiones en estos hogares, especialmente las decisiones cotidianas en el negocio, lo cual le genera mejores bases en la dinámica de decisiones y relaciones de poder. Cuando la mujer es la que está al frente del negocio, ella participa ampliamente en el espacio público, en la relación con vecinos, con proveedores y clientes, al igual que con las instituciones de crédito. Pero lo público tiene un lugar especial donde el mercado informal está mejor simbolizado: la calle. Salir a buscar el sustento familiar es el verdadero mundo en el cual las mujeres se *empoderan* a sí mismas. Una mujer de 28 años, que vende perros calientes en la esquina de su casa, afirma:

> A mí me ha gustado mucho el rebusque... yo vendía mercancía. La primera cuota de esta casa yo la pagué vendiendo mercancías en el centro... A mí me ha gustado mucho el negocio... Sí. Él no quería. Cuando yo le dije [comprar el carro de perros], dijo: "Usted qué le va a meter toda esa plata", porque nos costó 380 mil. Pero yo quería porque yo ya sabía manipular alimentos, yo ya tenía experiencia en eso y al menos ya habría de dónde trabajar mientras se conseguía algo mejor. Casi siempre soy yo la que tomo las decisiones. Él sí opina, pero él es muy negativo, yo soy la de arranque... yo soy la que tomo las decisiones. Así fue cuando trabajé con las mercancías.

Las características personales también cuentan en el proceso de negociación acerca de quién desempeña qué actividad y por qué. Pero las relaciones de género en la sociedad también indican cuáles son las actividades más apropiadas y aceptables para un hombre y para una mujer. La segmentación de género en el mercado laboral ha permitido la creación de estereotipos que "masculinizan" algunas actividades, especialmente aquéllas relacionadas con el consumo de mayor trabajo físico. Ésta es una de las vías a través de las cuales los hombres se han acomodado en los negocios liderados por la mujer. En la cita anterior, al igual que en los demás casos de panaderías donde se llevaron a cabo entrevistas, el hombre realiza las tareas manuales, el "trabajo pesado", y la mujer se encarga de la administración, el "trabajo liviano". En la cerámica y otras actividades productivas (adoquines, arepas, confites, jabones, etc.), por lo general el hombre se ocupa de la producción, y la mujer asume la administración. Cuando el negocio requiere de una bicicleta, una carreta o un carro, el conductor es el hombre. Estas actividades le permiten al hombre sentirse bien y encajar en el negocio de la mujer, convirtiéndose en un importante factor de identidad como trabajador. Paradójicamente, esas identidades masculinas con el trabajo, que provienen de formas tradicionales de masculinidad, ayudan a los hombres a participar en unas relaciones de género más equitativas e inciden en el surgimiento de nuevas masculinidades.

Otro camino a través del cual los hombres justifican la división del trabajo y, en consecuencia, se adaptan a nuevas relaciones de poder en el hogar, es el de decir o aceptar implícitamente que la mujer es una mejor administradora. Este discurso contradice las extendidas naturalización y universalización de la administración en la teoría y en la práctica como una actividad de y para hombres, en la que se expresan de mejor manera las masculinidades hegemónicas (Collinson y Hearn, 1996b). En nuestro caso, sin embargo, este discurso ha sido particularmente construido por hombres y reproducido por las entidades de crédito con servicios en pro de la mujer. La opinión general de que la mujer es buena administradora del dinero es tomada como "natural" por muchos y en general es asociada con una concepción de femineidad proveniente de la administración doméstica. Uno de los hombres que trabaja en la microempresa de su esposa va un poco mas allá y dice: "Para mí, yo creo que está probado científicamente que la mujer maneja mejor el dinero, digamos, la mujer es más tacañita, es más financista. Mientras uno como hombre no...". El trabajo "pesado" del hombre no sólo le facilita aceptar sus tareas en la microempresa y, en consecuencia, aceptar el liderazgo de la mujer, sino que también le provee un medio para evitar el estrés de la administración. El mismo entrevistado señala:

> Todo eso lo maneja ella. A mí no me interesa tener plata en el bolsillo. Yo tengo y se la paso a ella porque sé que le da un mejor manejo al dinero. Porque uno como hombre es como un poquito más suelto para gastar. Yo he tenido experiencia y sé manejar plata, pero me gusta más que ella maneje todo, y, por ejemplo, tiene más presente las cosas que uno. Uno en ese sentido no tiene presente que la factura, cuentas, muchas cosas.

Algunos hombres han encontrado ventajas no solamente de estar en la casa, sino también de escapar del trabajo

Masculinidad y desarrollo

"liviano" de manejar dinero diariamente. La división del trabajo que surge de los contratos explícitos e implícitos entre parejas, apoyados en la identificación tradicional masculina con algunas actividades, de una manera contradictoria, abre el camino a nuevas identidades de los trabajadores de la microempresa femenina casera y se constituye así en un medio para la aceptación de la jefatura femenina. En este contexto de limitaciones tanto económicas como sociales, algunos hombres se muestran satisfechos de trabajar en casa, lo cual se relaciona con el hecho de ser trabajadores independientes y con los valores que este tipo de trabajo ha desarrollado en Colombia.

El trabajo independiente otorga en realidad cierto estatus, más apoyo y estímulo, a la gente que trabaja en su microempresa. Que el hombre disfrute del trabajo en casa no significa necesariamente que trabaje menos o que descargue la mayor parte del trabajo en la mujer. En términos de Connell (1995), "el sudor también cuenta". Los panaderos, por ejemplo, deben levantarse a las cuatro o las cinco de la mañana. Pero la aceptación del liderazgo femenino tiene que ver, ante todo, con que la mujer es la dueña del negocio y no está dispuesta a entregarle el control del dinero al hombre. Montar y mantener en pie la microempresa ha sido un arduo trabajo de varios años y, por mucha confianza que puedan tener en los compañeros, las mujeres no están dispuestas a ceder el control. Los compañeros desempleados comienzan primero a ayudarles temporalmente, pero una vez lo están haciendo se adaptan y empiezan entonces a modificar ciertas identidades.

Cuando la microempresa tiene trabajadores varones no familiares, generalmente la relación con ellos es un asunto del compañero. Las mujeres aseguran que prefieren dejar esto en manos de sus compañeros, porque usualmente los trabajadores son vulgares y no atienden las órdenes que ellas les imparten. En la población de trabajadores jóvenes de la microempresa hay generalmente mayor resistencia a aceptar la autoridad de la mujer. Ellos se sienten con mayor capacidad de minar la dirección femenina por prejuicios de género bien establecidos, con expresiones como "a mí no me gusta que me mande ninguna vieja". En el caso de trabajadores familiares, la relación suele ser diferente y generalmente toma la forma de procesos de socialización en ambientes de trabajo con relativa equidad de género.

Las afirmaciones de los varones respecto de la mejor capacidad administrativa de la mujer parece encajar bien en los discursos de las entidades internacionales para el desarrollo acerca de los mayores efectos que es probable tener en el bienestar de la familia, al canalizar recursos hacia la mujer en proyectos de generación de ingresos, un supuesto que ha inspirado los enfoques de mujer y desarrollo (Folber, 1995). Eso, ciertamente, se corresponde con el ordenamiento de género (por ejemplo, mayor responsabilidad de la mujer con los hijos) y las estrategias y destrezas que la mujer ha desarrollado para enfrentar la pobreza. Sin embargo, este supuesto no sólo ha tomado parte en el fracaso de muchos proyectos de generación de ingresos dirigidos a grupos de mujeres, sino que también ha sido la base para evadir la consideración de los conflictos de género dentro de los hogares. Primero, la capacidad de la mujer para administrar el dinero no es algo naturalmente dado o una cualidad siempre presente, y segundo, observar los problemas de género sólo desde el ángulo de la mujer excluye una comprensión

Masculinidad y desarrollo

integral de los conflictos de género. En el afán por desarrollar una política de género en los programas de desarrollo y obtener un mayor impacto en la economía, los organismos internacionales han apoyado a las organizaciones no gubernamentales locales para canalizar masivamente recursos de crédito hacia la mujer. La incorporación explícita de políticas de género y programas para empoderar a la mujer (menos comunes en Colombia) ha negado la cara oculta de los problemas de género: la inevitable pérdida de poder para el hombre. El desconocimiento para abordar los conflictos de género desde una perspectiva que integre a los hombres ha incapacitado a los organismos nacionales e internacionales para ofrecer una alternativa a la aparente, o cierta, pérdida de poder entre los hombres, y hace aparecer los programas de mujer, o de "equidad", tomando parte en un juego de "suma cero" (si uno gana el otro pierde) en las relaciones de poder. Esta perspectiva se encuentra no sólo en la literatura sobre mujer y desarrollo, sino también en algunas dentro del enfoque de género y desarrollo.

Muchos hombres se están adaptando a las nuevas relaciones de género y a las divisiones del trabajo en la casa y en las microempresas, por sus propios esfuerzos, en respuesta a las condiciones económicas y sociales que los afectan. Sin embargo, aparte de esos casos, existen muchos otros que no encuentran fáciles los procesos de adaptación ni el desarrollo de nuevas identidades como hombres y trabajadores, al igual que el establecimiento de relaciones más equitativas y armónicas con sus compañeras, quienes han desarrollado un proceso de empoderamiento autónomo. La resistencia suya a "perder" poder o a sentirse "menos" hombres, según los valores y las percepciones provenientes de masculinidades predominantes[16], empeora los conflictos de género existentes y conduce, en general, al rompimiento de las parejas. Esta contradicción aparece con claridad dentro del programa de WWB Cali en el conflicto que, en algunos casos, surge cuando las mujeres consiguen desarrollos económicos exitosos.

Ese proceso parece estar presente en el caso de la clienta del WWB escogida para participar en el segundo Foro Interamericano acerca de la Mujer y la Microempresa, realizado en Buenos Aires, Argentina, en junio de 1999, donde WWB Cali recibió el premio a la excelencia como la mejor intermediaria financiera en América Latina y el Caribe, entre cincuenta y cuatro entidades, por el Banco Interamericano de Desarrollo (*El País*, 25 de julio de 1999). Ella ha sido clienta del banco durante siete años y ha participado en el Programa de Desarrollo de Familias con Jefatura Femenina, y gracias a él recibió capacitación administrativa y en desarrollo (*empoderamiento*) personal. Su esposo aprendió a hacer moldes para tortas, por tradición de su familia de origen, lo cual les permitió iniciar una microempresa en este campo. La división del trabajo fue clara desde el comienzo: él produce y ella vende. Al respecto, ella comenta en la entrevista:

> En la relación que yo tenía, él permanecía en la casa produciendo lo que yo hago ahora, y yo me iba a la calle a

---

[16] La importancia de las normas, los valores y las percepciones sociales en las relaciones de género es desarrollada en el análisis de este caso, pero por razones de extensión no se incluyó aquí. A este respecto, en el marco del "enfoque de negociación" (*bargaining approach*) para el análisis de la dinámica interna de los hogares, una importante referencia se encuentra en Agarwal (1997).

ofrecer, a vender, a comprar material, me transportaba en bus, lloviera, hiciera sol, a veces ni me arreglaba porque tenía que dejar almuerzo hecho. Él estaba en la casa, se levantaba, hacía el tinto y se ponía a trabajar. Y yo llegaba a las 9 o 10 de la noche cansada, rendida, y él no había puesto a secar el arroz, no había podido porque estaba trabajando, trabajando en la misma casa, eso por un lado. Y, por otro lado, muchas veces llegaba yo y él estaba parado en la puerta y yo llegaba a recoger un pedido para ir a entregarlo, andaba sin almorzar, no porque no tuviera con qué, sino por falta de tiempo, llegaba yo y no había terminado ese pedido... y le decía: "Mire que eso hay que entregarlo", y me decía: "¡Ay! Me paré un momentico porque estaba cansado"... Yo le decía: "Hombre, usted se cansa aquí en la casa bajo techo, que si le da hambre come algo, lo que usted se tiene que fatigar aquí no es nada y yo que ando en la calle bajándome de un bus, subiéndome a otro, con riesgo de ladrones". Y él decía: "Pero al fin y al cabo usted anda en la calle distrayéndose, en cambio yo aquí en la casa con este trabajo tan rutinario en estas cuatro paredes". Por Dios que eso pasaba y eso me decía. Entonces llegó un momento en que yo le dije: "Entonces, no hay problema, váyase usted también a vender", y le di la oportunidad para que se fuera a vender y no hizo nada, ahí ya ni producía ni vendía".

Cuando iniciaron la microempresa, sólo producían un promedio de doscientos cincuenta moldes por mes. Ella tiene ahora a tres trabajadores en la producción y dos vendedoras de medio tiempo y producen mil moldes por mes en promedio, con créditos del banco por más de dos millones de pesos. Ese importante éxito trajo consigo la separación de la pareja y el fracaso del hombre no sólo como trabajador, sino como compañero, padre (dos niños) y proveedor en el hogar. Ciertamente, no pudo encontrar respuestas al proceso de empoderamiento de ella, pero asimismo nadie lo apoyó en esa dirección, como sí fue apoyada su esposa. El acuerdo inicial en la división del trabajo en el hogar, que ha sido un importante factor en el éxito de los casos mostrados inicialmente, colapsó en éste. Este fracaso fue afectado ciertamente por la nueva dinámica de acumulación dada por los recursos de crédito y, en consecuencia, los requerimientos de pago. El cambio en la producción, de doscientos cincuenta a mil moldes, y la venta de una cantidad semejante cada mes, requirió de cuatro trabajadores adicionales. Aunque el proceso de empoderamiento personal de ella fue significativo y le permitió afrontar sola la situación, sus relaciones de género recibieron un fuerte impacto, el cual no pudo manejar su compañero para lograr unos nuevos arreglos en las relaciones en el hogar y el negocio.

El flujo de capital desde la banca internacional hasta los hogares pobres, y de éstos hacia aquellos, crea conflictos de género más allá de políticas en pro de la mujer o de la "equidad" entre los géneros. Una política de género que también apoye a los compañeros no debe buscar necesariamente la estabilidad de las parejas, pero sí debe brindar a ambas partes iguales oportunidades. En nuestro caso, él no sólo falló en vender moldes, algo que no había hecho antes, sino especialmente en compartir el trabajo doméstico cuando ella estuvo decidida a distribuir parte de *su* carga como mujer (lo que representó un importante paso en su propio proceso de empoderamiento). Hacer el "trabajo de la mujer" resulta inaceptable aquí y en muchas partes para muchos hombres, pero es quizá la actividad que permite generar nuevas actitudes de los hombres y romper con identidades masculinas tradicionales. Las políticas de género aparecen negando una comprensión integral de las relaciones de poder cuando miran el empoderamiento de la mujer exclusivamente. La invisibilidad del trabajo de la mujer dentro del hogar y la sobrecarga generada por los proyectos de generación de ingresos han sido los aspectos centrales en los análisis sobre mujer y género. Sin embargo, como Carolina Sweetman (1998) señala, la búsqueda de la participación de los hombres para que ellos asuman una distribución equitativa en las tareas del hogar ha estado totalmente ausente en los proyectos de desarrollo, hasta ahora. ¿Cómo han sido distribuidas esas tareas (cocinar, limpiar, cuidar niños, construir la casa, etc.) entre los miembros de hogares con cabeza femenina? ¿Hasta qué medida la participación de la mujer en la microempresa ha cambiado los roles en el hogar? ¿Cómo cambian las identidades masculinas cuando los hombres realizan trabajos domésticos?

El caso anterior, como los de las parejas que exitosamente trabajan juntas, necesita ser analizado, no sólo en la perspectiva de la división del trabajo en la microempresa, sino también en los contratos que las parejas realizan alrededor del trabajo doméstico. El trabajo productivo y reproductivo, dos caras del mismo proceso, proporciona las bases para el análisis de la relaciones de poder entre los géneros. Las relaciones de género son determinadas, asimismo, por los acuerdos sobre la distribución del trabajo doméstico y, en consecuencia, por la "ocupación" de cada miembro del hogar en la esfera de lo privado (Wheelock, 1990).

Trabajo doméstico: masculinidades emergentes

Andrés, un hombre de veintidós años, trabaja en el negocio de venta de pescado de su esposa. Claudia quedó embarazada cuando ella tenía quince años y él dieciséis. Comenzaron a vivir juntos tres años después, cuando él consiguió un empleo. Ella montó el negocio mientras él estuvo trabajando, pero al cabo de un año él perdió el trabajo y pasó a trabajar en el negocio de su compañera. Cuando se le preguntó por la distribución del trabajo en la casa, respondió:

> Nosotros antes comprábamos el almuerzo, entonces dialogamos y decidimos que un día ella iba a hacer el almuerzo y el aseo, y otro iba yo, y estamos en eso y nos ha ido bien. El día que a ella le toca, se levanta tarde y hace el oficio, y a la hora del almuerzo yo cierro y subo a almorzar. Por ejemplo, hoy me toca a mí hacer el almuerzo y el aseo, entonces ahora a las diez u once yo subo y hago el almuerzo, eso se hace en un momentico. El día que le toca a ella, se levanta tarde, y el día que me toca a mí me levanto tarde. Lo que a nosotros nos gusta es que ninguno se aburra, que estemos contentos. Para mí es muy fácil porque yo siempre había hecho el almuerzo y el aseo.

Aspectos individuales, generacionales, sociales y particulares se hacen presentes en este caso, los cuales tendrían que tenerse en cuenta en un análisis más exhaustivo, que facilite un modelo de relaciones de mutuo respeto. La madre de Andrés fue una madre soltera que vivió con sus dos hijos y su madre. La abuela cuidó de sus dos hijos mientras ella trabajaba. "Mi abuela se enfermó y entonces nos tocaba, a mi

Masculinidad y desarrollo

hermano y a mí, hacer el aseo, el almuerzo, todo. Mi hermano se iba por la mañana, yo por la tarde, entonces nos turnábamos... Yo tenía diez años y mi hermanito tenía cinco. Mi abuela se murió", afirma Andrés. Por estos antecedentes él dice: "Para mí es muy fácil, porque yo siempre había hecho el almuerzo y el aseo". Aunque en Cali el Programa de Hogares de Bienestar del ICBF, que arrancó al final de los ochenta, ha tenido una cobertura relativamente importante, el cuidado de los niños, como elemento central para facilitar la participación económica de la mujer, sigue siendo una responsabilidad "privada" de la mujer, madre o abuela, como en el caso de Andrés. Un estudio nacional muestra que entre las mujeres jefas de hogar sólo el 20,5% puede cuidar a sus hijos o enviarlos a un hogar de bienestar (De Alonso y López, 1998).

Muchos hombres entrevistados afirman haber desempeñado normalmente actividades domésticas en la casa cuando eran niños. Nacido en Palmira, puedo decir lo mismo de mi propia experiencia. Mis ocho hermanos y yo generalmente trapeábamos, molíamos el maíz, arreglábamos las camas y algunas veces lavábamos platos y cocinábamos. La socialización temprana en las actividades reproductivas ciertamente ayuda a la construcción de relaciones más equitativas de género, pero no garantiza sobreponerse a estereotipos de considerar tales trabajos como "femeninos". Tan pronto los hombres tenemos la oportunidad de dejarlos, lo hacemos, tomando ventaja de la ideología y de la práctica patriarcal imperante tanto en hombres como en mujeres.

Los hombres podemos adaptarnos, y lo hacemos, pero ¿qué tan sostenibles son los casos individuales? Ésta es otra pregunta que depende de amplios cambios en la sociedad patriarcal como un todo, en los cuales estos casos individuales tienen su impacto, no obstante, en especial como colectivo de minorías. Tres aspectos superpuestos ayudaron a Andrés a adaptarse, los cuales se derivan de su contexto social: el desempleo, los hogares de bienestar y el empoderamiento autónomo de su compañera. Primero, su posición para negociar arreglos alternativos era pobre. Es decir, su poder para demandar una distribución más favorable de tiempo y tareas fue débil, debido al desempleo y la ausencia de ingresos. Segundo, el acceso a bajo costo del servicio de cuidado infantil hizo posible que Claudia dispusiera de tiempo para el trabajo. Tercero, el proceso de empoderamiento de ella, por razones que se describen en seguida, le representó una distribución equitativa de las tareas en casa.

Cuando Claudia tuvo su hijo, vivió con la madre y trabajó en la panadería de un tío. En su historia de vida, Claudia anota: "Mi mamá no ha sido una persona de quedarse con mi hijo. Yo pagaba una guardería, pero sabía que tenía el apoyo de mi mamá". Cuando dejó su trabajo y Andrés consiguió un empleo, su madre le arrendó a ella la tienda que antes había sido manejada por su hermana, quien no pudo sacarla adelante. "Mi mamá vino aquí hace quince años. Ella es de Puerto Tejada. Ellos consiguieron este lote y empezaron con una panadería pequeñitica... Mi mamá es más del negocio". Claudia agrega:

> Yo tengo un bebé y él está en la guardería. Entonces me eligieron como presidenta de la Asociación de Madres Comunitarias, somos catorce [...]. Yo llevo seis meses... Lo más importante es que uno se integra mucho y aprende a conocer los problemas de su barrio, los problemas de los

Masculinidad y desarrollo

niños. Yo soy presidenta como madre usuaria. Uno siempre está vinculado con las madres comunitarias para saber qué problemas tienen ellas... La presidente tiene que estar pendiente de que los hogares funcionen bien, también tiene que estar firmando cheques, que las cuentas estén bien... Mi mamá antes había estado allá y se desempeñó muy bien, cuando hay un problema ella es la primera ahí, siempre le gustó, pero ella se tuvo que salir por su trabajo, no le quedaba tiempo. Entonces, cuando yo llegué allá, siempre decían: "La hija de doña Pascuala, la hija de doña Pascuala". Entonces, como yo me parezco mucho físicamente y en el modo de ser, entonces ellas me decían que yo podía, y yo pude.

Claudia no sólo heredó la negritud de su madre, sino también las oportunidades generadas en su larga lucha por la vivienda y en el negocio, y logró involucrarse en una organización femenina a los veinte años de edad. Ella trabajó sola en su negocio durante el primer año y medio, hasta después de que Andrés se unió a ella, cuando quedó desempleado. "Ella maneja las compras, la plata, y me pide opinión a mí. O sea, ella maneja el negocio. Ella toma las decisiones", dice él. Ella está presente en ese momento, y agrega: "Pero una decisión importante de invertir algo, la discutimos, la tomamos los dos, pero yo manejo la plata". Cuando hablé con él acerca de qué había cambiado en su vida frente a la situación previa, él dice:

> Al principio es bueno y es malo, no me gustaba porque a mí no me gusta depender de nadie, me gusta tener mi plata, manejar mi plata, o sea, yo sentía que ella me mane-

jaba a mí. Pero no, a mí me parece que es bueno, porque estamos juntos, cuidamos del negocio, ella se puede ir y yo ya manejo esto solo, y que, hasta ahora, prácticamente no tenemos problemas económicos. Entonces nos sostenemos, me parece bien, trabajamos rico.

La mejor base, pero por supuesto no la única, para tener una relación estable es no tener, relativamente, problemas económicos. Pero aquí surge una pregunta sobre cómo él pudo lidiar con un "orgullo herido", con una masculinidad puesta en juego, cuando siente que "ella lo maneja", que no dispone de dinero para sus gastos, que está en riesgo de perder la autonomía en términos de sus relaciones previas de género. En la reconfiguracion de dichas relaciones, ellos encontraron sus propias respuestas. Al respecto, él señala:

> Porque yo llego, me quedo sin trabajo, el negocio es de ella porque yo tengo mi trabajo aparte, entonces yo siento que ella maneja todo, yo sólo le ayudo a ella, y yo sin plata, yo sin poder manejar plata, entonces me hacía sentir mal. Entonces poco a poco lo fui superando. Ella me ayudaba, salía y se iba, cuando eso, ella ya estaba en lo de las madres comunitarias, entonces me quedaba más tiempo aquí, yo solo, ya manejaba la plata, ya me sentía bien y ahora ya me acostumbré...
> Me parece que el compromiso que hay es trabajar con ella y volver el negocio más grande... Lo que tenemos [los hombres] que hacer es asimilar, asimilar y colaborar, hacer lo que yo hice, sentir de que el negocio de ella es mío. Si la esposa de uno lo apoya, uno supera eso. La base para uno superar eso es el apoyo de ella.

Masculinidad y desarrollo

Conclusiones

El desempleo masculino en Colombia ha contribuido al crecimiento de los hogares en los cuales la contribución económica de la mujer es la principal y a una reconfiguración de las relaciones de poder entre los géneros. Tal proceso ha sido facilitado por procesos autónomos de empoderamiento de las mujeres, en un contexto de cambios sociales y económicos de más largo plazo. El crecimiento del desempleo masculino en hogares pobres del distrito de Aguablanca, en Cali, ha conducido a muchos hombres a encontrar en las microempresas de sus compañeras un camino para reconstruir sus identidades como trabajadores y como hombres. En ese proceso no sólo han sido afrontadas identidades tradicionales, sino que han aparecido nuevas masculinidades y, en consecuencia, se han creado nuevas relaciones de poder. La aparición, aunque frágil, de nuevas masculinidades se evidencia en que los compañeros de las mujeres cabeza de hogar o los hombres en hogares con liderazgo compartido presentan de modo frecuente e implícito una mejor aceptación de una distribución equitativa del trabajo y de las decisiones. Al vincularse a las microempresas de sus compañeras, estos hombres no sólo pasan en la casa más tiempo que antes y desarrollan nuevas aptitudes y actitudes hacia el trabajo doméstico y productivo, sino que también las desarrollan como padres, compañeros y hombres.

La superposición del lugar de trabajo con el mundo doméstico en comunidades pobres urbanas es una alteración significativa de las dimensiones geográfica y política de las relaciones de género, como han sido vistas tradicionalmente en los países del norte. La ocupación por parte de la mujer del espacio público no sólo altera los conceptos de feminidad, sino aquellos que son definidos por su oposición a éstos, los de masculinidad. Las alteraciones de las identidades femeninas y masculinas son parciales, contradictorias, discontinuas y de carácter múltiple. Por ejemplo, la identificación de los hombres con el esfuerzo físico en la producción ha sido una vía para la aceptación de una división del trabajo, de su participación dentro de la microempresa y del liderazgo femenino en el negocio familiar. Paradójicamente, esas identidades masculinas recibidas de prototipos tradicionales han ayudado a los hombres a aceptar unas relaciones de género más equitativas y han apoyado las nuevas expresiones de masculinidad.

La incorporación explícita de políticas en pro de la mujer o de "género" en programas de desarrollo ha concebido el otro lado de los problemas de género como una inevitable pérdida de poder para los hombres. La falta de desarrollo de un enfoque más integral ha dejado a los organismos nacionales e internacionales sin alternativas para ofrecer a los hombres, haciendo aparecer el "empoderamiento" de la mujer como un juego de ganadores y perdedores, donde la mujer sólo puede ganar a expensas del hombre. El flujo de capital en los programas de microempresa y microcrédito está creando conflictos en los hogares, mucho más allá de las políticas de apoyo a la mujer o de "género", conflictos poco reconocidos por dichos programas. No considerar las relaciones de poder en los hogares, y la ausencia de una política integral de género, que incorpore la dinámica de las identidades masculinas y femeninas, hacen que resulten insostenibles una política de equidad y la consolidación de las masculinidades emergentes.

REFERENCIAS BIBLIOGRÁFICAS

Agarwal, Bina. " 'Bargaining' and Gender Relations: Within and Beyond the Household". *Feminist Economics*, 3, 1 (1997), pp. 1-51.

Acevedo B., Jorge; Castañeda H., Wigberto. *Análisis de la estructura y la distribución del gasto de hogares colombianos, con base en la Encuesta Nacional de Calidad de Vida aplicada por el DANE en 1997*. Santafé de Bogotá: DNP, 1998.

Collinson, David; Hearn, Jeff. "*Men at Work*: Multiple Masculinities/Multiple Workplaces". En: Martin MacGhaill (ed.), *Understanding Masculinities. Social Relations and Cultural Arenas* (Buckingham: Open University, 1996), pp. 77-92.

Connell, Bob. "The Sweat Cannot be Excluded". Ensayo para ESCR *Seminar Series, Men, Masculinities and Gender Relations in Development*. Bradford: septiembre de 1998.

Chant, Sylvia. "Women-Headed Households: Poorest of the Poor? Perspectives from Mexico, Costa Rica and Philippines". *Tactics and Trade-Offs: Revisiting the Links Between Gender and Poverty. IDS Bulletin*, 28, 3 (1997).

De Alonso, Ana Rico; López Téllez, Nadia. "Informalidad, jefatura femenina de hogar y supervivencia". *Revista Javeriana*, 131, 648 (1998).

Departamento Administrativo de Planeación Municipal, DAPM. *Plan de desarrollo económico y social de Cali. 1998-2010*. Santiago de Cali: Feriva Editores, 1998.

Departamento Nacional de Planeación, DNP. *Análisis de pobreza y equidad. 1993-1997*. Misión Social. Informe final. Santafé de Bogotá: 1998.

Espinosa, Adriana; Toro, María Cristina. *Programa de Desarrollo de Familias con Jefatura Femenina. Informe de ejecución de actividades. 1995-1997*. Santafé de Bogotá: FES, Fundación Restrepo Barco y DINEM, 1998.

Folber, Nancy. *Engendering Economics: New Perspectives on Women, Work and Demographic Change*. Washington, D. C.: The World Bank, Annual Bank Conference on Development Economics, 1995.

Goetz, Anne Marie; Sen Gupta, Rina. "Who Takes the Credit? Gender, Power and Control Over Loan Use in Rural Credit Programs in Bangladesh". *World Development*, 24, 1 (1996), pp. 45-63.

Henao, Martha Luz; Parra, Aura Y. "Mujeres en el mercado laboral". En: Departamento Nacional de Planeación, *Género, equidad y desarrollo* (Santafé de Bogotá: Proequidad, Tercer Mundo Editores, 1998), pp. 69-105.

Jackson, Cecile. "Rescuing Gender from a Poverty Trap". *World Development*, 24, 3 (1996).

Kabeer, Naila, *Reversed Realities. Gender Hierarchies in Development Thought*. London: Verso, 1994.

León, Magdalena (ed.). *Poder y empoderamiento de las mujeres*. Santafé de Bogotá: Universidad Nacional, Facultad de Ciencias Humanas, 1997.

López Castaño, Hugo. *Capacitación de mujeres jefes de hogar. Estudio exploratorio del mercado laboral en Cali, Bogotá, Barranquilla, Medellín, Pasto y Pereira*. Bogotá: CIDE, 1998.

Mayoux, Linda. "Participatory Learning for Women's Empowerment in Micro-Finance Programmes. Negotiating Complexity, Conflict and Change". *Micro-Credit. Impact, Targeting and Sustainability. IDS Bulletin*, 29, 4 (1998).

Morgan, D. H. J. *Discovering Men*. London: Routledge, 1992.

Profamilia. *Violencia contra las mujeres y los niños en Colombia*. Bogotá: Profamilia, 1998.

Masculinidad y desarrollo

Pineda, Javier. "Género, pobreza y desarrollo". En: Departamento Nacional de Planeación, *Género, equidad y desarrollo* (Santafé de Bogotá: Proequidad, 1998a).

———. "El plan de la microempresa: agotamiento de modelos ineficientes". *Innovar, Revista de Ciencias Administrativas y Sociales*, 12 (Bogotá:Universidad Nacional de Colombia, julio-diciembre de 1998).

———. *Empleo, género y microempresas. Consideraciones de política*. Santafé de Bogotá: Dirección Nacional de Equidad para las Mujeres, 1999.

Rowlands, Joanna. *Questioning Empowerment. Working with Women in Honduras*. London: Oxfam, 1997.

Sweetman, Caroline (editora). *Men and Masculinity*. Oxford: Oxfam, 1997.

———. "*Sitting on a Rock*: Integrating Men and Masculinities into Gender and Development". Ensayo para ESRC *Seminar Series, Men, Masculinities and Gender Relations in Development*. Bradford: septiembre de 1998.

Tenjo, Jaime; Ribero, Rocío. *La situación de la mujer en el mercado laboral urbano colombiano. Un diagnóstico preliminar*. Santafé de Bogotá: CEDE, 1998.

Townsend, Janet G.; Zapata, Emma; Rowlands, Joanna; Alberti, Pilar; Mercado, Marta. *Women and Power: Fighting Patriarchies and Poverty*. London: Zed Books, 2000.

Wheelock, Jane. *Husbands at Home: The Domestic Economy in a Post-Industrial Society*. London: Routledge, 1990.

White, Sarah C. "Men, Masculinities and the Politics of Development". En: Caroline Sweetman, *Men and Masculinity* (Oxford: Oxfam, 1997), pp. 14-22.

Willott, Sara; Griffin, Christine. "Men, Masculinity and the Challenge of Long-Term Unemployment". En: Martin

MacGhaill (ed.), *Understanding Masculinities. Social Relations and Cultural Arenas* (Buckingham: Open University, 1996), pp. 77-92.

Women's World Banking, WWB. *Los vínculos que faltan: sistemas financieros que funcionan para la mayoría*. Washington: Foro de Política Global. Women's World Banking, 1995.

Cuarta parte

ENTRE LA JUSTICIA Y LA BENEVOLENCIA

El debate Kohlberg-Gilligan
Algo más que un problema de género

Jaime Yáñez Canal

Introducción

Lawrence Kohlberg y Carol Gilligan son dos autores que han marcado las conceptualizaciones más importantes en la Psicología del desarrollo moral. El primer autor puede ser considerado el más importante teórico de este campo, al haber propuesto una teoría del desarrollo del juicio moral, basándose en las teorías de Piaget, Mead, Kant, Hare y Rawls. Kohlberg propone este desarrollo como un proceso de complejización de los juicios morales, según un concepto de justicia particular. El niño seguiría, según ese autor, una secuencia de evolución única, desde juicios dependientes del contexto o de intereses y relaciones particulares, a juicios imparciales regidos por un sentido de equidad y respeto a los derechos de los otros. En este esquema de desarrollo el niño debe liberarse de las demandas de sus relaciones afectivas y de los intereses particulares de los involucrados en una situación particular, para realizar juicios justos en los cuales la dignidad humana sea valorada en estado sumo.

En este esquema donde el juicio moral se debe realizar bajo juicios "objetivos", según el sentido kantiano, el modelo a seguir es tomado de la geometría. En geometría, el razonamiento opera de forma deductiva a partir de ciertas premisas o axiomas que, siendo indiscutibles, permitirán derivar una serie de análisis sobre casos particulares. De igual modo, Kant propone el juicio moral como un proceso orientado por ciertas premisas "evidentes" a una razón universal; las premisas, denominadas en el contexto moral "principios", habrán de operar como axiomas de los que se derivarán evaluaciones de casos particulares según un procedimiento imparcial y adecuado a todas las personas y las circunstancias. El ideal y el estadio final de desarrollo de Kohlberg se alcanzan cuando el sujeto es capaz de pensar en estos términos que se han atribuido al concepto de justicia.

Gilligan, inicialmente discípula de Kohlberg, se distancia de su maestro cuando reiteradamente las investigaciones empíricas mostraban el permanente retraso de las mujeres[1] en el esquema de desarrollo propuesto por Kohlberg.

---

[1] En unos estudios previos, Gilligan propone entender el estadio final de desarrollo moral bajo la denominación de "contextualismo postconvencional". La propuesta se da, según él, porque los sujetos más desarrollados no sólo retoman los principios universales para realizar sus juicios, sino que además poseen una especial sensibilidad para considerar aspectos de las biografías particulares de las personas involucradas en una situación dilemática. En esas formulaciones ya se vislumbran las preocupaciones centrales que van a caracterizar el texto fundamental de Gilligan, *In a different voice*. Lo más importante de sus primeros textos fue hacer énfasis en que la forma más desarrollada de juicio moral es aquella manera de resolver los conflictos considerando todos los elementos del contexto y de las significaciones que no pueden estar contenidas en los principios universales, que por su naturaleza operan de manera descontextuada.

El debate Kohlberg-Gilligan

Las mujeres permanecían en estadios previos más infantiles y primitivos en cuanto al razonamiento moral. Gilligan propone, para interpretar estos hechos, una tesis diferente de la presentada por Kohlberg. En contra de considerar el desarrollo moral bajo una única perspectiva, tal como lo hizo Kohlberg con su concepto de justicia, esta autora propone tener en cuenta "una voz diferente", una voz donde se encontrarían favorecidos los juicios que tuvieran en cuenta la benevolencia y la búsqueda del bienestar del otro.

Una ética de la benevolencia, en vez de centrarse en "la no interferencia" y los juicios imparciales, propone la consideración del "otro concreto", para buscar su felicidad y su bienestar, en conexión con los planes y proyectos de vida de los individuos, donde cada uno de ellos habrá de ser considerado en su especificidad y en sus demandas particulares[2]. Esta ética, que habría de llamar del "cuidado", lleva a Gilligan a cuestionar, además de la consideración única de un principio para evaluar los juicios morales, los modelos estructurales en la psicología del desarrollo.

---

[2] Esta polémica entre Kohlberg y Gilligan podría plantearse como una reedición de discusiones bastante antiguas en la historia de la ética. Por ejemplo, podría asemejarse al debate de Aristóteles contra los estoicos o la filosofía de Platón. O a las oposiciones entre el utilitarismo y la ética de Spinoza, o entre Kant y Hegel, o entre Rawls y el comunitarismo. Estas similitudes generales, que llevan a algunos teóricos a presentar las discusiones éticas en términos de dos corrientes generales, como son las deontológicas y las teleológicas, deben contextualizarse en los últimos años del siglo XX, debido a que en esta época otros problemas, o poblaciones, pasaron a ser visualizadas como preocupaciones de las reflexiones éticas. La mujer, las minorías, las diferencias culturales, las formas de expresión de las democracias y de la determinación de los pueblos hace que la discusión, a pesar de las apariencias, no sea realmente repetitiva.

Una ética que se propone considerar los proyectos de vida particulares se distancia por necesidad de consideraciones de imparcialidad que abogan por la igualación y no consideración de los planes de realización individuales. De igual manera, si el ideal ético se propone en términos de considerar las particularidades y las complejidades que cada proyecto de vida trae consigo, el desarrollo del individuo en términos de llegar a este ideal ético habrá de representarse de manera distinta. La "direccionalidad" en el desarrollo ya no estará orientada a alcanzar la abstracción y la separación de las situaciones específicas, sino todo lo contrario: el desenvolvimiento del individuo habrá de contemplarse como un proceso hacia la sensibilización de las particularidades y las complejidades que encierran las historias humanas.

La propuesta de Gilligan es parte de una serie de polémicas contra la obra de Kohlberg y la psicología estructural y, además de su importancia en el campo psicológico, ha tenido impacto fuera de las fronteras de la psicología. La filosofía, los movimientos feministas, raciales, de defensa de las minorías y políticos han tomado parte, de uno u otro modo, en esta polémica iniciada por Gilligan. Por ejemplo, en los movimientos de defensa de las minorías, el discurso de Gilligan fue interpretado de diversas formas. Fue bandera de lucha para aquellos movimientos que proponían a las mujeres y su moral como la esperanza para la consecución de la paz y la reconciliación de la humanidad (lo mismo sucedió con los movimientos raciales y étnicos que acabaron proponiendo como superiores a aquellas comunidades que durante siglos estuvieron sometidas a las más oprobiosas humillaciones). Estas posiciones que hacían énfasis en las diferencias de las mujeres rescataban una moral del cuidado y de la be-

El debate Kohlberg-Gilligan

nevolencia como único recurso para transformar las relaciones humanas y hacer de la vida una experiencia de encuentro y solidaridad. Contra una moral de la justicia, que para esos movimientos era sinónimo de discriminación y exclusión, se sugería una moral del cuidado y la benevolencia. La justicia que expresaría la moral masculina representaba la historia de guerra que había marcado el curso de la historia humana; esa moral debía ser cambiada por una que se preocupara del compromiso con el otro y de la búsqueda de bienestar antes que de la no interferencia y la evaluación imparcial de todos los proyectos de "vida buena" de los individuos o las comunidades.

De manera opuesta, en estos mismos movimientos, fue descalificada la propuesta de Gilligan y de aquellos que en ella se inspiraban, pues defender la idea de la "diferencia" de lo femenino suponía seguir reduciendo el trabajo femenino al ámbito privado y, por tanto, a justificar su discriminación. En contra de la "diferencia" de lo femenino, deberían restablecerse las condiciones de igualdad para las mujeres y todos los grupos poblacionales; igualdad ante la ley, igualdad de oportunidades y de libertad deberían ser las condiciones mínimas para garantizar la no discriminación de las minorías y una vida digna para todas las poblaciones[3].

---

[3] Los movimientos feministas dentro o fuera de la academia han contado con fuentes y teorías distintas para su fundamentación. En este movimiento se hallan tanto autores (o autoras) que sustentan sus voces de protesta en las éticas liberales al estilo Kant, Rawls e incluso Habermas, como aquellos cuyo autor de referencia es un representante del comunitarismo o socialismo al estilo de Agnes Heller, o las posiciones deconstructivistas del postmodernismo francés. Entre esos extremos está la obra de Gilligan, una referencia común en los textos feministas de los años ochenta.

Pero aparte de estas luchas políticas, el debate por el reconocimiento de las "diferencias" fue ganando terreno en los ámbitos académicos y en la disciplina filosófica, donde adquirió un sentido más amplio y con más relevancia ética[4]. El comunitarismo y algunas posturas de defensa de la multiculturalidad defendieron las "diferencias"[5] y la constitución de la "identidad" como una manera de oponerse a las posturas unificadoras del pensamiento moral.

---

[4] Con esto no queremos decir que todo esto se debió a las formulaciones de Gilligan, más bien queremos decir que las discusiones en las disciplinas y movimientos sociales se han dado de manera paralela, y que de igual manera el debate sobre las diferencias y la consideración de los contextos particulares en la psicología debe tener en cuenta los cambios del debate sobre el tema, que se han dado en otras disciplinas.

[5] El concepto de "diferencia" ha tenido diversas interpretaciones en la filosofía moral y política, al igual que en los movimientos feministas. Inicialmente se asociaba a tesis esencialistas, según las cuales había una naturaleza única en las mujeres o en algún grupo particular; posteriormente el concepto de "identidad" y el de "diferencia" adquirieron otro sentido. La identidad pasó a ser un concepto más complejo atinente a la comprensión de las biografías e historias particulares como textos narrativos en los que se podrían especificar cualidades permanentes fuera de contexto. En el feminismo este cambio se dio básicamente al presentarse nuevamente el debate de las "diferencias" dentro de los movimientos femeninos. Las negras, las mujeres trabajadoras, las lesbianas, etc., empezaron a reclamar el no ser consideradas en las descripciones que inicialmente se proponían para resaltar las especificidades de las mujeres. Estas protestas en el movimiento feminista, que exigían la consideración de factores como la raza, la clase social, el origen étnico y la orientación sexual, coincidían con otras conceptualizaciones sobre el problema de la identidad (en especial de la antropología y la sociología). De esa manera, la "identidad" y las "diferencias" pasaron a ser múltiples, y los movimientos sociales empezaron a proponerse desde las múltiples alianzas de grupos distintos. Usualmente la perspectiva de Gilligan se ha asociado a las primeras expresiones del movimiento feminista, pero en realidad su propuesta

El debate Kohlberg-Gilligan

La defensa de la "diferencia" implicó un ataque contra las éticas cognitivistas y formalistas de las posiciones tradicionales de la filosofía moral. El ataque contra los juicios morales entendidos según el modelo de las reglas de la geometría llevó al rescate de lo narrativo y a la defensa de juicios contextuales y "encarnados" en tradiciones particulares. El desarrollo paralelo de las discusiones de filosofía moral, las ciencias políticas y la psicología nos permitirá interpretar la polémica Kohlberg-Gilligan como un debate más allá de las diferencias de género o ciertas precisiones metodológicas. Kohlberg y Gilligan habrán de presentarse como dos símbolos de la psicología sobre los que se ha erigido un debate que desborda muchas de sus ya clásicas formulaciones. Ampliando el contexto de algunas formulaciones sobre lo moral, habremos de dar una nueva interpretación a este debate que debe ser considerado como punto visible de una polémica que se extiende sobre múltiples autores y textos.

La polémica Kohlberg-Gilligan reeditó un ya clásico debate entre las teorías deontológicas y las teleológicas, cuyos ejemplos han variado, ya que las referencias a las minorías han dado un nuevo sentido a la consideración de lo moral y el concepto de dignidad se ha emparentado a nuevas concepciones de lo que es el prójimo y lo diferente.

En este artículo habremos de abordar diferentes aspectos que tienen relevancia tanto filosófica como psicológica,

---

fundamental era señalar la existencia de una voz diferente, independientemente de si se daba con más frecuencia en las mujeres. En este artículo presentaremos la teoría de Gilligan con una preocupación psicológica y filosófica, sin hacer mención del impacto que sus planteamientos tuvieron en los movimientos o la filosofía feministas.

y que presentaremos de modo complementario, sin una marcada diferenciación entre las dos disciplinas, para resaltar algunas de las implicaciones que supone proponer diversas orientaciones morales para abordar el fenómeno ético.

El debate Kohlberg-Gilligan en su sentido original

En este apartado expondremos de manera sintética las posiciones de Kohlberg y Gilligan y sus primeras versiones teóricas formuladas dentro de la psicología. Luego presentaremos conceptualizaciones que permitirán darle otro sentido a la consideración de las diferencias, idea formulada de manera bastante elemental en la obra de Gilligan.

El modelo estructural del desarrollo moral

Lawrence Kohlberg es el autor más representativo dentro de la teoría genética estructural en el campo moral. Kohlberg (1974; 1976a; 1995a; 1995b; 1995c; Kohlberg, Levine y Hewer, 1995; Kohlberg y Candee, 1995; Kohlberg y Elfenbein, 1975) intenta exponer una teoría psicológica del desarrollo moral basándose fundamentalmente en las propuestas filosóficas de Kant, John Rawls y Hare[6], y en modelos cognitivo-evolutivos, como los de Piaget, Mead y Selman.

---

[6] En ética, las formulaciones de estos autores se conocen como teorías deontológicas. Estas teorías éticas se formulan alrededor del problema del deber en sí mismo, independientemente de las consecuencias o fines que persigan de manera particular los individuos o sociedades particulares. La fundamentación de los juicios éticos se propone a partir de una capacidad racional que opera en términos universales y formales.

El debate Kohlberg-Gilligan

Kohlberg retoma de Piaget el modelo de desarrollo entendido como el proceso de sucesivos equilibrios; asimismo, Kohlberg toma del mismo autor la idea de que el desarrollo debe ser entendido en estadios caracterizados por organizaciones totales y universales; los estadios habrán de sucederse siempre en la misma secuencia y ningún estadio puede ser saltado en el desarrollo. En una teoría estructural como la de Piaget y Kohlberg debe realizarse inicialmente una diferenciación entre *competencia* y *actuación*. La *competencia* hace referencia a una capacidad universal del sujeto que garantizaría su razonamiento coherente a través de una infinidad de situaciones particulares; la *competencia* hace alusión a un sujeto ideal que, operando con independencia de los contextos particulares, podría disponer del mecanismo para descifrar el funcionamiento de un conjunto extenso de situaciones específicas. Para Kohlberg y Piaget, esta competencia es descrita con términos formales, mientras que las acciones de los individuos se pueden expresar gracias a esa forma organizativa que permitiría caracterizar el comportamiento o la "actuación" de los individuos.

En contraposición a la competencia, se entiende la "actuación" como el desempeño realizado por los diferentes sujetos en situaciones particulares. La competencia atañe a las posibilidades o las capacidades cognitivas de un sujeto en un determinado momento, las cuales le permiten abordar cierta serie de problemas; la actuación exige como condición necesaria tales "capacidades", mas éstas no garantizan el éxito en una tarea particular. El éxito depende de otra serie de factores no necesariamente contemplados en una capacidad, que se propone para abordar una infinidad de problemas, sino en variables ligadas al contexto o a las condiciones especiales de la tarea o del sujeto que la afronta[7]. El desarrollo ha de entenderse como el proceso de diferenciación progresiva de las formas y los contenidos, y el estadio último es expresión de una mayor capacidad formal de los individuos. El estado final podría ejemplificar de forma más clara la *competencia* del sujeto para operar de un modo abstracto e independiente de las condiciones particulares.

Por esta razón, para las teorías genético-estructurales, el desarrollo habrá de evaluarse en términos de la cercanía o no de un estadio final que funge como modelo ideal de funcionamiento. Cuanto más desarrollado esté un sujeto, más habrá de operar independiente y autónomamente, lejos de las influencias de contextos o contenidos particulares.

Esta concepción del desarrollo aplicada al terreno moral lleva a Kohlberg a proponer la justicia como el criterio moral propio de un estadio final, el cual a su vez habrá de funcionar como modelo para la comprensión del juicio de los sujetos humanos que puedan ser ubicados en niveles anteriores de razonamiento. Retomando a Kant, Rawls y Hare, Kohlberg entiende lo moral como un procedimiento que le permite a un sujeto evaluar todos los eventos de un hecho

---

[7] El distingo de la filosofía racionalista entre la razón trascendental y los sujetos psicológicos se expresó en el siglo XX como separación entre competencia y actuación (en la expresión de Chomsky) o entre lo estructural o formal y el contenido, o como la diferencia entre sujeto epistémico y sujeto psicológico. Estas variadas formas de expresión presentes en diferentes disciplinas coinciden al formular, como objeto de la ciencia, modelos formales para dar cuenta de características universales del ser humano; lo que permanece externo a la formalización es parte del conocimiento cotidiano, con el cual no se puede hacer generalizaciones ni descripciones del mecanismo que daría cuenta del comportamiento humano.

El debate Kohlberg-Gilligan

moral, de acuerdo con criterios de universalidad, imparcialidad y equidad.

La autonomía lograda en los estadios últimos del desarrollo indica que el sujeto dispone de instrumentos más potentes para el entendimiento del mundo y de sus semejantes. El último estadio del desarrollo reflejaría la postura ética propuesta por los autores citados anteriormente; una ética basada en principios universales, que haga mención al respeto de las libertades individuales, sólo sería posible al final de un proceso donde los sujetos han podido desarrollar formas de conocimiento descentradas e indiferentes a las contingencias particulares[8].

El último estadio asume en Kohlberg un doble papel. Por un lado, sería un estadio con un sentido filosófico más que

---

[8] El concepto de principio realmente no es idéntico en los autores en los que se basa Kohlberg. Para Kant (en su ánimo de buscar un fundamento en una razón trascendental), el principio es más un proceso formal, sin ninguna referencia a contenidos materiales particulares; asimismo, su concepción de principio está ligada de manera estrecha a una concepción de deber y obligación con la que estaba ligada estrechamente la reflexión ética. Para Rawls, los principios están ligados a derechos particulares propios de una sociedad democrática moderna. Para Hare, los principios son sólo reglas generales que pueden ser formuladas de manera imperativa y con total independencia de juicios de carácter descriptivo. El análisis de este ultimo autor tiene más un carácter metaético, donde "principio" se equipara a una formulación con carácter general. Los dos primeros autores, en cambio, hacen su formulación dentro de preocupaciones normativas, es decir, proponen postulados con carácter práctico.

Este análisis no es suficientemente explícito en la obra de Kohlberg, por sus claros intereses psicológicos. Para el desarrollo de este artículo no es necesario profundizar en las diferentes conceptualizaciones que puedan haber influenciado la obra de Kohlberg, ya que el objetivo es analizar la manera como se consideran de manera general los juicios de justicia.

psicológico, y por otro lado, permitiría justificar la direccionalidad de todo desarrollo moral de los sujetos.

En cuanto al valor filosófico, en el sexto estadio de desarrollo moral (que ha de considerarse como estadio final del desarrollo moral) se expresa, según Kohlberg, una discusión sobre cómo ha de entenderse lo moral, de tal manera que de ahí puedan derivarse los criterios para la descripción y el estudio empírico. La discusión sobre lo bueno y lo correcto éticamente habrá de ser abordada de manera no empírica, de modo que pueda decidirse sobre la función prescriptiva de un determinado juicio. Sólo tomando una posición inicial respecto a cómo entender lo ético podrá clasificarse ese estado ideal de razonamiento hacia el que el desarrollo de los seres humanos ha de tender.

Un ejemplo permite ilustrar lo dicho. Si se nos solicita tomar una posición respecto a uno de los sucesos más aterradores de la historia humana, la existencia del campo de concentración de Auschwitz y las políticas que sustentaron su creación, nos veríamos en la necesidad de recurrir a argumentos no empíricos para evaluar moralmente ese fenómeno. No podríamos considerar lo incorrecto o lo aterrador del caso expuesto recurriendo a lo que las personas piensen de los nazis, tampoco retomando las percepciones de los alemanes sobre los judíos a mediados de siglo, o analizando la situación de Alemania en esa misma época (tal vez esto sea importante para explicar por qué se dieron hechos de esta naturaleza, pero es irrelevante para proponer criterios de evaluación normativa), o la historia particular de los judíos. Los hechos empíricos nos muestran que Auschwitz sucedió o nos ilustran por qué cierta cantidad de personas apoyó, participó o se hizo cómplice en este genocidio, pero no nos

El debate Kohlberg-Gilligan

dicen por qué Auschwitz es una de las mayores afrentas a la dignidad y la moralidad humanas. Los hechos no nos dicen por qué debemos evitar que Auschwitz vuelva a presentarse en la historia humana. El sentimiento que genera rechazo a fenómenos de este tipo, y que se asocia a ciertas obligaciones de consideración de los seres humanos y a la necesidad de asegurar el respeto a su dignidad, debe fundamentarse en otro tipo de conceptualizaciones, distintas de las propias del trabajo empírico[9].

Las teorías de la ética normativa sobre las que se basa Kohlberg son las de Kant y Rawls, que abogan por una comprensión de la dignidad humana partiendo de su capacidad de decisión racional y, por ende, de su libertad. Los juicios morales deben considerarse correctos en la medida que se planteen en términos de procurar el respeto de los otros y de asegurar condiciones de igualdad para que todos sean juzgados bajo los mismos criterios y se les aseguren unas condiciones mínimas donde sus proyectos personales puedan desenvolverse sin ninguna intromisión.

---

[9] La separación entre lo ético (entendido en este artículo en relación con la filosofía) y lo empírico es parte de la función asignada tradicionalmente a la filosofía como disciplina encargada de la fundamentación, que en sentido "ilustrado" corresponde a la formulación de discursos primeros, de donde habrían de derivarse todas las demostraciones y aplicaciones particulares. El fundamento, como reemplazo del sentido religioso, sería aquel principio de las cosas que no exige remisiones a otros eventos o a principios anteriores. En la "ilustración", esa función de fundamentación la asume una razón no afectada por la historia, que tendría la tarea de justificar el sentido de ciertas afirmaciones enunciadas temporalmente. En términos éticos, sólo una razón que se propone como universal podría dar cuenta de eventos que están marcados por las contingencias históricas o personales de individuos particulares.

Esta concepción ética hecha en el campo filosófico[10] se propone en la teoría de Kohlberg como parámetro desde donde se evaluarán las argumentaciones de los seres humanos. El cómo argumentan moralmente en la vida cotidiana los seres humanos será un problema propio de una disciplina empírica como la psicología. La filosofía moral permitirá establecer un estadio final del desarrollo, al que se acercarán los individuos en la medida en que hayan logrado alcanzar los estadios más complejos en el desarrollo.

En la medida en que los sujetos puedan pensar en términos universales y sean capaces de considerar los principios de la justicia en sus argumentaciones morales, podrían ser clasificados en los estadios más avanzados del desarrollo; pero a la par que esta concepción del juicio moral posibilita identificar cómo funcionarían los sujetos con mayores capacidades morales, permitiría analizar las limitaciones en la argumentación moral de las personas con menor desempeño. Sólo clarificando y tomando posición con el estadio final deseado y justificado filosóficamente podrá entenderse el juicio moral de los seres humanos; los estadios anteriores a ese estadio final esperado diferirán de éste en su menor capacidad de abstracción y en su menor capacidad de realizar juicios universales e imparciales.

---

[10] Obviemos que Rawls insistió luego en que su propuesta era más parte de la filosofía política en sentido estricto que de la filosofía moral. Con esto quiso hacer énfasis en que su propuesta sólo se refería al espacio de las interacciones sociales que tenían que ver con el problema de la justicia redistributiva y, más aún, con la justicia distributiva propia de las sociedades democráticas occidentales. Su propuesta, entonces, no pretende servir de fundamento a otros espacios no políticos, como el aborto, las promesas, la lealtad, la sinceridad, la eutanasia, etc.

El debate Kohlberg-Gilligan

Cuanto más alejados los juicios morales del estado ideal de razonamiento, serán cada vez más concretos y dependientes de las relaciones particulares de los sujetos y de sus intereses y necesidades. La concepción de desarrollo de Kohlberg, como ya se dijo, la marca una vección expresada por un eje de abstracción-concreción. Cuanto más elemental sea el razonamiento de un sujeto y más se ubique en los momentos iniciales de la escala de desarrollo, sus juicios se verán afectados más fácilmente por necesidades e intereses más inmediatos y concretos. En la medida en que el sujeto logre liberarse de esta influencia heterónoma y pueda operar con procedimientos de carácter universal, podemos hablar de que su mayor complejidad psicológica se refleja en la cercanía con las formas de razonamiento filosófico propuestas como ideal.

En las éticas deontológicas cree hallar Kohlberg el método para el juicio moral, con el cual alguien podría establecer lo correcto y lo justo de una situación. Este método, fundado en principios, no conduce a un acuerdo sobre un valor particular, pero garantiza un procedimiento racional para un juicio moral. Un aspecto importante es la imparcialidad, la cual es entendida como la toma de posición que considera los intereses de todos los participantes en un problema moral, sin que ejerza una particular influencia en el juicio la perspectiva personal. Este método, que procede de Kant y Rawls, habrá de proponerse a partir de sus posibilidades de universalidad, prescriptivismo, reversibilidad y validez general (Kohlberg y Candee, 1955)[11].

---

[11] El concepto de imparcialidad como criterio de la concepción moral liberal se encuentra tanto en las éticas deontológicas de corte kantiano como en las posiciones utilitaristas. A pesar del marcado apoyo dado por

El proceso para llegar a este estado final de juicio moral, Kohlberg lo establece en los siguientes niveles y etapas, que expongo aquí de manera resumida.

Nivel preconvencional: abarca a niños de cuatro a diez años, algunos adolescentes, adultos y también algunos criminales. Los valores morales se consideran algo externo, el niño responde a rótulos de bueno o malo, pero los interpreta en términos de consecuencias físicas o hedonísticas de la acción, de manera que las reglas y expectativas sociales son externas al yo.

Estadio 1: orientación al castigo y a la obediencia. En ese estadio las consecuencias físicas determinan si la acción es buena o es mala, sin tener en cuenta el significado humano o el valor de tales consecuencias.

Estadio 2: orientación instrumental relativista. La acción correcta es la que satisface las necesidades propias y ocasionalmente las de otros.

Nivel convencional: en la mayoría de los adolescentes y los adultos predomina una perspectiva de miembro de la sociedad, de manera tal que el yo se ha identificado con las reglas y las expectativas de otros o las ha interiorizado, en especial las de la autoridad.

Estadio 3: orientación de concordancia interpersonal. Tiene que ver con expectativas interpersonales mutuas. Ser bueno es complacer, ayudar a otros y ser aprobado.

él a las posturas deontológicas, Kohlberg expone la imparcialidad en referencia directa a Hare, en quien puede verse una influencia utilitarista. En este concepto, al igual que en sus conceptos de "universabilidad", de "prescriptivismo" y de principios morales, se observa alguna influencia de la obra de Hare en la conceptualización de Kohlberg.

El debate Kohlberg-Gilligan

Estadio 4: orientación a la ley y al orden. La preocupación esencial estriba en el mantenimiento del orden social. Buen comportamiento es cumplir con el deber y respetar la autoridad.

Nivel postconvencional: en este nivel predominan los principios morales, que tienen validez fuera de la autoridad de grupos o de personas particulares. La persona define sus valores como principios autoimpuestos.

Estadio 5: se define la acción en términos de los derechos individuales y de las normas examinadas críticamente y aprobadas por su utilidad en la sociedad.

Estadio 6: de principios éticos universales. Lo correcto moralmente se define de acuerdo con principios éticos seleccionados por el sujeto, con base en la comprensión lógica, la universalidad y la consistencia.

Con tales estadios, Kohlberg buscaba distinguir las formas de argumentación de los sujetos. En estudios posteriores restó importancia al último estadio en cuanto al desarrollo psicológico y lo mantuvo asociado con el desarrollo ideal, la forma de razonamiento propia, según él, de los sujetos a los cuales proponía como paradigmas de la reflexión moral. Cristo, Gandhi y Martin Luther King son las corporizaciones del ideal moral defendido por Kohlberg. Ellos ilustran, según cree este autor, los ideales de justicia y los razonamientos imparciales y universales que todo juicio ético demanda. Con la separación del estadio seis de sus estudios descriptivos, Kohlberg intenta hacer un distingo entre la ética, entendida como la disciplina encargada de la fundamentación de lo moral, y la psicología, como disciplina empírica encargada de estudiar el desarrollo de los sujetos hacia el ideal postulado de antemano.

Ese distingo, asumido muy rígidamente en la psicología, ha llevado a que el trabajo de esta disciplina se concentre en determinar variaciones secundarias del desarrollo o establecer variables que puedan afectar un desarrollo hacia un final estipulado previamente. En este artículo, en que asumimos una posición psicológica distinta, intentaremos mostrar cómo el debate sobre la benevolencia podría conducir a criticar, en la obra de Kohlberg, sus planteamientos sobre lo moral. Aparte de hacer algunas indicaciones, el objetivo de este ensayo no es tematizar las dificultades de la concepción de desarrollo que Kohlberg, con préstamos de Piaget, propone para el campo moral; el foco central de las ideas aquí desarrolladas es el análisis de las concepciones de moral que defiende Kohlberg y las posibilidades que se abren en una perspectiva completamente distinta.

Gilligan y la moral femenina

Para la teoría estructural genética de Piaget y Kohlberg, es irrelevante contemplar las diferencias en el desarrollo debidas a variaciones culturales, sociales, educativas o de género; las diferencias entre los sujetos han de evaluarse en términos de velocidad al pasar por los estadios establecidos en términos universales; las diferencias culturales, educativas o de otro tipo sólo cumplen, o no, un papel de facilitadores de este desarrollo propuesto de antemano.

Las diferencias en la respuesta de los sujetos en un esquema de desarrollo único se interpretarán en un esquema de insuficiencia-en-el-desarrollo. Aquellos sujetos que den respuestas no esperadas para su edad y para los parámetros establecidos por la teoría estructural se habrán de clasificar

El debate Kohlberg-Gilligan

en estadios previos, debido a posibles atrasos o a regresiones en el desarrollo.

Si dentro del análisis estructural el desarrollo se entiende según un encadenamiento de estadios ordenados, según una escala de concreción-abstracción, habrá sólo dos posibilidades de interpretación de las respuestas de los sujetos: o se acercan al ideal propuesto como final del razonamiento moral o, alejándose de éste, expresan una primitiva forma de razonamiento en la cual el individuo, de una manera heterónoma, sufriría las influencias de personas o de relaciones particulares.

El hecho de que solamente un número muy reducido de seres humanos alcance el estadio más alto de desarrollo, o de que se presenten diferencias según las poblaciones analizadas, parece no inquietar a Kohlberg, y con él, a los planteamientos estructural-genéticos. Las "diferencias" de velocidad en el desarrollo serían un problema para una "teoría de la actuación", en la que habrían de comprometerse estudios que contemplarán otras variables y factores no abordados por una teoría estructural.

Que una determinada población se halle en un alto porcentaje en estadios iniciales del desarrollo moral no invalidaría su teoría, cree Kohlberg, sino que ilustraría las condiciones paupérrimas, en términos morales e intelectuales, a que se encuentre expuesta esta población. Las poblaciones diferentes no permitirían cuestionar su teoría en términos de cómo se favorece bajo su criterio cierto tipo de población, sino que más bien permitirían ilustrar cómo las condiciones de "socialización" poco favorables conducen a limitar el desarrollo de los sujetos hacia capacidades que, en el esquema kohlberiano, son claramente estrechas.

Por ejemplo, investigaciones realizadas en los años setenta y setenta (Haan, Smith y Block, 1968; Holstein, 1976) concluían que las mujeres, en su mayoría, permanecían en un estadio tres de desarrollo moral, mientras que los hombres alcanzaban el estadio cuatro de ese mismo proceso. Este resultado, que reflejaba un precario desarrollo femenino, era comentado por Kohlberg en los siguientes términos:

> La estabilización del pensamiento moral debe interpretarse como un proceso de "socialización", y no de la teoría moral. Esto se sugiere para plantear que el pensamiento del nivel convencional, que en la edad adulta se estabiliza, depende del rol sexual asignado socialmente. De los jóvenes que en la secundaria se encontraban en el estadio 3, sólo 6% permanecen en él en la edad adulta inicial, mientras que el resto cambia al estadio 4. Al contrario, el estadio 3 en las mujeres parece ser un estadio más estable. Mientras en la secundaria se encuentra el mismo porcentaje de jóvenes y niñas en el estadio 3, en las poblaciones universitarias analizadas por Haan, Smith y Block se encuentra el doble de mujeres, en relación con los hombres, en este estadio. Incluso, en la muestra de padres analizada por Holstein es más notoria esta diferencia. En este estudio se encuentran cuatro (4) veces más mujeres que hombres en el estadio 3. En otras palabras, si las mujeres asumen el rol de madres después de la secundaria o la universidad, permanecen en número considerable en el estadio 3, mientras que los hombres avanzan hacia estadios superiores. La moral de la armonía personal es funcional para madres y amas de casa, pero no para los hombres de negocios o los profesionales [Kohlberg y Kramer, 1995: 63].

El debate Kohlberg-Gilligan

Esta cita de Kohlberg refleja lo que ya habíamos planteado antes, las diferencias se interpretan según una escala de mayor o menor desarrollo. Las mujeres (otros estudios señalan el bajo puntaje en las mismas pruebas de los negros, latinos y personas de otras culturas o de bajo nivel social) estarían en estadios más primitivos que aquellos alcanzados por los hombres. Independientemente del esfuerzo de Kohlberg por dar explicaciones sociales a este "retraso" en el desarrollo femenino, es claro que la diferencia sólo se habrá de entender en su teoría como insuficiencia. De manera contraria, ante los datos de las mujeres presentados anteriormente, puede sugerirse una interpretación diferente: o las mujeres o sujetos sometidos a circunstancias desfavorables permanecen en estadios elementales del desarrollo, o los criterios de la teoría kohlberiana favorecen a poblaciones determinadas.

La segunda alternativa propondría, en vez de considerar los juicios éticos en la perspectiva única de la justicia, una orientación moral distinta, que permitiría incorporar en el estudio de la moral la comprensión de la "diferencia", entendida ya no como insuficiencia de un camino único de desarrollo estipulado de antemano, sino como consideración de las particularidades de las diferentes poblaciones.

Carol Gilligan es precisamente la autora que propone esa segunda interpretación de las diferencias sexuales. Las mujeres poseen (según sus primeras formulaciones) una orientación moral que esta autora denomina "ética del cuidado y de la responsabilidad" (Gilligan, 1984, 1991, 1993). La ética del cuidado como orientación moral parte de la consideración de individuos concretos y de la conservación de relaciones entre individuos particulares. Además, esta orientación moral incluye el concepto de responsabilidad y la no violencia como criterios fundamentales del juicio (Gilligan, 1984, 1993, 1991; Gilligan y Wiggins, 1993; Maihofer, 1988).

Gilligan cree, al igual que Kohlberg, derivar de principios universales sus criterios para el estudio del desarrollo moral de los individuos. La benevolencia y el bienestar son las categorías que, como en la propuesta de justicia de Kohlberg, podrían proponerse como ideal ético, al cumplir los requerimientos exigidos a los principios morales. Según ella, una psicología que contempla el desarrollo en la perspectiva de la autonomía de los individuos y la ausencia de vínculo en éstos no podría aclarar el problema de la racionalización[12]. Incluso una teoría moral que entiende el progreso en la dirección de la igualdad y la recíproca consideración, piensa nuestra autora, corre el peligro de confundir objetividad con desprendimiento y conducir la moral a un proceso de extrañamiento (Gilligan y Wiggins, 1993; Gilligan, 1993).

Para evitar este proceso de desprendimiento y extrañamiento, Gilligan propone su ética del cuidado, la cual permitiría considerar el bienestar de las personas que habrían de ser afectadas por las decisiones morales. Las consecuencias para mi vida, para el futuro de mis hijos y las próximas

---

[12] Aparte de tomar algunos estudios psicoanalíticos que proponían un proceso de identificación y de constitución de la identidad diferentes en los hombres y las mujeres (me refiero a las tesis de Chodorow), y de una particular idea de racionalización, Gilligan expone una serie de hechos que le permitirían "sustentar" la necesidad de una concepción ética diferente, en donde no haya primacía masculina. Según Gilligan, el hecho de que la mayoría de la población carcelaria sea masculina y que las más frecuentes denuncias de abusos cometidos contra los niños se hagan contra los hombres, debe ser razón suficiente para proponer una ética femenina como nuevo criterio de desarrollo moral.

El debate Kohlberg-Gilligan

generaciones, de las que no se puede esperar un trato recíproco, representan un nuevo aspecto que una teoría moral debería tener en cuenta. Esta consideración de los otros, en términos de su bienestar, habrá de incluir necesariamente la responsabilidad como un componente esencial del juicio. El cuidado como orientación moral exige la consideración del agente en un contexto específico, sus intereses y perspectivas, a la vez que las consecuencias que habría de tener una determinada decisión moral. La responsabilidad y la consideración de los participantes en un determinado conflicto representan un componente esencial de una ética del cuidado; ética que aspira al mantenimiento del equilibrio en las relaciones de sujetos específicos, sin ocasionar ningún perjuicio a ninguno de los sujetos ni a sus relaciones.

La orientación moral propuesta por Gilligan ha generado una variedad de escritos que giran en torno de diversas interpretaciones de su teoría. Una de estas polémicas se ha centrado en la diferencia de los sexos para el razonamiento moral. Otros autores han querido analizar con profundidad su aporte y han interpretado la oposición Kohlberg-Gilligan como una versión psicológica de la polémica que se presentó en la filosofía entre el liberalismo y el comunitarismo[13].

---

[13] La consideración de una ética no formalista, calificada como ética del cuidado, de la compasión, de la piedad, del amor, o con denominaciones similares, es bastante antigua en las discusiones filosóficas. La importancia de Gilligan no está en haber recordado una discusión ya antigua, sino en evidenciar cómo la idea de justicia conducía a discriminaciones contra poblaciones particulares a la vez que presentaba una idea de progreso y de autonomía que restringía el proceso de entendimiento de lo moral. El planteamiento de Gilligan ha sido interpretado de muchas maneras en el movimiento feminista. En los años setenta sirvió como argumento

295

Para tomar una posición al respecto ilustraremos cómo se han presentado varias de estas discusiones, lo que nos permitirá ampliar nuestra comprensión del campo moral.

¿LA JUSTICIA Y LA BENEVOLENCIA (DESEO DE BIENESTAR).
HABRÁN DE CONSIDERARSE COMO PRINCIPIOS UNIVERSALES?

Aunque tanto Kohlberg como Gilligan plantean sus respectivos conceptos éticos como principios morales universales de los cuales habrán de ser derivadas las normas, sustentan sus argumentaciones sobre tradiciones y discusiones éticas diferentes. Kohlberg, basado en las formulaciones de Kant, Hare y Rawls (Kohlberg, 1995a; Kohlberg, Levine y Hewer, 1995), caracteriza un principio moral conforme a una capacidad racional que posibilita que un sujeto tome decisiones de carácter universal, libre de intereses personales y particulares; al contrario, el concepto de benevolencia[14] se refiere a las relaciones entre los hombres y al interés en propiciar el bienestar en los seres humanos[15].

---

para las posturas radicales que reclamaban una comprensión distinta de lo femenino. Posteriormente, a la par de otros debates éticos, la teoría de Gilligan fue retomada para cuestionar los criterios de justicia, en cuanto recursos para caracterizar lo moral, como las propuestas cognitivas y formalistas de la ética. Algunas de estas interpretaciones habrán de ser tenidas en cuenta para exponer las implicaciones de esta teoría en el ámbito psicológico.

[14] En español esta palabra ha variado su significado original. En sentido estricto, habrá de entenderse como deseo (voluntad) del bienestar del otro.

[15] Para algunos analistas el concepto de benevolencia tuvo sus inicios en Hegel (Althof y Garz, 1986); otros hallan su origen en la obra de Hume y el pragmatismo (Baier, 1993; Rorty, 1994); para otros, el concepto adquirió una expresión clara y novedosa en la fenomenología (Dreyfus, 1993)

El debate Kohlberg-Gilligan

El hecho de referirse a una situación ideal tiene, en la obra de Kohlberg, el sentido de expresar la idea de la imparcialidad, la que habrá de garantizar que el juicio moral adquiera un carácter universal. De esta forma, los juicios de justicia deben considerar los diversos intereses que toman cuerpo en una situación particular, asegurando así un equilibrio entre las distintas perspectivas que hacen parte de un problema de carácter moral. El juicio de justicia incluye la capacidad de ponerse en el lugar del otro, un ponerse en el lugar de otro que sólo es posible cuando el sujeto en sus estadios más avanzados puede comprender hipotéticas tomas de roles[16] (Kohlberg y Elfenbein 1975).

---

o incluso en el postmodernismo y el comunitarismo (Pauer-Studer, 1993; Jaggar, 1993; AissenCrewett, 1992; Bublitz, 1992). Para los autores citados, el trabajo de Gilligan introdujo en la psicología una discusión que en la filosofía se presentaba hacía ya algún tiempo. Incluso algunos muestran la radicalidad, a pesar de la misma Gilligan, que el concepto de benevolencia habría de traer para las discusiones psicológicas.

[16] Se llega ser un "observador imparcial" (habida cuenta de las capacidades cognitivas y sociales, como prerrequisitos del juicio moral) a partir de los principios universales que garantizan la igualdad y la dignidad de los seres humanos. El respeto a las libertades de los individuos, la igualdad de oportunidades como condición necesaria para participar en el juego social y la equidad en la distribución de los bienes sociales, junto a la consideración del ser humano como un fin en sí mismo, son los criterios que deben tenerse como garantía para que todos los sujetos puedan desarrollar en igualdad de condiciones sus proyectos y planes particulares de vida. La imparcialidad entraña la consideración de todas las posibilidades de existencia humana, siempre y cuando no afecten –según los principios básicos– el libre desarrollo de los otros proyectos humanos. Se es imparcial en cuanto a los proyectos morales específicos pero no en relación con esas normas universales que les permiten a todos participar en igualdad de condiciones.

Si, para Kohlberg, el concepto de justicia requiere un individuo autónomo liberado –al igual que un juez ideal– de pasiones, de intereses y de motivaciones personales, para el concepto de benevolencia la consideración de los *ethos* particulares es una condición indispensable en la formación de juicios éticos. Esta última concepción ética contempla, entre sus juicios, el bienestar, la lástima, el amor, la preocupación altruista por el prójimo (Frankena, 1991).

Este primer distingo entre las propuestas de Kohlberg y Gilligan exige una ampliación de las premisas básicas de cada programa de investigación que se resisten a aceptar datos o conclusiones empíricas, referidas a hipótesis particulares o secundarias. Así, con independencia de las correlaciones de las dos orientaciones morales con otros factores o variables, es preciso ilustrar todo el edificio argumental de las posiciones que defienden, cada una, determinada teorización del fenómeno ético-moral. El concepto de justicia en Kohlberg se relaciona estrechamente con modelos formales, con la diferenciación entre formas y contenidos y la representación del desarrollo como un proceso progresivo de mayor abstracción y autonomía del sujeto. Esta concepción del desarrollo y de la moral está estrechamente relacionada con lo que Kohlberg llama la vía cognitivo-evolutiva, es decir, la conceptualización piagetiana del desarrollo. Éstos son los puntos que habrán de polemizarse para poder contemplar las diferencias entre las teorías de Kohlberg y Gilligan.

En las éticas de corte kantiano, la caracterización de lo moral en términos universales va acompañada de una postura cognitivista, individualista y formalista. Es decir, la consideración de lo ético sólo se hará posible en esta perspectiva si se formula de una manera tan general y abstracta que lo

El debate Kohlberg-Gilligan

moral sea parte de un procedimiento por seguir si se desea evaluar decisiones morales particulares. Los individuos han de disponer de una serie de principios que deberían considerar en cualquier situación para evaluar o tomar una decisión ética particular; así, lo universal se contempla en función de un proceso formal que el sujeto realiza como una operación de deducción geométrica.

Las éticas que postulan la benevolencia o el cuidado, si bien postulan esos conceptos de carácter universal, no operan con ellos como procesos formales ni atribuyen a los sujetos capacidades racionales que lleven a juicios imparciales. Los juicios han de ser juicios narrativos en los que cada acto de interpretación se propone como un acto que busca el entendimiento. Conforme a esa consideración hay que anotar que en este aspecto Gilligan no se mostró lo bastante consciente y radical, ya que pretendía formular criterios diferentes de desarrollo pero bajo el mismo esquema kohlbergiano. Es decir, proponía el desarrollo en términos de un proceso de autonomización y de elaboración de juicios con carácter imparcial[17].

Sea en términos del respeto por las diferencias, del reconocimiento recíproco o del deseo de bienestar del prójimo,

---

[17] En un texto posterior *("Die verlorene Stimme")* escrito con Lyn M. Brown, Gilligan abandona la concepción del desarrollo en términos de estadios orientados hacia una mayor abstracción y propone el desarrollo como un proceso de dominio de problemáticas particulares. En este texto analiza casos particulares de mujeres que en la solución de sus conflictos de vida amplían sus campos de comprensión del mundo y de su propia vida; en este texto se refleja ya un total distanciamiento con las concepciones del desarrollo kohlberianas y desarrolla una concepción que sería más coherente con sus formulaciones sobre los juicios morales.

la benevolencia ha de formularse en relación con todos los seres humanos. Es decir, hay que distinguir las necesidades particulares de cada sujeto y la formulación general debe tener en cuenta las necesidades de todos los individuos y su dignidad. En este último caso estamos formulando un principio con carácter universal. Por lo tanto, el concepto de una ética de la benevolencia o del cuidado se plantea como un criterio universal conforme al cual han de evaluarse los juicios y las decisiones morales.

Tanto la justicia como la benevolencia pueden ser formuladas en términos universales, mas no necesariamente en términos formales ni cognitivos. En esos dos puntos surgen las oposiciones entre Kohlberg y Gilligan[18].

Podemos concentrar nuestro análisis sobre los aspectos referidos a cómo caracterizar los juicios morales, ya que en ellos se evidencian con mayor claridad las diferencias entre Kohlberg y Gilligan y se deja ver que la teoría de Gilligan es más que una teoría referida a las diferencias de género[19].

---

[18] El concepto de "lo universal" no es uniforme en las discusiones éticas. Las éticas deontológicas lo vinculan a sus conceptos de lo formal, lo cognitivo y lo imparcial. Para otros autores, que retoman algunas ideas aristotélicas (Martha Nussbaum, por ejemplo), lo universal no se asocia con lo cognitivo ni con lo formal, sino que más bien se entiende en relación con criterios de semejanza referidos a ciertas situaciones particulares. Nos excusamos de abordar este debate, ya que para los propósitos del presente artículo resulta innecesaria su tematización.

[19] La discusión entre Kohlberg y Gilligan tuvo cambios bastante fuertes; inicialmente, Kohlberg, repitiendo argumentos kantianos y rawlsianos contra el utilitarismo y las éticas teleológicas, descalifica la teoría de Gilligan por carecer de "fundamentación" ética. El aborto (tema inicial de estudio de Gilligan) obedecería a problemas que atañen a personas y grupos particulares y, por tanto, no tendría carácter universal, ni permitiría

El debate Kohlberg-Gilligan

LA OPOSICIÓN FORMA-CONTENIDO Y LA VIDA SOCIAL COMO
PUNTOS DE PARTIDA PARA ENTENDER EL FENÓMENO MORAL

La propuesta estructural de Kohlberg
y el análisis de las formas y los contenidos

La concepción de Gilligan ha sido utilizada e interpretada de múltiples formas por posturas feministas y movimientos sociales (Nagl-Docekal, 1990; Nagl-Docekal, 1992; Maihofer, 1988; Bellenky, Clinchy, Goldberger y Tarule, 1991); sin embargo, parece existir un consenso en la idea de que su propuesta teórica abrió los caminos para el entendimiento de la psicología moral.

Nagl-Docekal (1992, 1993) afirma que la teoría de Gilligan brindó la posibilidad de entender la moral según el punto de vista de la sensibilidad al contexto y la narratividad, no en función de la postura que reclama una validez universal o un nivel de abstracción para evaluar los juicios. Según él, la teoría de Gilligan se orienta a las relaciones y los vínculos

---

establecer juicios en términos de imparcialidad y justicia. Luego Kohlberg considera el concepto de la benevolencia y del cuidado como complementario, pero operando en niveles psicológicos y en espacios de "actuación". Gilligan, de igual manera, después de defender una postura radical que abogaba por las diferencias sexuales, acabó proponiendo su concepto de benevolencia en términos de una orientación moral que las mujeres y los hombres poseían a la par de la orientación de la justicia. El debate que habremos de presentar intentará mostrar que, independientemente de diferencias sexuales, o de niveles de abstracción, el concepto de la benevolencia amplió el debate moral más allá del problema del deber y los derechos, e incluso mostró la posibilidad de realizar la "fundamentación" en términos diferentes de los referidos a una capacidad racional ejercida en procedimientos de argumentación.

301

entre los seres humanos, hacia los sentimientos de empatía y el deseo de bienestar, y no hacia el distanciamiento de los otros ni hacia los juicios "descarnados".

De igual manera, Pauer-Studer (1993) y Friedman (1993) resaltan que la teoría de Gilligan, al contrario de las teorías que se interrogan por el deber y por el derecho, concentra su atención en la pregunta por lo "bueno", la empatía, el altruismo y el bienestar del ser humano.

Para Kohlberg, por el contrario, esta posición de Gilligan debería interpretarse como una postura relativista, que se habrá de expresar de manera no sistemática y en asocio con cambiantes y particulares acontecimientos. Esta apreciación es defendida por Kohlberg, en la medida en que introduce la dimensión abstracción-concreción, donde la abstracción habría de definirse como el proceso formal que opera independientemente de las situaciones contextuales.

De esa manera, Kohlberg dirá de la teoría de Gilligan que dirige su atención a problemas de actuación moral o a decisiones personales en los que la descripción se centrará en aspectos variables sin fundamentación ética. Y en términos distintos de los referidos, citando a Boyd (Kohlberg, Levine y Hewer, 1995), sostiene que la idea de bien, al ser variada, respalda un relativismo:

> Las ideas sobre lo bueno y los ideales de perfección humana no carecen de importancia para Rawls y Kohlberg. Pero no constituyen la esencia de la moralidad ni circunscriben de forma adecuada el acertado punto de entrada en las cuestiones morales. Para ambos, la persecución del bien o de la perfección humana está subordinada a la adjudicación de las diferencias entre los individuos sobre cómo

El debate Kohlberg-Gilligan

el bien y la perfección humana se tienen que definir, fomentar y distribuir. Este punto de entrada no se puede entender, a no ser que se entienda que ellos suponen que los individuos difieren y diferirán de esa forma fundamental. Esta suposición del conflicto humano se basa en una creencia fundamental: que el bien, incluso para un individuo, no es uno, sino pluralista... la elección del bien se considera fundamentalmente subjetiva y pluralista y el punto de vista moral se considera como búsqueda de la objetividad, interpersonal y adjudicataria [Boyd citado por Kohlberg, Levine y Hewer, 1995: 301].

Esa "objetividad" la garantiza, según Kohlberg, una postura estructural que incluye la imparcialidad y la reversibilidad operatoria. La justicia es la orientación moral que cumpliría esos requerimientos y que a la vez asumiría la condición necesaria para los juicios y las acciones particulares[20].

Para resumir, que Piaget y nosotros nos centremos en la moralidad como justicia deontológica surge de un número de consideraciones metaéticas. Primero, deriva de nuestra concepción prescriptiva del juicio moral; dicho de otra manera, nosotros nos centramos menos en las interpreta-

---

[20] Como lo afirmamos en otra parte, esta argumentación de Kohlberg y sus colaboradores repite las argumentaciones de las éticas deontológicas contra las éticas "perfeccionistas" y consecuencialistas. El supuesto de esta argumentación es que las discusiones se fundamentan en una capacidad "racional" o caen en el relativismo. Intentaremos mostrar cómo algunas conceptualizaciones (donde creemos podría ubicarse el trabajo de Gilligan sobre la narratividad) no aceptan estos supuestos, al cuestionar las oposiciones entre las formas y los contenidos.

303

ciones de los hechos contingentes, y más en aquellas interpretaciones que expresan orientaciones universalizables o de "deber"[21]; otra razón para centrarnos en la justicia es nuestro interés por una vía cognitiva o "racional" a la moralidad. Esto es cierto en parte, en el sentido de que la justicia pide razones y justificaciones "objetivas" o racionales para una elección, más que satisfacerse con compromisos subjetivos, "decisionistas", personales, hacia fines y otras personas... Quizá la razón más importante para centrarnos en la justicia es que es la característica más estructural del juicio moral. Para Piaget y para nosotros, la justicia es la estructura de interacción interpersonal. Las "operaciones" de justicia, de reciprocidad y de igualdad en la interacción son paralelas a las operaciones lógicas o las relaciones de igualdad y reciprocidad en el campo cognitivo no moral [Kohlberg, Levine y Hewer, 1995: 300-301].

La justicia como imparcialidad[22] se propone, desde las éticas deontológicas al estilo de Kant, para sugerir que los

---

[21] En la filosofía analítica, Hare propone, en contra de Stevenson y Carnap y demás emotivistas (que planteaban una diferenciación entre enunciados atinentes a hechos y enunciados valorativos), que los enunciados valorativos pueden contener tanto componentes descriptivos como imperativos. Hare denomina "prescriptivos" los enunciados que poseen esos dos componentes. Esta manera de diferenciar los enunciados permitirá especificar cuáles serían las características esenciales de lo moral. Kohlberg, retomando esta conceptualización metaética, además de algunos conceptos piagetianos (como la reversibilidad), va a proponer criterios para diferenciar los juicios que tienen un carácter claramente ético.
[22] El concepto de justicia como imparcialidad es un enfoque particular que no se manifiesta en todas las posiciones. Por ejemplo, en Aristóteles, la justicia se propone como una virtud (si bien la más importante de las

El debate Kohlberg-Gilligan

juicios deben realizarse con independencia de los intereses o los proyectos que tenga un individuo o un grupo particular. En contra de las éticas perfeccionistas y consecuencialistas, que proponen como centro de las reflexiones éticas los fines perseguidos por los hombres, las éticas deontológicas intentan fundamentar la obligación moral en el ser humano, más allá de sus múltiples variaciones y sus ideas de realización y de felicidad. La obligación moral o el deber debe sustentarse de tal manera que sea posible emitir juicios que favorezcan a todo ser humano, con independencia de los fines particulares que éste persiga. Debido a que las discusiones sobre los fines del ser humano o sobre los ideales de perfección y de felicidad, a los que debe orientar su acción, son interminables, el acuerdo moral no debe buscarse en ideas de felicidad particulares o en la realización del espíritu humano. La discusión moral debe fundamentar el deber en un espacio que opere por encima de los particulares ideales de perfección, en un espacio en el cual se resalte la importancia del deber en sí mismo, más allá de las consecuencias que pueda traer el cumplimiento de las obligaciones que habrían de operar como imperativos.

La justicia como criterio moral deberá proponerse de tal manera que todos los hombres sean considerados como iguales, donde puedan encontrar las condiciones necesarias para poder desarrollar sus particulares proyectos de realización.

---

virtudes sociales) particular, que tiene que ver con la distribución de los bienes, las leyes de intercambio y las formas de aplicar los castigos. Si se plantea la justicia no como una virtud, sino como punto central de la moral, se busca resaltar la imparcialidad y los juicios universales como criterios esenciales para la comprensión ética.

La justicia debe operar de modo imparcial, en cuanto no debe tomar partido por una particular concepción del desarrollo y de la felicidad humana, sino que más bien debe proponerse de tal manera que todos los proyectos gocen de las condiciones necesarias para poder ser desarrollados.

La justicia permitiría sugerir principios para que los seres humanos sean considerados como iguales, y para que sus actos puedan ser evaluados bajo los mismos procedimientos. Para lograr esto, la justicia debe contar con una serie de procedimientos universales que permitan que todos los individuos sean tratados de igual forma, con independencia de sus creencias, sus proyectos de vida, su color o distingos de otra naturaleza.

Unido a esta concepción de justicia, Kant, Rawls, Hare, Habermas y Kohlberg procuran desarrollar algún procedimiento para establecer de manera precisa cuándo un determinado juicio es o ha sido justo. Debido a que esta concepción de justicia está estrechamente ligada con perspectivas cognitivas, el procedimiento debe proponerse para que los sujetos, como seres humanos libres, puedan apoyarse en un método que se propone con carácter universal.

Lo moral como problema de deber sólo puede plantearse en seres libres que, determinando las reglas que han de regular sus relaciones sociales, se autoimponen su cumplimiento como obligación. La moral se propone en estas éticas deontológicas como un proceso asociado al concepto de autonomía o libertad. Los imperativos o los principios morales se postulan como formulaciones abstractas de las que puedan derivarse procedimientos precisos de deducción, que actúen como guías o indicadores para que un sujeto libre y racional tome decisiones justas en su vida social.

El debate Kohlberg-Gilligan

El imperativo categórico[23], o los principios de la justicia como equidad[24], por ejemplo, se sugieren como principios de los que se habrán de derivar maneras de lograr el cumplimiento de la libertad y el establecimiento de la dignidad de las personas. A estos principios se liga necesariamente el concepto de imparcialidad, la universalidad y la concepción del ser humano como quien habrá de tomar las decisiones gracias a una capacidad cognitiva que garantiza su autonomía. La formulación de la filosofía moral se establece en un nivel de idealidad que no ha de verse afectado por la realización o no de esos modelos en los sujetos individuales reales. La propuesta ética se funda en posibilidades que deberían tenerse en cuenta para que una decisión moral pueda ser juzgada como correcta. El que las formulaciones particulares de la ética sean confirmadas por los datos empíricos que atienden al comportamiento real de los seres humanos es un aspecto secundario del debate ético. Ésta es una tarea que deben asumir otras disciplinas, como la psicología, sin que sus descubrimientos puedan afectar de manera directa estas propuestas presentadas en el campo de las éticas normativas.

---

[23] El imperativo categórico kantiano es formulado a través de dos enunciados: "trata de pensar tu máxima personal como si fuera una ley universal" y "no trates jamás a la humanidad, ni en tu persona ni en la persona de otro, como un medio, sino siempre como un fin".

[24] La justicia como equidad formulada por Rawls propone dos principios fundamentales, el primero referido al respeto de las libertades y la igualdad de oportunidades y el segundo encaminado a favorecer a todos aquellos que tienen una desventaja social, y que con el sólo cumplimiento del primer principio no gozarían de igualdad de oportunidades para competir socialmente.

Kohlberg, al aceptar esta formulación que exime a la filosofía de los contactos con la empiria, decide estudiar desde la psicología de qué modo desarrollan los sujetos humanos sus juicios morales y cómo se acercan a las maneras ideales de razonamiento propuestas por las teorías éticas. Además de abordar ese proceso de acercamiento al ideal formulado filosóficamente, Kohlberg se compromete con la tarea de especificar los procesos cognitivos que garantizarían los juicios autónomos de los individuos, así como sus evaluaciones imparciales con carácter de universales.

Al partir de los presupuestos de las éticas deontológicas, como la justicia, la imparcialidad, la autonomía, la universalidad de los juicios, y la diferenciación de formas y contenidos, Kohlberg se propone especificar los procesos psicológicos que garantizarían los juicios justos. Y habría de estudiar justamente los que permiten ver el desarrollo de los procesos de diferenciación de las formas y de los contenidos. Este proceso de diferenciación es el que hace posible entender la justicia como un juicio puramente "formal", liberado por entero de todas aquellas contingencias propias de los "contenidos" particulares.

La justicia como proceso imparcial y universal debe operar gracias a una total diferenciación de las formas y los contenidos. La "forma" en estado puro posibilita la total abstracción de las situaciones y demandas particulares y, por tanto, los juicios universales. Kohlberg ubica el racional ejercicio de la justicia como estadio ideal y final de un proceso de desarrollo ontogenético. En términos de justicia el pensamiento ha de corresponderse con las más desarrolladas formas de razonamiento en que el sujeto, liberándose de las restricciones de lo real, operaría con puras combinaciones formales.

El debate Kohlberg-Gilligan

Ese estado ideal alcanzado por pocos seres humanos[25] es el término de un proceso de diferenciación de formas y contenidos. Kohlberg, al tomar las ideas de Piaget y Mead, entiende el desarrollo del niño como un camino a la abstracción, identificado por un mayor poder de las formas cognitivas y de logro de la autonomía. Con el ánimo de precisar los procesos cognitivos y su organización "formal" (obligación clara al pretender dar respuestas de tipo "científico" a las formulaciones de la filosofía moral), retoma las conceptualizaciones piagetianas sobre las nociones de estructura y sobre su concepción generativa del conocimiento.

Los juicios de justicia sólo serían posibles gracias al operar diferenciado de formas, descritas mediante particulares modelos lógico-matemáticos. Los niveles primitivos del desarrollo, incapaces de mostrar formas de razonamiento en términos universales y abstractos, serían caracterizados como dominados por juicios "decisionistas" en que lo concreto y los intereses particulares mostrarían su influencia negativa sobre el correcto juicio de justicia. Los niveles elementales de desarrollo se expresarían por una "indiferenciación" de las "formas" y los "contenidos": las formas no operarían de manera independiente y sin toda la potencia necesaria para liberarse de restricciones externas y heterónomas[26].

---

[25] En su tesis doctoral, Kohlberg propuso seis estadios de desarrollo moral. En la medida que desarrolló su trabajo, le quitó importancia empírica a su último estadio de desarrollo (el sexto). Éste, considerado como ideal, asumió la función de servir de motivo para las discusiones sobre la fundamentación ética y de espacio y enfrentar una serie de debates sobre la justicia, la solidaridad, las éticas religiosas y de cuidado de sí mismo.

[26] Al retomar el esquema de desarrollo piagetiano, Kohlberg desea simplificar las discusiones éticas a un sencillo y único modelo del desarrollo.

La benevolencia, el deseo de bienestar para el mayor número de personas o la preocupación por las personas cercanas serían expresión de un pensamiento más elemental donde el sujeto se ve constreñido a espacios y círculos sociales más inmediatos y concretos. La propuesta de Gilligan y, con ella, la de las éticas del bienestar, serían expresión de formas de razonamiento más elementales, un argumento coherente con la mayor presencia de las mujeres en estadios de razonamiento similares a los niños de nueve años[27].

Así simplifica la concepción utilitarista (podríamos decir lo mismo de las éticas cristianas o de la regla de oro), al identificarla con una forma de razonamiento más primitiva. Afirmamos que es una simplificación, ya que si utilizáramos el concepto de universalización, o su concepto de la argumentación cognitiva, el utilitarismo podría ser ubicado como una expresión de las formas más elaboradas de razonamiento ético.

[27] El esquema abstracto-concreto propio de la psicología estructuralista lleva a Kohlberg a referirse a la teoría de Gilligan (y a otras relacionadas) en dos dimensiones distintas. Primero, alude a ella (y a las concepciones éticas relacionadas con esa postura) como expresión de estadios más primitivos de desarrollo. Luego (con varios cambios conceptuales de Kohlberg, como haber propuesto la diferenciación entre juicio y acción o entre juicios deónticos y de responsabilidad), se refería a la ética del cuidado como una propuesta con carácter psicológico que ampliaba los espacios de comprensión de lo ético, ya que se refería a problemas de actuación y significación particular, pero que no afectaba el nivel de reflexión ética donde se hallaba su descripción de razonamiento sociomoral. El mismo esquema de "abstracción-concreción" para interpretar dos planos distintos del proceso de conocimiento (uno diacrónico y otro sincrónico) muestra que la descripción estructural de Kohlberg no es lo suficientemente precisa como él lo pretendió. Más bien, este esquema refleja las dos significaciones bastante descalificadoras de todo aquello que se asocie a los "contenidos": o es expresión de un pensamiento primitivo o es manifestación de actos psicológicos (de *performance*) que de igual manera no tendría por qué afectar ninguna conceptualización propuesta como ideal. Que el mismo esquema sirva para interpretar dos procesos bastante diferentes nos

El debate Kohlberg-Gilligan

Esta relación de las formas y los contenidos permite no sólo diferenciar los razonamientos en términos de complejidad evolutiva, sino también ofrecer un criterio para el debate acerca de la fundamentación de los juicios de justicia. El tipo de razonamiento más elaborado, propio de las operaciones formales (o del juicio basado en principios universales, como se caracteriza el estadio seis), podrá operar con juicios de justicia, porque el sujeto en el último nivel del desarrollo ya puede pensar en términos hipotéticos y posee la capacidad para realizar juicios reversibles y recíprocos.

Las estructuras cognitivas tomadas de la teoría de Piaget posibilitarían que el juicio moral de los sujetos se expresara en términos de justicia. Los sujetos que han alcanzado el nivel más elevado de razonamiento cognitivo tendrían mayores posibilidades de realizar juicios morales más complejos. Ese "tendrían mayores posibilidades" no entraña que todos los que hayan logrado un nivel alto de desarrollo cognitivo posean un nivel alto de juicio moral. Significa simplemente que cumplen los prerrequisitos mínimos para mostrar razonamientos morales más complejos. Que los sujetos de un nivel alto de desarrollo cognitivo no siempre alcancen un alto razonamiento moral puede deberse a otros factores o causas ajenas a una teoría del desarrollo estructural.

Las estructuras cognitivas serían una "condición necesaria más no suficiente" del razonamiento moral, en la misma medida en que las formas de razonamiento moral serían "una condición necesaria más no suficiente de la acción

---

lleva a dudar, además de la imprecisión de los conceptos de Kohlberg, del esquema de la abstracción-concreción y, con él, del modelo del desarrollo y de la diferenciación entre competencia y actuación.

moral" (o de los juicios de responsabilidad, de bienestar y de cuidado). Las obligaciones personales para la participación en el bienestar presuponen para Kohlberg los principios de justicia[28]. La justicia sería una condición necesaria mas no suficiente de los juicios sobre el bienestar. La teoría de Gilligan no sería adecuada para abordar problemas de justicia y sería un aspecto que ampliaría el campo de concepción de la moral, al incorporar las relaciones de los hombres, mas no podría cumplir los requisitos para una discusión "racional" del problema moral.

La teoría de Gilligan sería para Kohlberg una ampliación de la disciplina moral, al tener como preocupación el abordaje de problemas psicológicos, y referirse a situaciones específicas que no habrían de tener ninguna influencia en la formulación de principios y que no desmentirían los formulados desde la perspectiva cognitivo-evolutiva[29].

---

[28] Los conceptos de justicia y de "principios" no son bastante coherentes y explícitos en la obra de Kohlberg. El imperativo categórico kantiano es retomado a la par de los dos principios de justicia propuestos por Rawls. A pesar de que este último autor insistió en que sus principios morales se referían básicamente a aspectos de las relaciones políticas entre los hombres, Kohlberg se refería a ellos para analizar problemas relacionados con el suicidio (defendiendo la eutanasia para casos extremos, en contra del propio Kant), el aborto, etc. Retoma, sin diferenciarlos, a estos autores al igual que a otros que podrían insistir en el aspecto imparcial de los juicios morales y en su carácter universal. Aceptando que las preocupaciones psicológicas lo eximan de muchas de estas precisiones, creemos que debería hacerse una mayor claridad de los debates y argumentaciones sobre la "fundamentación" ética y sobre los aspectos que permitirían hacer una diferenciación más útil entre algunas de estas posiciones.

[29] La historia intelectual de Kohlberg está colmada de variaciones conceptuales y, por qué no decirlo, hipótesis *ad hoc* propuestas como estrategias

El debate Kohlberg-Gilligan

La benevolencia o las éticas del cuidado[30] serían presentadas por Kohlberg como expresión de posturas relativistas, ligadas a lo particular, al "contenido" siempre variable que no permite establecer un criterio con carácter universal. Sólo una justicia que se fundamente en un análisis formal puede ser formulada como criterio para la comprensión de los juicios morales.

Creemos que sobre las últimas conceptualizaciones puede presentarse argumentaciones que evidenciarían algunas dificultades de la teoría de Kohlberg[31], una serie que podría sumarse al planteamiento ya desarrollado acerca de la posibilidad de presentar los juicios de benevolencia en términos

---

inmunizadoras ante muchas de las críticas que recibió. Ejemplos de éstos son su estadio 4/2, o sus "subestadios" A y B, su diferenciación entre juicios de justicia y juicios de responsabilidad, su diferenciación entre juicios y aspectos referidos a la fortaleza del "yo". Usualmente, cuando se expone a Kohlberg, se descontextualizan sus variaciones conceptuales y las razones para sus conceptos "complementarios". En este artículo, que es más un bosquejo general que un debate a profundidad, omitiremos muchas de estas variaciones de la teoría de Kohlberg, para concentrarnos en las líneas generales de la argumentación en el campo psicológico.

[30] Los conceptos de benevolencia, o del cuidado, o del amor, o incluso el de éticas del bienestar, pueden diferir entre sí, pero en la exposición de Kohlberg no se diferencian, y para los propósitos de nuestra argumentación no se precisaría hacerlo.

[31] Obviamente, de la discusión sobre su concepto de justicia se derivarían algunos planteamientos críticos contra su concepción de desarrollo y del proceso de consecución de la autonomía. El debate contra su modelo del desarrollo implica un cuestionamiento de la separación de formas y contenidos y su progresiva diferenciación. En el artículo presente no habremos de abordar de manera explícita los aspectos referidos a la teoría de los estadios y del desarrollo en el trabajo de Kohlberg, pero éstos pueden hacerse evidentes con los cuestionamientos que aquí presentemos.

universales. Proponer las éticas del cuidado y el deseo de bienestar como posturas éticas con carácter universal pone en entredicho la vinculación, que Kohlberg cree necesaria, entre universalidad y procesos "formales".

Tratado el problema de la universalidad de las éticas de la benevolencia, podremos concentrarnos en la exposición "estructural" que Kohlberg introduce en la psicología moral. El análisis estructural que dice retomar puede presentarse tanto en sus análisis correlacionales como en sus criterios metodológicos empleados para calificar las respuestas de los sujetos entrevistados en sus investigaciones.

Una primera manera de mostrar cómo sus estadios morales corresponden a una concepción estructural fue establecer correlaciones entre los estadios cognitivos propuestos por Piaget, con el desarrollo social de Selman y con sus estadios de desarrollo de la justicia.

Al encontrarse una alta correlación entre los estadios piagetianos y los suyos propios, cree Kohlberg sustentar su propuesta "estructural", además de asegurar para su teoría del desarrollo la aceptación y precisión que ya se le ha reconocido a la teoría de Piaget[32].

---

[32] Sobra aclarar que muchos de los debates dados a la teoría de Kohlberg se asemejan a los dados inicialmente a la teoría de Piaget. La diferenciación de formas y contenidos, los modelos formales, la idea del desarrollo, su idea de progreso, etc. fueron aspectos bastante debatidos en la obra de Piaget, que incluso llevaron a este autor a unos cambios radicales en sus trabajos de los años setenta. Ese debate dado en la psicología del desarrollo afectó de alguna forma la teoría de Kohlberg, aunque no lo llevó a distanciarse de su modelo estructural, como sí pasó en parte con Piaget. (Para una ampliación de esta polémica, véase Yáñez, 1998, y un artículo de próxima aparición).

El debate Kohlberg-Gilligan

Esta correlación habría de ser formulada de la siguiente manera: "el pensamiento lógico es una condición necesaria mas no suficiente para la perspectiva social", y la perspectiva social, a su vez, "sería una condición necesaria mas no suficiente para el juicio moral" (Kohlberg 1995c). La "condición necesaria mas no suficiente" presenta más escollos de los que Kohlberg pretende superar. Por ejemplo, si lo "necesario" es entendido en términos de que las estructuras cognitivas han de presuponerse para que se dé el avance en otras áreas, podría resultar problemático, pues según Eckensberger y Reinshagen (1980) el pensamiento causal y lógico se desarrolla más tarde que el referido a la comprensión de los sentimientos de las personas.

Al contrario, si la correlación entre los distintos procesos del desarrollo se entiende como una relación entre variables independientes, el planteamiento de Kohlberg resulta polémico, pues su formulación de los estadios se hizo con parámetros piagetianos. Kohlberg y Selman tomaron de Piaget los criterios para caracterizar el desarrollo y los cortes en él, así como el conocimiento de la realidad, las descripciones de los estadios e incluso varias de sus observaciones[33]. Es decir,

---

[33] Según Turiel, la sobreutilización de la teoría de Piaget lleva a simplificaciones de ciertos procesos. Por ejemplo, Turiel se refiere a procesos de toma de perspectiva que, con el ánimo de investigar la capacidad de los niños de anticipar las respuestas de otros, retoman las tareas piagetianas, que podrían interpretarse con su mismo esquema. El experimento citado es el siguiente: se coloca a un niño A en una prueba de conservación de sustancia (alargar una de dos bolas de plastilina) y se pregunta a un niño B cómo cree que habrá de actuar ese sujeto A. Resulta claro que en este experimento habrá de evaluarse no la capacidad del niño B para ponerse en el lugar del otro, sino su capacidad para comprender el problema

si ambas teorías tienen las mismas concepciones sobre el desarrollo, si caracterizan de igual manera los procesos de razonamiento de los sujetos, resulta obvio que la correlación de sus datos ha de ser alta.

Igualmente, si obviáramos estos cuestionamientos, la correlación no habría de garantizar el objetivo por el cual fue formulada por Kohlberg. Es decir, si el propósito era demostrar que el juicio moral opera en términos estructurales, la correlación apenas permite formular el mismo problema con otras palabras. La correlación podría –suponiendo que se cumpla la correlación formulada por Kohlberg–, en el mejor de los casos, establecer el vínculo entre dos áreas del desarrollo diferente, pero no podría sugerirse con ella que un área cualquiera es la matriz que explicaría la "operatividad" de la otra. Igualmente, no habría manera de establecer vínculos de dependencia entre las variables relacionadas (no al menos en los términos expresados por Kohlberg).

Así, es claro que el análisis estructural no se logra con el establecimiento de correlaciones entre diferentes tipos de estudios o de datos empíricos. El componente estructural debe ser mostrado en la caracterización de los procesos que se estudien, en la descripción de procesos particulares donde se ejemplifiquen las leyes formales propias de las estructuras operatorias propuestas por Piaget.

---

de la conservación de las sustancias. Con el ejemplo, Turiel quiere señalar que al formular algunos procesos sociales en términos de los procesos estructurales no sólo se desvirtúan las particularidades de cada área de conocimiento, sino que se simplifica la teoría de Piaget y se le yuxtaponen otros conceptos que no necesariamente están emparentados con la teoría estructuralista.

El debate Kohlberg-Gilligan

Claramente, Kohlberg parece retomar de Piaget la idea de que los mecanismos o procesos causales han de ser comprendidos mediante modelos formales. Pero retomar las estructuras de pensamiento de Piaget, para que éstas a su vez se conviertan en modelos para describir un área de conocimiento particular, desvirtúa el uso de modelos formales para la descripción de procesos, a la vez que altera la concepción de estructura total de Piaget.

Este argumento contra la pretensión de Kohlberg (nada tiene que ver ya con sus intentos de correlación) puede ser expresado con otras palabras: si el área del desarrollo moral se caracteriza con relación a problemas morales, esta caracterización ya no tendrá nada que ver con la caracterización de estructura sugerida por Piaget; pero si, al contrario, el área moral es definida en los mismos términos estructurales, ¿en dónde radica, entonces, su especificidad?

La condición necesaria se establece para abordar la organización, la "forma" de un determinado fenómeno. La condición "suficiente" hace referencia a otras componentes particulares que podrían afectar el operar de la "forma". Si la estructura piagetiana es la "forma" y la perspectiva del conocimiento de Selman es el "contenido" de ésta, ¿cómo puede el conocimiento social, según Selman, ser a su vez la "forma" de otro contenido, que en este caso sería el juicio moral formulado por Kohlberg? Más aún, ¿cómo sería el juicio moral caracterizado a su vez como una "estructura formal"?

Las preguntas anteriores se formulan porque la relación entre formas y contenidos no es muy precisa en Kohlberg. Si la "forma" atañe a las estructuras del desarrollo cognitivo, ¿cómo habrá de establecerse su relación con los estadios del conocimiento social o del conocimiento moral?

Expongamos de manera más amplia nuestra inquietud. La relación de formas y contenidos en Piaget tiene que ver con la separación entre los procesos lógico-matemáticos y los hechos que pueden ser abordados por esos procesos formales. Por ejemplo, en el estadio de las operaciones concretas (esto atañe a las capacidades normales de niños entre los siete y los once años), las capacidades cognitivas de los sujetos se expresan por su capacidad de clasificar y establecer relaciones entre diferentes grupos de conceptos. Los "contenidos", en el mismo período dado como ejemplo, hacen referencia a las tareas que exigen un proceso simple de agrupamiento y ordenamiento. Por eso en ese período el niño podrá manejar conceptos causales y temporales elementales y podrá dar cuenta de ciertos acontecimientos reales.

La "forma" estructural es una condición necesaria para que los niños puedan abordar una serie de acontecimientos. Sin esta estructura lógica, el sujeto no podría manejar grupos de fenómenos, ni dar cuenta de relaciones causales elementales. Esta capacidad de los sujetos en un determinado momento del desarrollo está formulada en términos universales. Lo universal es expresado por un determinado proceso "formal". El "contenido" sería todo aquello referido a tareas o variables externas a las "formas", que dependen de éstas, a la vez que podrían afectar su funcionamiento[34].

---

[34] En un artículo de próxima aparición, presento algunos de los debates sobre esta conceptualización en la obra de Piaget. Por ejemplo, cómo el contenido alude tanto a los objetos de conocimiento como a otras variables del sujeto o del medio que pueden afectar el desempeño de los individuos. En la obra de Piaget no hay una conceptualización precisa y estable sobre los conceptos de forma y contenido con sus relaciones.

El debate Kohlberg-Gilligan

En una teoría estructural, el interés fundamental se centra en estas capacidades "formales". El "contenido" siempre habrá de ser impreciso y habrá de variar, sin ninguna teoría previa que pueda anticipar sus manifestaciones y su funcionamiento. La estructura formal es una condición necesaria para poder anticipar el desempeño de un sujeto ante una determinada tarea. La estructura es condición necesaria, mas no suficiente, pues, aunque un sujeto posea las condiciones cognitivas mínimas para abordar una tarea, ello no garantiza que sea abordada de una manera efectiva. El desempeño adecuado ante una tarea puede deberse a otros factores no necesariamente relacionados con las estructuras cognitivas. Así, por ejemplo, las estructuras operatorias (para seguir con nuestro ejemplo) posibilitarán que los sujetos puedan descentrarse y logren entender la perspectiva de los otros, pero no garantiza que todos los sujetos sean completamente flexibles para escuchar las opiniones de los otros o para mantener siquiera unas mínimas pautas de respeto. Las estructuras formales son condiciones necesarias mas no suficientes para el feliz manejo de las relaciones humanas. Los factores que podrían participar en la realización correcta de esta tarea tienen que ver con ciertos aspectos específicos de las historias individuales o bien con las temáticas o los problemas particulares abordados en un momento particular de estos intercambios sociales.

Con este esquema queda claro que la teoría de Piaget se concentró en el análisis de las estructuras formales, formuladas en el más preciso sentido matemático. El contenido, o los campos donde podría ser aplicada su teoría, fue una preocupación que siempre estuvo ajena al trabajo de Piaget y que incluso podría haberle generado una serie de problemas y contradicciones con sus preocupaciones estructurales. El conocimiento de fenómenos espacio-temporales, de la amistad, de las nociones políticas y sociales, así como éticas, serían conocimientos o contenidos particulares que exigirían conceptos adicionales para su enfoque particular[35].

Kohlberg –y Selman con él, así como muchos otros autores– intentó utilizar el mismo esquema piagetiano para aplicarlo a campos o "contenidos" particulares. Kohlberg, al retomar el esquema piagetiano de "condición necesaria mas no suficiente", plantea que las estructuras cognitivas son la "forma" necesaria que permitiría dar cuenta del conocimiento social formulado por Selman[36], que el conocimiento social de Selman sería la "forma" necesaria de los juicios morales y que los juicios morales serían, a su vez, la condición necesaria para la acción moral; esta última separación es propuesta para distinguir los aspectos de juicio, que contemplan aspectos éticos, de otros elementos que pueden verse afectados por intereses de situaciones particulares[37].

---

[35] En los primeros estudios, básicamente no estructurales, Piaget abordó algunas de estas temáticas, como, por ejemplo, el "desarrollo moral". En esta primera época intelectual de Piaget, el trabajo se centraba en analizar nociones particulares sin una comprensión estructural ni menos aún ética. *El criterio moral en el niño* parece un análisis sobre el manejo conceptual más que un análisis sobre problemas morales. Posteriormente, cuando desarrolló toda su propuesta estructural, el estudio del desarrollo de nociones particulares pasó a ser una preocupación secundaria.

[36] Selman, en su libro *The Growth of Interpersonal Understanding*, al retomar un esquema piagetiano, analiza la comprensión de sentimientos de amistad, la autoconciencia, la solución de los conflictos, la dinámica y el liderazgo en los grupos, etc.

[37] La expresión "condición necesaria mas no suficiente" y su relación con la psicología estructural parece muy variable. Cuando intenta establecer

El debate Kohlberg-Gilligan

Tras esta contextualización de algunos conceptos fundamentales de las perspectivas estructurales, podemos retomar algunos de los argumentos antes expuestos. Si las estructuras se formulan de manera lógico-matemática, ¿cómo habrán de funcionar en estrecha dependencia con contenidos particulares (sea el conocimiento social o moral), sin desvirtuar su caracterización original? Si los contenidos dependen para su funcionamiento de las estructuras operatorias, ¿qué agrega a su comprensión la formulación de campos particulares de conocimiento? Si se proponen como campo particular con ciertas demandas específicas, ¿qué función habrán de tener entonces las estructuras formales propuestas en términos universales? ¿Esto implicará que debe hacerse una diferenciación de niveles de análisis formal de acuerdo con los campos particulares?[38] ¿Es esto lo que realizó Kohlberg?

---

el vínculo con el programa de Piaget, la "condición necesaria mas no suficiente" es propuesta como argumento a favor de su postura estructural (el desarrollo cognitivo es condición necesaria mas no suficiente para el desarrollo moral); pero cuando la utiliza con relación a sus críticos (sean Gilligan, Haan, Turiel u otros), es para plantear que bajo la postura estructural solo es posible hablar de moral y de juicios universales bajo su caracterización de sus estadios de juicio moral. Las otras posiciones se referirían a problemas de contenido, de actuación, que no resisten un análisis en términos éticos y que a lo sumo habrían de tener un papel complementario en las investigaciones psicológicas (en este contexto su formulación sería: los estadios kohlbergianos de juicio moral son la condición necesaria mas no suficiente de las decisiones personales, a las que los autores críticos señalados se refieren).

[38] Piaget propone unas estructuras básicas que habrían de operar en todo tipo de conocimiento, que, como matrices, generarían o darían cuenta de las formas organizativas particulares. Las formas particulares de conocimiento exigirían leyes adicionales que se derivarían de las formas generales propuestas. Pero estas formas "específicas" atañen a procesos

Si observamos la descripción de los estadios de Kohlberg, no hallamos ninguna caracterización en términos estructurales (al menos no en el sentido dado al término por Piaget, de quien Kohlberg dice retomarlo). Así, "evitar el castigo", "actuar en función de la imagen del niño(a) bueno(a)", como caracteriza Kohlberg algunos estadios, no se corresponden en nada con una descripción estructural[39].

Con estas distintas problemáticas se evidencia que en la teoría de Kohlberg no es muy clara la diferenciación que él considera central para formular la teoría estructural del desarrollo moral. La diferenciación de formas y contenidos,

---

de conocimiento del sujeto y no a contenidos particulares de conocimiento abordados por los sujetos.

[39] Kohlberg varió repetidamente sus criterios de análisis metodológico. Inicialmente, y ante las críticas de Kramer (citado por Reuss y Becker, 1996), reconoció que con su inicial propuesta de las regresiones había confundido aspectos estructurales con aspectos de contenido. Posteriormente, elaboró un manual de calificación de las respuestas de los sujetos, donde diferenciaba aspectos de estructura y de contenido. Sobre el contenido, propuso varias dimensiones, como "normas generales" y "elementos específicos". Pero siendo éstos aspectos de contenido que podían presentarse bajo diferente argumentación en todos los estadios, acabó describiéndolos según algunos elementos específicos propios de los contenidos. Por ejemplo, el nivel preconvencional lo describe según el primero y segundo grupo de elementos específicos. (Primer grupo: conservación de un orden normativo, que contiene los elementos "obediencia", "virtud", "venganza" etc. Segundo grupo: consideración de las consecuencias, que contiene los elementos "orientación egoísta y utilitarista", "consecuencias positivas para el individuo", "recompensas", etc.).

Igual confusión entre formas y contenidos se observa cuando propone la diferenciación entre estadios y subestadios o cuando propone el análisis en términos de dirección de la decisión (si se está a favor o en contra de una determinada conducta, con independencia de sus formas de justificación o argumentación), reversibilidad, respeto recíproco, etc.

El debate Kohlberg-Gilligan

aparte de su variada significación[40], no es lo bastante precisa y no permite dar cuenta de los juicios particulares de los sujetos individuales[41].

La crítica de Kohlberg a Gilligan, por no haber sugerido una teoría estructural y no haber clarificado cómo operaban los sujetos de manera universal y secuencial, puede

---

[40] Como lo señalamos en una nota anterior, Kohlberg propuso una serie de conceptos *ad hoc*, los estadios "duros" y "blandos", para diferenciar su teoría de las formulaciones de sus críticos, quienes proponían un desarrollo diferente con el propósito de contemplar el desarrollo de la solidaridad, la benevolencia, el altruismo, el pensamiento religioso, etc. (Resulta obvio que los estadios duros eran los suyos). Propuso una diferencia entre los subestadios A y B, que corresponderían a "intuiciones" de justicia y que serían distintos de los seis estadios propios de los "razonamientos" de justicia. Asimismo planteó al final de su obra un distingo entre el estadio 4 y el 4½ para dar cuenta de un período de transición, entre los estadios 4 y 5, en el cual se presentaba una mezcla de la estructura del 5 con el contenido del 4. Más curiosa aún es su diferenciación entre los juicios deónticos y los juicios de responsabilidad: los últimos determinarían la no coherencia entre el juicio y la acción moral, que podría deberse a otros factores, como la fortaleza del yo y el *cociente intelectual*. Estas variaciones conceptuales, que según Kohlberg son complementarias de su teoría principal, merecerían un artículo aparte cuyo propósito fuera evaluar su coherencia con los supuestos fundamentales de una teoría estructural como la que él pretende representar.

[41] Además, la teoría de Kohlberg, contra sus pretensiones, no permite delimitar lo que sería un problema moral ni la obligatoriedad que habría de asumir un determinado juicio moral en la acción de un sujeto particular. En su crítica a Dewey y al pragmatismo, Kohlberg inicialmente afirmó que el aborto no sería un problema moral y atañería sólo a mujeres en un espacio de decisiones personales (Kohlberg y Candee, 1995). Luego aceptó que, si se considera la discusión del aborto desde cuando se puede hablar de vida del feto, esto lo convertiría en un problema universal y, por tanto, moral. A pesar de esto, reconoció carecer de criterios para evaluar las respuestas de los sujetos ante ese problema (Kohlberg, 1984).

ser aplicada a él mismo. Sus criterios para formular una teoría del juicio moral no se corresponden con sus descripciones. Su estricta separación entre formas y contenidos no se observa en la caracterización de sus estadios, en la diferenciación de juicio y acción, en sus propuestas metodológicas, en la caracterización de lo que sería un problema moral, y en otros aspectos que ameritarían preguntarnos por el adjetivo "estructuralista", que su teoría intenta atribuirse.

La propuesta estructuralista, como garantía para la formulación de principios morales, muestra una serie de inconsistencias e intentos retóricos que no dan cuenta de la organización formal de los juicios morales de los seres humanos. Otra posibilidad de interpretación del fenómeno moral consiste en entenderlo a partir de la caracterización del conocimiento, como acto público, y las relaciones sociales en cuanto raíces para los juicios y decisiones morales.

Los comunitaristas y la postura pragmática de Rorty argumentan en contra de estas dicotomías, no con el ánimo de defender un relativismo, sino de cuestionar el presupuesto de que se defiende una postura universal (en el sentido asociado de universal y formal) o se cae en el relativismo y en juicios sin "validez racional".

A continuación expondremos de una manera somera algunos de estos debates, con el propósito de ampliar la polémica esbozada contra Kohlberg. Ya que él mismo no entra en debates filosóficos, sino que cree justificar la toma de posición con las éticas deontológicas, remitiéndose a la diferenciación piagetiana entre formas y contenidos, realizamos inicialmente este debate. Nos concentramos hasta ahora en este punto para debatir en términos psicológicos la idea de universalidad y de juicios imparciales que, según Kohlberg, son

El debate Kohlberg-Gilligan

fundamentales para conseguir una justificación de las argumentaciones morales[42].

Ahora sí podemos remitirnos a algunos debates filosóficos para ilustrar algunas de las dificultades ya señaladas en la teoría de Kohlberg. Los debates que han de presentarse incluyen a algunos de los autores que Kohlberg cree centrales para sustentar su concepto de justicia y fundamentación ética. El análisis ya no versará sobre la diferenciación de formas y contenidos, sino sobre el concepto de justicia y las dificultades que este concepto genera para la comprensión del fenómeno moral.

Luego de plantear la moral como un acto comunitario podremos resignificar la propuesta de Gilligan y después de

---

[42] MacIntyre, al argumentar en contra del imperativo kantiano, intenta mostrar que esos principios no tienen una fundamentación en un proceso racional, que opere con independencia de los contenidos o las significaciones culturales (religiosas, para ser más precisos), a pesar del mismo Kant. En Sandel, y de manera mucho más clara en Ch. Taylor y en Rorty, el debate contra las éticas "tradicionales" se cumple remitiéndose de manera explícita a las argumentaciones de algunos autores contra la separación de formas y contenidos. Taylor cita permanentemente el trabajo de Merleau-Ponty, que en su propuesta existencial se centró en el cuestionamiento de las oposiciones de las formas y contenidos. Rorty, apoyándose en el pragmatismo de James y Dewey, y en los desarrollos de la filosofía analítica (en los trabajos del segundo Wittgenstein, en Quine y sobre todo en Davidson y Putnam), aborda el debate ético cuestionando de manera explícita los supuestos de racionalidad en los que se sustentan las éticas "tradicionales". El cuestionamiento del concepto de racionalidad occidental lo realiza debatiendo la separación entre formas y contenidos. Con ello queda claro que el debate realizado no es estrictamente psicológico. Pero así lo hemos presentado, ya que nuestros argumentos giraron sobre la manera como Kohlberg intenta justificar la incorporación de las éticas deontológicas y de la obra de Piaget en su trabajo psicológico.

exponer algunos debates en la filosofía podremos entender que los criterios formales y cognitivos no son imprescindibles para comprender los juicios morales de los sujetos. Sólo contextualizando el conocimiento como un acto social podremos entender que la benevolencia y la solidaridad son la fuente primaria de los actos morales. Al entender el comportamiento humano como parte de una trama narrativa propia de una tradición particular, podemos entender que lo moral va asociada a un universo presuposicional que desborda los análisis formales. Las significaciones y los proyectos colectivos les dan sentido a las normas o principios generales que se propongan, pero no disponen de métodos externos a estas tradiciones para poder decidir de antemano, e independientemente de cualquier contexto, cuál es la forma correcta de obrar.

El deseo de bienestar del prójimo (cualquiera sea la idea de prójimo) es el motivo que garantizará que los acuerdos establecidos entre los hombres se conviertan en obligación para su cumplimiento. La benevolencia será la única condición posible que, amparada en la sensibilidad de las necesidades del otro y en sentimientos empáticos, propiciará que los juicios no conduzcan a formas disimuladas de exclusión y de humillación.

Gilligan y su propuesta de una ética del cuidado podrán ser mejor comprendidas si se visualizan todos los significados que acompañan a una propuesta moral fundamentada en el reconocimiento de las diferencias. Como lo planteamos al inicio de este artículo, la teoría de Gilligan hizo eco a una polémica que de forma paralela se iba presentando en la filosofía moral. A esta disciplina habremos de dirigirnos con la intención de exponer otro tipo de argumentación que no es

El debate Kohlberg-Gilligan

frecuente hallar en los debates psicológicos y que nos permitirá visualizar otras limitaciones del concepto de justicia, en consideración de las emparentadas nociones de lo cognitivo, lo formal y lo universal.

LA MORAL COMO UN ACTO COMUNITARIO

En las éticas deontológicas, usualmente, se considera el fenómeno moral como producto de sujetos racionales individuales, que constituyen unos principios universales en la deliberación con sujetos igualmente individuales. La racionalidad de los sujetos es garantizada por un pensamiento imparcial que les permite considerar todas las perspectivas posibles y evaluar éstas sin ningún interés particular.

El comunitarismo enfila sus críticas contra esa idea atomista de las éticas liberales tradicionales[43]. MacIntyre (1987), Taylor (1996), Sandel (1982) y Walzer (1993) intentan mostrar las debilidades que sustentan el proyecto "ilustrado" de la ética. El comunitarismo intenta mostrar cómo, desde una perspectiva holística, la comprensión del yo, su identidad y sus creencias morales habrán de interpretarse de manera diferente (Sandel, 1982; Taylor, 1996; MacIntyre, 1987).

En este nivel ontológico de la discusión (Taylor, 1997), se busca mostrar que las éticas basadas en principios llevan

---

[43] Dentro de las éticas liberales podemos encontrar autores utilitaristas, comunitaristas y pragmatistas. Taylor y Walzer, dentro del comunitarismo, o Rorty, dentro de las posturas pragmáticas, hacen una clara defensa del liberalismo. Por tanto, nos referimos a las éticas tradicionales para caracterizar más las posiciones que justifican su defensa de la sociedad liberal, remitiendo a la capacidad racional e imparcial de los sujetos.

a la ausencia de compromiso de las acciones individuales y a la imposibilidad de las intenciones morales. Según Sandel (1982), los principios que pretenden establecer una ética procedimental que garantice la igualdad entre los hombres[44] suponen un alto nivel de solidaridad en los participantes. El compromiso mutuo sólo puede garantizarse mediante "yos vinculados" que tengan un fuerte sentido de comunidad.

El argumento de Sandel (y de MacIntyre o de Taylor) nos plantea la cuestión de si la igualdad puede darse en una comunidad que no mantenga una relación de solidaridad en un particular sentimiento de comunidad y al mismo tiempo de si puede constituirse una comunidad en torno de la comprensión y la valoración común que hace de la justicia la virtud principal de la vida social o si en cambio algún otro bien debería figurar como más significativo para la constitución de dicha comunidad.

Si el punto de vista imparcial se proponía para desligarse de las comunidades y tradiciones particulares, el comunitarismo pone el acento, al contrario, en las comunidades particulares en las que se puede argumentar la legitimidad de las normas en la esfera pública. El comunitarismo propone una racionalidad inserta en tradiciones que dotan de sentido a bienes y a deberes, además de clasificar los fines y las virtudes que dan identidad tanto a la comunidad como a los individuos. El comunitarismo muestra que, tras la concepción del yo autónomo, propio de las posturas ilustradas, se halla un ser "desencarnado", sin vínculos, que ha de asumir

---

[44] La referencia que se hace es la propuesta de Rawls, pero igual argumento puede valer para muchas propuestas liberales.

las "obligaciones" morales como imposición externa. Ante la idea moderna de un sujeto que considerándose libre sólo establece acuerdos por mutua conveniencia, se postula lo comunitario como espacio de la construcción del conocimiento y la identidad de los individuos.

Sin esa constitución comunitaria de la identidad, el concepto de justicia será un concepto vacío para el agente, quien habría de participar en un proceso argumentativo, con total ausencia de perspectiva. Las tradiciones particulares son las que delimitan y dan sentido al concepto de justicia, a partir de proyectos de "vida buena", en la que los individuos pertenecientes a la comunidad habrán de considerarlo como contenidos en sus planes de autorrealización. Bajo esta posición, se le otorga total primacía a lo bueno sobre lo justo, ya que los sujetos, al sentirse pertenecientes a una comunidad, se apropian de todos los proyectos que le garanticen a ésta su desarrollo y permanencia. Frente al individuo imparcial que juzga a partir de los deberes y derechos, esta posición postula un sujeto miembro de un *ethos* particular, que sabe qué virtudes ha de cultivar para lograr una vida buena, feliz, al interior de la comunidad a la que pertenece.

La virtud se convierte, al igual que en Aristóteles, en el eje de la vida moral. Ésta se hace inteligible cuando se piensa en relación con una comunidad, con un contexto de significación desde donde se articulan los proyectos de vida de los actores. El proyecto común es la "vida buena", en donde se presentan particularidades, en tanto éstos se entienden como encarnados en específicas prácticas sociales. Es necesario resaltar que la virtud es específica de cada práctica, es el hábito que hace que la maestría consista en desarrollar mejor aquello que constituye su finalidad intrínseca.

El concepto de virtud se reconstruye a partir de tres elementos: las prácticas, la unidad narrativa de la vida y las tradiciones. Una práctica es una actividad cooperativa que intenta alcanzar modelos de excelencia particulares. El tocar violín es una práctica que hace al maestro un virtuoso en su actividad. La noción de práctica permite entender la virtud como cualidad humana adquirida, habitual, cuya posesión permite alcanzar los bienes propios de una actividad, la excelencia en su ejercicio, la formación de un carácter a la luz de un proyecto particular. El sentido del virtuosismo se extrae de la comunidad, ya que ser bueno significa serlo en algún oficio o papel social. Es la comunidad la que provee de sentido a la acción del individuo, forjando su identidad y dando unidad a su vida.

El virtuosismo en una práctica en particular nos remite necesariamente a la unidad narrativa de la vida. Somos parte de una trama en la que participan múltiples actores, y cuyos hilos no nos pertenecen. La posibilidad de comprender una acción remite necesariamente a las preguntas por la identidad del autor, por su rol social, por su biografía. Cada persona es personaje de múltiples narrativas que se cruzan y que en cada contexto exigen una actualización que no necesariamente se hace consciente.

El sentido ampliado de narrativa, el espacio donde ya la historia incluye múltiples actores separados en el tiempo, constituye el concepto de tradición, que opera como horizonte que otorga coherencia y sentido a la acción. La tradición es horizonte para la identidad, ya que permite descifrar el sentido de las virtudes, pero también es posibilidad para el encuentro con otras tradiciones y la apertura hacia futuros diálogos.

El debate Kohlberg-Gilligan

En el comunitarismo pueden presentarse diferentes interpretaciones de lo expuesto hasta aquí. Para algunos, como McIntyre (1987), la consideración histórica lleva a plantear un estado de crisis en las discusiones éticas, así como imposibilidad de establecer parámetros en la conmensurabilidad de las teorías. Si Taylor (1996, 1997), Walzer (1993) y Sandel (1982) coinciden en algunos de los análisis de MacIntyre, intentan defender el liberalismo y, a la vez, ampliar sus campos de aplicación y sus criterios para evaluar la justicia.

Sandel (1982), Taylor (1997), Walzer (1993) y el mismo Rorty[45] (1994), aparte de su función crítica, permitieron ampliar el universo de la discusión ética, al considerar las comunidades, y con ellas, el respeto a las diferencias.

La alusión a las historias narrativas busca cuestionar las posturas éticas que proponen los procesos cognitivos como fundamentos del juicio moral. El horizonte *presuposicional* de cada comunidad exige caracterizar los juicios en función de las historias y las identidades de los individuos y de las comunidades particulares.

Toda sociedad está conformada por múltiples comunidades que exigen su reconocimiento en su diferencia y no solamente en la igualdad ante la ley. La multiculturalidad exige que cada estilo de vida se comprenda en su particularidad y en lo que garantiza la identidad de sus miembros.

El acuerdo entre diversas comunidades o estilos de vida no habrá de lograrse estableciendo un procedimiento exter-

---

[45] Sobra aclarar que Rorty no puede ser incluido bajo esta posición comunitarista, pero citarlo al lado de los autores más representativos de esta corriente tiene el fin de señalar su crítica similar a las éticas tradicionales y su defensa de la sociedad liberal occidental.

no o imparcial ante el cual los individuos deban igualarse. El acuerdo social sólo se alcanza en un proceso de negociación que recoja aciertos y errores que la historia de las tradiciones haya mostrado. Contra un procedimiento para reglamentar los caminos de un acuerdo, éste solamente habrá de constituirse reconociendo las particularidades e identidades de quienes en su dignidad exigen ser considerados como interlocutores con historias y narrativas particulares.

La vida social como fundamento de la psicología moral

Tanto para Gilligan como para algunas posiciones feministas (Jaggar, 1993; Pauer-Studer, 1993; Baier, 1993; Nodding, 1993; Young,1993; List y Studer, 1989), Rorty (1994), el posmodernismo y el comunitarismo (MacIntyre, 1987; Sandel, 1992; Vattimo, 1990a, 1990b), el punto central, contra el que dirigen sus críticas a la obra de Kohlberg, Kant o Rawls, es el concepto de la "imparcialidad", que cumple una función central en los análisis que los autores hacen sobre la justicia. Michael Walzer, por ejemplo, compara la "imparcialidad" con una especie de viaje espacial

> [...] que nos obliga a la cooperación con otros viajeros de otras culturas y a su vez nos conmina a tomar distancia de nuestras prácticas acostumbradas, lo que no traería consigo ninguna relevancia [ni ningún] compromiso para nuestro comportamiento en nuestro conocido medio [citado por Pauer-Studer, 1993: 46; traducción libre].

Esta "imparcialidad" lleva a considerar al *Selbst* como liberado de todos los vínculos e intereses sociales, el *Selbst* que

El debate Kohlberg-Gilligan

Sandel denomina un "*Selbst* desvinculado", un *Selbst* que no sostiene ninguna relación con los otros seres. De acuerdo con esta caracterización del ser humano, como ser sin vínculos, cabe preguntar: ¿por qué un ser así caracterizado habría de sentirse obligado con otros seres? ¿Por qué estos sujetos habrían de compartir algún bien o ventaja con alguien?

Las dificultades que entraña la "imparcialidad" como criterio para caracterizar un juicio ético conduce a algunos autores a entender el bienestar y la benevolencia bajo un fundamento social. Lo social sería esencial para estas posiciones, el componente constitutivo del ser humano. No un componente externo, ni un contexto donde las acciones del individuo se llevan a cabo, ni una variable que, como otras, sólo se añadiría a una explicación para dar cuenta del desarrollo de un individuo o de sus limitaciones en sus juicios.

Lo social, como componente constitutivo del ser humano, implica que la identidad del individuo se hace en relación con la historia de su comunidad. Las dicotomías entre lo interno y lo externo, forma y contenido, lo interesado y lo desinteresado, el egoísmo y el altruismo, serían reemplazadas por una idea de totalidad, que no puede ser analizada en sus componentes. Lo social, como fundamento, posibilita entender lo moral, no como obligación externa, sino como la expresión de relaciones que guardan el interés en mantener los vínculos y la estabilidad de una historia colectiva.

Solamente si se entiende al hombre como un ser social, que establece vínculos y relaciones con sus semejantes, será posible abordar las preguntas anteriormente formuladas: ¿por qué alguien habría de sentirse obligado con algún otro ser?, ¿por qué alguien habría de compartir con alguna otra persona un determinado bien?

Rorty (1994) sostiene que el pensamiento dicotómico ha llevado, en el discurso sobre moral, a que éste sea un constructo sin justificación suficiente. Con esa posición dicotómica se ha llegado a mostrar como dignos de elogio los comportamientos que se presentan en condiciones extrañas y no naturales de la vida cotidiana.

Así, sería incorrecto afirmar: yo tengo frente a mi mujer o a mis hijos obligaciones morales. Esto sería inadecuado, continua Rorty, porque las obligaciones morales no se formulan respecto a las acciones que percibimos como "naturales"; las relaciones con los miembros de nuestra propias familias y la consideración de sus necesidades son, para la mayoría, la cosa más natural del mundo.

Nuestras necesidades y las de nuestros familiares están en relación y se constituyen de manera recíproca. Así, dice Rorty, no podríamos saciarnos si en ese mismo momento nuestro propio hijo sufre de hambre. Este comportamiento, que a todos nos parece "natural", es formulado en términos morales cuando alguien dentro de su propia familia muestra comportamientos patológicamente egoístas. Es decir, la moral como obligación se explicita cuando se originan situaciones extraordinarias, situaciones que no se consideren como "naturales".

De esa manera, sería moralmente aceptable que yo me niegue, o niegue a mi hijo, una parte de la comida para dársela a una persona que ante la puerta de mi casa reclama un pan para calmar su sufrimiento. La consideración de los otros, de personas hambrientas al otro lado del mundo, se interpretaría como una manifestación desinteresada de la moral.

Con esto, Rorty afirma que el problema consiste en que bajo ninguna argumentación se puede proponer, de manera clara, una diferenciación entre lo "interesado" y "desinteresado", entre intereses personales y decisiones racionales, entre un ser que pertenece a una tradición, que establece vínculos personales, y un "desvinculado" *Selbst* que toma decisiones racionales[46].

Si con Rorty y el pragmatismo entendemos el conocimiento como un acto público[47], y entendemos lo social como una historia de presupuestos que no se pueden descomponer, deberá entenderse todo acto de conocimiento como un acto narrativo, que sólo puede ser expresado en contextos específicos. Si con esto la identidad del ser humano se entiende como parte de una relacionada comunidad, debemos buscar entonces otros fundamentos para el comportamiento moral.

La tesis de que el mundo social fundamenta el comportamiento moral permite mostrar que las acciones de los suje-

---

[46] La argumentación del comunitarismo es similar. MacIntyre (1987), por ejemplo, propone el concepto de la unidad narrativa de la vida individual. Es con esa unidad narrativa, a través de la cual cuento mi vida, que podré captar qué es lo "bueno" para la comunidad en que yo vivo y qué es bueno para mí. Con esto se construye una relación entre los aspectos epistemológicos, los metafísicos y los morales. Si mi identidad está ligada a una historia comunitaria de la cual procedo, la historia de mi vida, de mi "buena vida", no puede ser contada sin recurrir a esa determinada tradición.

[47] Para la filosofía del lenguaje ordinario y el pragmatismo moderno, el conocimiento no se puede ubicar en las cabezas de las personas, ni se puede sostener bajo las dicotomías de formas y contenidos, lo abstracto y lo concreto, lo universal y lo particular. La alusión a lo social para caracterizar el conocimiento sirve para señalar que no se puede analizar éste ni determinar externamente su manera de funcionamiento. La historia de una comunidad ha de determinar, en momentos particulares, el conocimiento que acepte como más "viable" en el momento en que se haga el análisis.

tos están motivadas por el interés en mantener los vínculos con los miembros de la comunidad a la cual pertenecen[48].

Si la vida social se propone como el fundamento de la moral, se hace posible responder a la pregunta, porque alguien exhibe un comportamiento que puede ser denominado moral. Si el bienestar está ligado a las relaciones entre los hombres, la extensión de los vínculos con otros hombres, será parte del desarrollo del individuo.

El desarrollo no consistirá en el fortalecimiento de una capacidad racional que pueda considerar un "otro generalizado" al final del proceso, sino que consistirá en la ampliación del significado de "prójimo" a otros individuos o grupos (Pauer-Studer, 1993; Reese-Shäfer, 1995; Rorty, 1994; Baier, 1993). La crítica al concepto de justicia como principio universal no implica que ésta deba ser reemplazada por otra categoría, que igualmente funciona como un principio universal, organizado en términos formales. La consideración de lo social como justificación del comportamiento moral tiene como propósito entender lo humano en términos de relaciones y significaciones a través de las cuales se constituye su identidad.

---

[48] Si el conocimiento en estas posturas no se delimita, sobra aclarar que la referencia a la comunidad no tiene intenciones delimitadoras. Es decir, la referencia a la comunidad no sirve para sostener las costumbres de una sociedad particular o una mayoría en un momento histórico particular. La referencia a la comunidad sí sirve para señalar que las decisiones morales no son el producto de sujetos individuales ni de procedimientos claramente demarcados. La comunidad como universo de presuposiciones funciona como una negociación permanente que convierte los criterios para el diálogo en motivo de negociación y que a su vez no establece límites temporales ni espaciales.

El debate Kohlberg-Gilligan

En la medida en que desde las posturas pragmáticas no se pretende establecer una frontera entre lo individual y lo social, entre lo general y lo particular, lo humano habrá de entenderse como un tipo de historias, de cuentos narrativos, de biografías, de los que no se esperan modelos para poder hacer comparaciones y generalizaciones. (MacIntyre, 1987; Bruner, 1990; Noam, 1993; Maturana y Varela, 1987).

La concepción del comportamiento humano según historias narrativas lleva a entender sus manifestaciones como consensos transitorios, propios de situaciones específicas en que se han originado. La "justicia" y la "benevolencia" habrán de entenderse como símbolos que generan una serie de presuposiciones compartidas.

La justicia y la benevolencia facilitarán el entendimiento de un determinado fenómeno, al intentar reducir lo novedoso a parámetros ya conocidos. La justicia y la benevolencia funcionarían como especies de analogías que sólo en los consensos de una determinada comunidad habrían de interpretarse como acertados o viables.

Como en todo acto de comunicación, las presuposiciones compartidas habrán de generar la impresión de que el entendimiento transcurre sin dificultades ni malentendidos. Este proceso se ejemplifica mediante la analogía con una relación de pareja. Por ejemplo, en una relación de amistad, la comunicación se construye sobre una serie de presuposiciones que sólo habrán de explicitarse en situaciones extrañas o particulares, como aclarar a un tercero algunos de sus comportamientos específicos como pareja.

De esta manera, en la comunicación, las incontables presuposiciones pueden explicitarse (no siempre se puede tener conciencia de ellas) cuando hacerlo es necesario para aclarar un problema de comunicación. Esta explicitación se hace evidente ante un tercero, como en la referencia a una relación de pareja, ante un extranjero, ante una persona de otro grupo social, un forastero, etc. Cada nueva situación habrá de ser redefinida, abordada, con intentos de explicación que crean nuevos presupuestos. La novedad se entiende, en esta perspectiva, como la situación que genera intentos de explicación con antiguos presupuestos o que, por el contrario, llevan a la reformulación de estos últimos.

La comunicación así entendida sería un acto de interpretación de la cultura, de transformación, de negociación. La comunicación se caracterizaría como el entrelazamiento de biografías e identidades que permanentemente necesitan reinventar nuevas narraciones, para asegurar que la comunicación se siga perpetuando.

Esta perspectiva ofrece nuevas posibilidades para entender en psicología los juicios morales de los sujetos y su desarrollo. El juicio moral habría de entenderse de acuerdo no con la capacidad de argumentación, sino de los presupuestos con los que se puede operar. Igualmente, el desarrollo no habrá de entenderse como un paulatino proceso hacia formas de razonamiento cada vez más potentes o abstractas, sino como un proceso hacia la concreción, hacia la incorporación en un universo comunicacional particular.

La caracterización del conocimiento moral en términos comunitarios incorpora la solidaridad y la benevolencia como presupuestos centrales. Los juicios éticos, por no operar de acuerdo con una serie de principios universales "desencarnados", habrán de formularse teniendo siempre presente el bienestar de aquel a quien consideremos prójimo, y considerando de él sus particulares condiciones biográficas.

El debate Kohlberg-Gilligan

La benevolencia y las éticas del cuidado no son solamente formas de operar de las mujeres ni se refieren tampoco a otros principios formulados igualmente en términos universales y formales. Las éticas de la benevolencia se refieren a la consideración de lo moral en términos comunitarios y al establecimiento de vínculos y tradiciones como condiciones indispensables de los juicios morales.

Así, creemos que el debate a la obra de Kohlberg iniciado por Gilligan permitió, en psicología, cuestionar los análisis estructurales de lo moral. Los juicios morales de los sujetos habrán de depender de sus identidades, al igual que de sus pertenencias a tradiciones y a historias relacionales particulares. Más allá de las diferencias de género, la referencia a una ética del cuidado, a la benevolencia y a la responsabilidad se propone para señalar que los juicios morales no obedecen a una serie de reglas o principios de carácter formal, sino que estos juicios operan sobre una serie de presuposiciones que deben ser construidas permanentemente en los ámbitos de debate público.

Conclusiones. El debate Kohlberg-Gilligan, algo más que un problema de género

El debate Kohlberg-Gilligan ha sido interpretado de muchas maneras; en la psicología, por ejemplo, la discusión usualmente se ha interpretado como un problema alrededor del género; en esta disciplina abundan los estudios empíricos que debaten sobre las diferencias de argumentación moral en los hombres y mujeres.

De la misma manera, se ha relacionado la variable género con múltiples factores, como nivel de educación, pertenencia a diferentes grupos religiosos, existencia o no de problemas familiares o de hijos especiales, ciclo vital en que se encuentra el individuo, aceptación de sus pares, etc., con el ánimo de clarificar el peso de cada categoría en relación con las diferencias sexuales.

Esta discusión sobre las diferencias entre los hombres y las mujeres, además de no haber concluido, ha generado la búsqueda de otros paradigmas de interpretación, que ante la avalancha de hechos conflictivos y contradictorios genere la posibilidad de reconceptualizar los criterios esenciales en el campo de la psicología moral y, con ella, la psicología del desarrollo.

En la psicología del desarrollo, se empiezan a formular nuevas aproximaciones que presentan el conocimiento como una actividad pública, donde los juicios se proponen como actos de interpretación y de comunicación. En estas nuevas conceptualizaciones los modelos cognitivos tradicionales empiezan a ser puestos en cuestión y, de igual manera, el desarrollo comienza a ser entendido como un proceso de elaboración y comprensión de múltiples presuposiciones.

Bajo estas nuevas conceptualizaciones, el proceso de inserción en un sistema social o en un campo particular de conocimiento no se representa bajo modelos formales, bajo estadios rígidos que señalen rupturas radicales, ni como un proceso dirigido a momentos de mayor abstracción e independencia. El proceso, por el contrario, se simboliza como orientado hacia el conocimiento de lo particular, hacia el desciframiento de universos cada vez más amplios presentes en los campos de desempeño específicos. El desarrollo bajo esta perspectiva se entiende como un proceso hacia la especialización, hacia la *experticia*, definida ésta como el ma-

El debate Kohlberg-Gilligan

nejo diestro de un campo, no condicionado por límites precisos ni rígidos, campo que estaría determinado por una serie indefinida de presuposiciones (Yáñez, 1993).

Una nueva comprensión del desarrollo psicológico demanda a su vez una caracterización distinta de los campos de conocimiento o simplemente de los espacios donde habría de estudiarse el desarrollo progresivo de los niños. La cognición, el conocimiento de los otros y el juicio moral son algunos de estos campos que demandan una reconceptualización para su estudio dentro de la psicología.

En lo que respecta al conocimiento de lo moral, este proceso implica recurrir a otros campos y debates, desde donde se pueda vislumbrar otro enfoque del tema y se puedan llegar a solucionar los *impasses* presentados insistentemente en la discusión psicológica.

Una particular concepción de lo moral predetermina el estudio que se haga a nivel empírico. No se puede pretender que al tratar la moral, una disciplina científica se esconda bajo su tradicional asepsia moral. La comprensión del fenómeno ético no es sólo un ejercicio investigativo sobre un conocimiento que atañe únicamente a áreas propias de las cartillas escolares. La comprensión de lo moral tiene que ver con los proyectos de conseguir un propósito de vida colectiva, con el respeto a la vida y dignidad humana, con los compromisos necesarios para sentir como obligatorios nuestros más valiosos deseos de respeto, con la urgencia de convertir la solidaridad y la justicia en parte de nuestra cotidianidad.

La clarificación del concepto de lo moral no debe limitarse a un acuerdo de definición operacional sobre algo que todos podamos observar sin la mayor disputa. La discusión sobre lo moral obliga a la psicología a pensar en los proyectos de vida colectiva y en los procesos de desarrollo que desee inculcar en los individuos.

En la búsqueda de ese concepto de moral, se han desatado largas disputas en diferentes disciplinas; las posiciones se encuentran de manera sintética en dos corrientes fundamentales: las éticas deontológicas y las éticas teleológicas.

Las posturas deontológicas básicamente entienden lo moral alrededor del problema del deber, en donde la reflexión ética se reduce a encontrar criterios de validez universal según particulares concepciones de lo cognitivo y de las argumentaciones descritas en términos formales. Por el contrario, las éticas teleológicas proponen lo moral ligado a tradiciones singulares, donde, de acuerdo con ciertos proyectos, los hombres reflexionan o establecen cierto tipo de normas para beneficio universal. Los seres humanos se entienden bajo esta perspectiva como pertenecientes a ciertas comunidades que tienen una serie de símbolos, proyectos o presuposiciones compartidas y que, para asegurarse su continuidad, crean mecanismos de coherencia y de interpretación de los diferentes fenómenos.

El universo de presupuestos que comparten los individuos pertenecientes a una tradición determina los hechos significativos y las maneras como deban interpretarse ciertos acontecimientos. Las comunidades establecidas a través de ciertos vínculos y ciertos motivos que procuran la coherencia y el equilibrio del sistema como un todo generan mecanismos de control y de cambio. Los hechos y los acontecimientos que se sucedan serán percibidos como novedosos, usuales, peligrosos o triviales, según los presupuestos que la comunidad ha construido progresivamente.

El debate Kohlberg-Gilligan

Las comunidades elementales presentan vínculos muy fuertes entre sus miembros. Cualquier acción individual que afecte el bienestar de los otros miembros se expone a fuertes mecanismos de control, que incluso puede operar bajo un sentimiento de obviedad y naturalidad que impide que ciertos eventos ni siquiera puedan presentarse. En la medida en que estas formas más reducidas de comunidad se van ampliando, tanto en experiencias como en número de miembros, sus formas de control deben hacerse más explícitas y persistentes. La ampliación de los límites de una comunidad debe ir acompañada de ciertos motivos o símbolos que permitan mantener el colectivo como una unidad. Los héroes, los íconos, las historias ya pasadas, reflejan las narraciones que mantienen a las comunidades como proyectos colectivos.

El "prójimo" el "semejante" es aquel que hace parte de una tradición, y con el que la comunicación se realiza sin interrupciones bruscas y extrañas. El semejante es aquel al que le deseo un bienestar que considero sería lícito obtener. El semejante es aquel del que demando todo el respeto que me obligaría a mí mismo tener hacia él. El bienestar de ambos es posible, en la medida en que seamos parte de un juego en que nuestros logros se hacen posibles si todos somos parte del mismo juego.

El vínculo original entre dos seres humanos está marcado por la búsqueda mutua de bienestar, por el cuidado recíproco, por una preocupación de conservar el vínculo, por el amor en el más amplio de los sentidos. El vínculo es la matriz desde donde los individuos aprenden a reconocerse como participantes de un mutuo juego de demandas y apoyos recíprocos. Las reglas explícitas sólo adquieren sentido en la medida en que desee cumplirlas por el bienestar de aquel a quien considere como prójimo. Las exigencias que puedan formularse se hacen de manera explícita en la medida en que los vínculos resultan más complejos u operan de formas más inestables.

Las comunidades que se vuelven más complejas mantienen el vínculo entre sus miembros mediante rituales narrativos atinentes a una historia que de una manera retórica se presenta como racional o más digna. Cada historia no sólo refleja los intentos de unificar a sus miembros, sino que está marcada por cambios en sus maneras de interpretar tanto los acontecimientos y las significaciones, como los conceptos de dignidad y respeto.

El reconocimiento de la mujer, del niño, del negro, del analfabeta y del diferente, como seres semejantes con iguales consideraciones y derechos, es un logro reciente de la historia occidental. La esclavitud, las monarquías, las diversas reelaboraciones del concepto de democracia son parte de una historia que progresivamente ha buscado la mejor forma de convivencia y realización de un proyecto colectivo.

El proceso de reconocimiento de la mujer, del negro, del débil, del desventurado, del diferente, no implicó un desarrollo cognitivo particular, ni una complejización de estructuras formales o de argumentación, ni tampoco un proceso de maduración de la razón universal. Todos estos procesos de reconocimiento implicaron más bien una ampliación de la categoría de "prójimo", de "semejante", más allá de ciertos símbolos o formas de representación restrictivas que utilizamos para identificarnos a nosotros mismos.

De igual manera, el sentido de comunidad ya no se reduce a determinadas fronteras geográficas, lingüísticas o raciales. El sentido de comunidad comprende en la actualidad a

El debate Kohlberg-Gilligan

toda la humanidad, y el proyecto de civilización se propone como tarea incorporar todas las variaciones culturales en un proyecto de convivencia y fraternidad expresado en una más amplia significación de lo que es semejante. En la medida en que se plantea como propósito ético el bienestar de los pueblos, el alivio de la pobreza de los países olvidados por la fortuna, el bienestar de futuras generaciones que no disponen de un representante que vele por su derecho de asegurar la existencia, el llamado al control de ciertas investigaciones científicas que pueden afectar de manera irreversible el espontáneo transcurrir de la naturaleza, la consideración y reconocimiento de las minorías y las poblaciones más expuestas a la discriminación y al desvalimiento, la ética se orienta a reconocer en la benevolencia su motor, su fundamento.

La ecología, el feminismo, los movimientos indigenistas y étnicos, las políticas de la multiculturalidad, el diálogo intercultural y las teorías discursivas se proponen incorporar en las discusiones éticas la solidaridad, el reconocimiento y la participación democrática.

La teoría de Gilligan nos propone hablar de esa "segunda voz" que aboga por las diferencias, por el reconocimiento de las historias particulares, por el cuidado y el deseo de bienestar del otro; en fin, por la benevolencia como matriz de las relaciones sociales y del juicio ético.

Como lo planteábamos en la exposición del comunitarismo, al partir del vínculo con una comunidad, con sus historias e identidades, podemos entender el sentido de deber y obligación como parte de los ritos y los supuestos propios de particulares relaciones de convivencia. La libertad, las reglas de respeto, hacen parte de los elementos que garantizan el bienestar de la comunidad; las reglas no son imposiciones externas a una naturaleza indómita que busca tan sólo su satisfacción personal, sino que son reclamos escritos en lenguaje colectivo, para alcanzar el satisfactorio intercambio de los miembros de una comunidad.

La experiencia colectiva recoge las biografías y acontecimientos particulares y las convierte en parte de sus narraciones, como organismo social que intenta mantener un equilibrio. Ante la imposibilidad de que todos los individuos puedan experimentar las mismas experiencias y aprendizajes, las narraciones cumplen la función de organizar y ofrecer marcos en que las identidades se reconozcan.

La libertad, la autonomía, el lugar igualitario de todos los individuos, el derecho al sufragio universal, al igual que más recientes expresiones de la cultura y del debate político –la democracia participativa y el reconocimiento a la diferencia, la ecología y la bioética–, son búsquedas de una comunidad universal que se esfuerza por evitar la repetición en la historia de nuevos horrores como los vividos en Auschwitz.

Una ética de la benevolencia intenta escuchar las diferentes expresiones, se preocupa por descifrar los muchos gritos silenciosos e invita a todos los grupos a participar en la búsqueda de nuevos caminos de convivencia y equilibrio. La interpretación de los muchos sentidos en que se puede expresar un acontecimiento es parte del debate público, debate que debe incluir no sólo las preocupaciones particulares y las experiencias de coexistencia, sino las mismas reglas del diálogo, que no pueden imponerse como condición imprescindible para que éste pueda ser llevado a cabo.

La ética de la benevolencia no propone unas reglas para juzgar un hecho con procedimientos inconfundibles e im-

El debate Kohlberg-Gilligan

parciales. Una ética que propone escuchar las voces de todos aquellos que no han podido ser escuchados no trata, bajo argumentos retóricos, de imponer alguna forma racional de resolver conflictos. Esa ética que atiende a las voces diferentes reclama el ejercicio de descifrar los sentidos latentes en las veladas formas de expresión. La justicia y la solidaridad han de ser metas por alcanzar, cuando todo un pueblo pueda traducir todos aquellas pesadillas que se interponen para lograr una sana convivencia.

Ningún grupo particular, de clase, género, raza o procedencia, puede determinar la forma de pensar la solidaridad y la búsqueda de la convivencia. Las identidades de una comunidad, las que garantizan su historia coherente, determinan que esas búsquedas se realicen de manera permanente y pese a los constantes motivos de conflicto. Las historias conflictivas se acompañan de intentos por hacer que una historia particular se reconozca como universal; cada grupo debe enfrentarse a sus fantasmas y aquellos mitos que lo obligan a reconocerse en una historia de tragedias, de resistencias, de enemistades y de auto-odios destructivos.

Una ética de la benevolencia nos presenta la posibilidad de pensar en nuestros mitos, en nuestra particularidad, que se resiste a seguir siendo entendida, en su más común figura de autoflagelación, como expresión de formas más elementales y primitivas de pensamiento moral.

El llamado de protesta de Gilligan por el reconocimiento de las particularidades femeninas generó en los movimientos políticos determinadas acciones para favorecer las luchas por la dignificación de esta población. El reconocimiento de los diferentes movimientos indígenas en nuestro continente posibilitó que muchas maneras de pensar lograran la ciudadanía en un espacio donde se discuten las rutas de la convivencia. El análisis de los variados fenómenos de violencia y destrucción que se presentan en todo nuestro continente exige a gritos que se busquen espacios donde nuestra silenciada voz pueda expresar su lastimero reclamo.

Gilligan, el comunitarismo, el pragmatismo, la filosofía feminista, los movimientos de multiculturalidad y la democracia radical, etc., no son propuestas de defensa de grupos particulares o de defensa del relativismo, sino que al buscar la ampliación de nuestros tradicionales mitos o metarrelatos procuran ampliar la categoría de prójimo y la categoría de lo justo y lo bueno. En esa posición, no hay procedimientos que permitan arbitrar de manera imparcial los conflictos; se trata, antes bien, de buscar un arraigo para el deber y la justicia en los motivos de bienestar que mantienen una comunidad como tal.

Las éticas de la benevolencia justifican por qué alguien se desprende de un bien por la satisfacción del prójimo, por qué acepta las normas o se impone deberes con el ánimo de no alterar el bienestar del otro. La libertad como necesidad básica humana resulta comprensible en la medida en que al existir con el otro deseo su bienestar y su entero desarrollo.

La ética del cuidado de Gilligan propone una segunda voz que, con el ánimo de alcanzar la dignificación de otras formas de vida, nos señala los motivos y las significaciones propias de los contextos que garantizan el cumplimiento de esa preocupación. La teoría de Gilligan reclama esa segunda voz que grita más allá de las fronteras de un grupo o de un género y que clama por un espacio donde el "otro" deba ser reconocido en su particularidad...

El debate Kohlberg-Gilligan

REFERENCIAS BIBLIOGRÁFICAS

Aissen-Crewett, M. "Feministisch-postmoderne. De- und Rekonstruktion der Philosophie". *Ethik und Sozialwissenschaften. Streitforum für Erwagungskultur*, 3, 4 (Opladen: Westdeutscher Verlag, 1992), pp. 532-534.

Althof, W.; Garz, D. "Moralische Zugänge zum Menschen–Zugänge zum moralischen Menschen. Schlußbetrachtungen". En: F. Oser, W. Althof y D. Garz (eds.), *Moralische Zugänge zum Menschen–Zugänge zum moralischen Menschen* (München: Peter Kindt Verlag, 1986), pp. 327-362.

Aristóteles. *Ética nicomáquea*. Madrid: Planeta, 1993.

Baier, A. C. "Hume, der Moraltheoretiker der Frauen?" En: H. Nagl y H. Pauer-Studer (eds.), *Jenseits der Geschlechter Moral* (Frankfurt am Main: Fischer Taschenbuch Verlag, 1993), pp. 105-134.

Belenky, M. F.; Clinchy, B. M.; Goldberger, N. R.; Tarule, J. M. *Das andere Denken. Persönlichkeit, Moral und Intellekt der Frau*. Frankfurt am Main: Campus Verlag, 1991.

Bruner, J. *Actos de significado: mas allá de la revolución cognitiva*. Madrid: Alianza Editorial, 1990.

Bublitz, H. "Geschlecht als zusätzliche Analysekategorie einer feministischen-Philosophie oder als grundsätzlich neuer Denkansatz?". *Ethik und Sozialwissenschaften. Streitforum für Erwägungskultur*, 3, 4 (Opladen: Westdeutscher Verlag, 1992), pp. 359-360.

Dreyfus, H. L. "Was ist moralische Reife? Eine phänomenologische Darstellung der Entwicklung ethischer Expertise". *Deutsche Zeitschrift für Philosophie*, 41, 3 (Berlin: Akademie Verlag, 1993), pp. 435-458.

Eckensberger, L. H.; Reinshagen, H. "Kohlbergs Stufentheorie der Entwicklung des Moralischen Urteils: Ein Versuch ihrer Reinterpretation im Bezugsrahmen handlungstheoretischer Konzepte". En: L. Eckensberger y R. K. Silbereisen (eds.), *Entwicklung sozialer Kognition. Modelle, Theorien, Methoden, Anwendung* (Stuttgart: Klett-Cotta, 1980), pp. 65-131.

Frankena, W. K. "Wohlwollen und Gerechtigkeit". En: G. Nunner-Winkler (ed.), *Weibliche Moral* (Frankfurt am Main: Campus, 1991), pp. 210-218.

Friedman, M. "Jenseits von Fürsorglichkeit. Die Entmoralisierung der Geschlechter". En: H. Nagl-Docekal y H. Pauer-Studer (eds.), *Jenseits der Geschlechter Moral* (Frankfurt am Main: Fischer Taschenbuch Verlag, 1993).

Gilligan, Carol. *Die andere Stimme. Lebenskonflikte und Moral der Frau*. München: Piper, 1984.

Gilligan, C. "Moralische Orientierung und moralische Entwicklung". En: G. Nunner-Winkler (ed.), *Weibliche Moral* (Frankfurt am Main: Campus, 1991), pp. 79-100.

Gilligan, C. "Verantwortung für die anderen und für sich selbst– das moralische Bewußtsein von Frauen". En: G. Schreiner (ed.), *Moralische Entwicklung und Erziehung* (Aachen-hahn: Hahner Verlag, 1993).

Gilligan, C.; Wiggins, G. "Die Ursprünge der Moral in den frühkindlichen Beziehungen". En: H. Nagl-Docekal y H. Pauer-Studer (eds.), *Jenseits der Geschlechter Moral* (Frankfurt am Main: Fischer Verlag, 1993), pp. 69-104.

Haan, N.; Smith, M. B.; Block, J. "Moral Reasoning of Young Adults: Political and Social Behavior, Family, Background, and Personality Correlates". *Journal of Personality and Social Psychology*, 10 (1968), pp. 183-201.

Heidbrink, H. *Stufen der Moral. Zur Gültigkeit der Kognitiven Entwicklungstheorie Lawrence Kohlbergs*. München: Quintessenz. Verlag, 1991.

Holstein, C. "Irreversible, Stepwise Sequence in the Development of Moral Judgement". *Child Development*, 47 (1976), pp. 51-61.

Jaggar, A. M. "Feministische Ethik: Eine Forschungsprogramm für die Zukunft". En: W. Althof (ed.), *Lawrence Kohlberg. Die Psychologie der Moralentwicklung* (Frankfurt am Main: Suhrkamp, 1995), pp. 195-218.

Kohlberg, L. *Zur kognitiven Entwicklung des Kindes*. Frankfurt am Main: Suhrkamp, 1974.

———. "Moral Stages and Moralisation. The Cognitive-Developmental Approach". En: T. E. Lickona (ed.), *Moral Development and Behavior* (New York: Holt, Rinehort & Winston, 1976a), pp. 31-53.

———. *Moral Stage Scoring Manual. Part I: Introduction to Interviewing and Scoring*. Harvard, Cambridge, Massachusetts: Center for Moral Education, 1976b.

———. *The Psychology of Moral Development*. San Francisco: Harper Row, 1984.

———. *Psicología del desarrollo moral*. Bilbao: Editorial Desclée de Brouwer, 1992.

———. "Moralstufen und Moralerwerb: Der kognitiv-Entwicklungsteoretische Ansatz". En: W. Althof (ed.), *Lawrence Kohlberg. Die Psychologie der Moralentwicklung* (Frankfurt am Main: Suhrkamp, 1995a), pp. 123-174.

———. "Moralische Entwicklung". En: W. Althof (ed.), *Lawrence Kohlberg. Die Psychologie der Moralentwicklung* (Frankfurt am Main: Suhrkamp, 1995b), pp. 7-40.

———. "Zusammenhänge zwischen der Moralentwicklung

in der Kindheit und im Erwachsenalter– neu interpretiert". En: W. Althof (ed.), *Lawrence Kohlberg. Die Psychologie der Moralentwicklung* (Frankfurt am Main: Suhrkamp, 1995c), pp. 85-122.

———. "Die Bedeutung und die Messung des Moralurteils". En: W. Althof (ed.), *Lawrence Kohlberg. Die Psychologie der Moralentwicklung* (Frankfurt am Main: Suhrkamp, 1995d), pp. 175-216.

———; Scharf, P.; Hickey, J. *The Just Community Approach to Correction: A Manual. Part II*. Harvard University, Moral Education Research Foundation, 1974.

———; Elfenbein, D. "The Development of Moral Judgements Concerning Capital Punishment". *American Journal of Orthopsychiatry*, 45, 4 (1975), pp. 614-640.

———; Levine, Ch.; Hewer, A. "Zum gegenwärtigen Stand der Theorie der Moralstufen". En: W. Althof (ed.), *Lawrence Kohlberg. Die Psychologie der Moralentwicklung* (Frankfurt am Main: Suhrkamp, 1995), pp. 217-372.

———; Candee, D. "Die Beziehung zwischen moralischem Urteil und moralischem Handeln". En: W. Althof (ed.), *Lawrence Kohlberg. Die Psychologie der Moralentwicklung* (Frankfurt am Main: Suhrkamp, 1995), pp. 373-494

———; Kramer, R. "Zusammenhänge und Brüche zwischen der Moralentwicklung in der Kindheit und im Erwachsenalter". En: W. Althof (ed.), *Lawrence Kohlberg. Die Psychologie der Moralentwicklung* (Frankfurt am Main: Suhrkamp, 1995), pp. 41-80.

List, E.; Studer, H. *Denkverhältnisse. Feminismus und Kritik*. Frankfurt am Main: Suhrkamp, 1989.

MacIntyre, A. *Der Verlust der Tugend. Zur moralischen Krise der Gegenwart*. Frankfurt am Main: Campus, 1987.

Maihofer, A. "Ansätze zur Kritik des moralischen Universalismus. Zur moraltheoretischen Diskussion um Gilligans Thesen zu einer 'Weiblichen' Moralauffassung". En: *Feministische Studien*, 6, 1 (Weinheim: Deutscher Studien Verlag, 1988), pp. 32-52.

Maturana, H. R.; Varela, F. *Der Baum der Erkenntnis. Die biologischen Wurzeln des menschlichen Erkennens*. München: Scherz, 1987.

Nagl-Docekal, H. "Von der feministischen Transformation der Philosophie". *Ethik und Sozialwissenschaften. Streitforum für Erwagungskultur*, 3, 4 (Opladen: Westdeutscher Verlag, 1992).

———. "Jenseits der Geschlechtermoral. Eine Einführung". En: H. Nagl-Docekal y H. Pauer-Studer (eds.), *Jenseits der Geschlechter Moral* (Frankfurt am Main: Fischer Taschenbuch Verlag, 1993), pp. 7-32.

———; Pauer-Studer, H. (eds.). *Denken der Geschlechterdifferenz. Neue Fragen und Perspektiven der Feministischen Philosophie*. Wien: Wiener Frauenverlag, 1990.

Noam, G. G. "Selbst, Moral und Lebensgeschichte". En: W. Edelstein, G. Nunner-Winkler y G. Noam (eds.), *Moral und Person* (Frankfurt: Suhrkamp, 1993), pp. 151-199.

Nodding, N. "Warum sollten wir uns Sorgen sorgen?". En: H. Nagl-Docekal y H. Pauer-Studer (eds.), *Jenseits der Geschlechter Moral* (Frankfurt am Main: Fischer Taschenbuch Verlag, 1993), pp. 135-172.

Pauer-Studer, H. "Moraltheorie und Geschlechtdifferenz. Feministische Ethik im kontext aktueller Fragestellungen". En: H. Nagl-Docekal y H. Pauer-Studer (eds.), *Jenseits der Geschlechter Moral* (Frankfurt am Main: Fischer-Taschenbuch Verlag, 1993), pp. 33-68.

Reese-Schäfer, R. *Was ist Kommunitarismus?* Frankfurt am Main: Campus, 1995.
Rorty, R. *Hoffnung statt Erkenntnis. Eine Einführung in die pragmatische Philosophie.* Wien: Passagen Verlag, 1994.
Sandel, M. J. *Liberalism and the Limits of Justice.* Cambridge, Massachusetts: Cambridge University Press, 1982.
Taylor, Ch. *Fuentes del Yo.* Barcelona: Paidós, 1996.
———. *Argumentos filosóficos.* Barcelona: Paidós, 1997.
Vattimo, G. *El fin de la modernidad.* Barcelona: Gedisa, 1990a.
———. *La sociedad transparente.* Barcelona: Paidós, 1990b.
Walzer, M. *Las esferas de la justicia.* México: Fondo de Cultura Económica, 1993.
Yáñez, C. J. "Cognición y desarrollo humano, un programa de investigación". Revista *Aportes a la Psicología* (Bogotá: Universidad Santo Tomás, 1993).
———. "Epistemología, métodos y problemas en la obra de Piaget". Revista *Aportes a la Psicología*, 4, 7 (Bogotá: Universidad Santo Tomás, 1998).
Young, I. "Das politische Gemeinwesen und die Gruppendifferenz. Eine Kritik am Ideal des universalen Staatsbürgerstatus". En: H. Nagl-Docekal y H. Pauer-Studer (eds.), *Jenseits der Geschlechter Moral* (Frankfurt am Main: Fischer Taschenbuch Verlag, 1993), pp. 267-304.

Colaboradoras y colaboradores

CARMEN DIANA DEERE

Ph. D. en Economía de la Universidad de California, en Berkeley, actualmente se desempeña como profesora de Economía y directora del Programa de Estudios de América Latina en la Universidad de Massachusetts, en Amherst. Ha hecho trabajo de campo sobre la mujer rural y ha dado talleres de metodología de investigación sobre la mujer rural en la mayoría de los países de América Latina. Con Magdalena León ha publicado varios libros, entre ellos *Mujer y capitalismo agrario* (1980), *Women in Andean Agriculture: Peasant Production and Rural Wage Employment in Colombia and Perú* (1982), *Debate sobre la mujer en América Latina y el Caribe. Discusión acerca de la unidad producción-reproducción* (1984, con Nohra Rey); *La mujer y la política agraria en América Latina* (1986), *Rural Women and State Policy: Feminist Perspectives on Agricultural Development in Latin America* (1987), *Mujer y tierra en Guatemala* (1999), *Género y derechos a la tierra en Chile* (1999). Asimismo, sus artículos sobre estos temas han aparecido en revistas internacionales de gran prestigio.

Colaboradoras y colaboradores

MATTHEW C. GUTMANN

Ph. D. en Antropología de la Universidad de California, en Berkeley, ha sido profesor visitante del Centro de Estudios Sociológicos y del Programa Interdisciplinario de Estudios de la Mujer del Colegio de México e investigador en el Departamento de Antropología de la Universidad Autónoma Metropolitana, en Iztapalapaes, y en la actualidad se desempeña como profesor de la Universidad de Brown, en Rhode Island. Ha realizado cursos e investigaciones de postdoctorado tanto en Prevention Research Center/School of Public Health de la Universidad de California, en Berkeley, como en The Center for U. S.-Mexican Studies de la Universidad de California, en San Diego. Prepara el libro *Regionalism and National Identity in Brazil and Mexico* (coeditado con Thomas Skidmore y Liza Bakewell) y el número de la revista *Men & Masculinities* titulado *Men and Masculinities in Latin America*. Ha publicado *Men in Gender and Development: Debates in Policy and Practice* (coautor con Sylvia Chant), *Ser hombre de verdad en Ciudad de México: ni macho ni mandilón* (1999), *The Meanings of Macho: Being a Man in Mexico City* (1996) y *Culture, Identity, and Empire in the Americas. 1492-1992* (1992, coeditor con Rebecca Dobkins), junto a numerosos artículos sobre masculinidad de los inmigrantes mexicanos, masculinidad y relaciones de género en Ciudad de México y varios otros temas. Por su trabajo ha recibido diversos reconocimientos y becas.

MAGDALENA LEÓN

Socióloga de la Universidad Nacional de Colombia, ha sido Directora de Investigación de la Asociación Colombiana de Estudios de la Población al igual que consultora en temas de

Colaboradoras y colaboradores

género en varios organismos, fundaciones y organizaciones no gubernamentales. Es una de las fundadoras del Fondo de Documentación de Mujer y Género de la Universidad Nacional de Colombia, donde se desempeña como profesora.

DONNY MEERTENS

Antropóloga de la Universidad de Amsterdam y doctora de la Universidad de Nijmegen en Holanda, ha sido profesora del Programa de Estudios de Género, Mujer y Desarrollo a partir de su creación, en 1994, e investigadora asociada de la Universidad de Amsterdam desde 1999. Es coautora (con Gonzalo Sánchez) de *Bandoleros, gamonales y campesinos, el caso de la Violencia en Colombia* (1998), así como autora de *Tierra, violencia y género* (1997) y de varios artículos en español e inglés sobre género, violencia y desplazamiento forzado.

FRANCISCO PINEDA DUQUE

Economista de la Universidad del Valle, cursó la Maestría en Economía del CIDE, en Ciudad de México, y actualmente opta por el Ph. D. en la Universidad de Durham, Reino Unido. Ha sido funcionario del Departamento Nacional de Planeación, consultor del Programa de las Naciones Unidas para el Desarrollo y promotor de diversas organizaciones no gubernamentales.

YOLANDA PUYANA VILLAMIZAR

Trabajadora Social de la Universidad Javeriana, donde realizó la Maestría en Estudio Integral de la Población y donde fue profesora, ha enseñado también en la Universidad Externado de Colombia, la Universidad Pontificia Bolivariana, la Universidad Autónoma de Bucaramanga, la Universidad Industrial de Santander y la Universidad de Caldas. Trabajó en el Departamento Nacional de Planeación y fue asesora de la Consejería para la Mujer de la Presidencia de la República (1990-1992). En la actualidad es coordinadora del Programa de Género, Mujer y Desarrollo y profesora asociada de Trabajo Social en la Universidad Nacional de Colombia, donde coordina los proyectos de investigación "Representaciones sociales de la paternidad y de la maternidad en cinco ciudades colombianas. Análisis con una perspectiva de género" y "Los imaginarios sociales de un grupo de mujeres de sectores populares". Coautora de *Mujeres, hombres y cambio social* (1998), de *Sentí que se me desprendía el alma* (1996, con Juanita Barreto) y de *La política social en la década del noventa. Un análisis desde la Universidad* (1994), asimismo es autora de varios artículos sobre trabajo doméstico y familia, publicados en revistas especializadas, y coeditora de la revista *En otras palabras*, del Grupo Mujer y Sociedad.

FLORENCE THOMAS

Psicóloga de la Universidad de París, con una maestría en Psicología Social de la misma universidad, es profesora emérita de la Universidad Nacional de Colombia y coordinadora del Grupo Mujer y Sociedad. Ha impartido conferencias en múltiples foros, congresos, seminarios o simposios, y se ha desempeñado como asesora (en el campo de los estudios de género) de organismos tanto oficiales como no gubernamentales. Coordinadora editorial de la revista *En Otras Pa-*

Colaboradoras y colaboradores

labras y columnista del periódico *El Tiempo*, ha publicado numerosos artículos en revistas nacionales e internacionales y es autora de *El macho y la hembra reconstruidos* (1985), *Mujer, amor y violencia* (1990), *Los estragos del amor* (1995) y *Conversación con un hombre ausente* (1997).

MARA VIVEROS VIGOYA

Economista de la Universidad Nacional, doctora en Antropología de la Escuela de Altos Estudios en Ciencias Sociales de París, profesora asociada del Departamento de Antropología y de la Maestría en Estudios de Género de la Universidad Nacional de Colombia, es investigadora del Centro de Estudios Sociales de la misma universidad, en el que ha publicado como coautora y coeditora los libros *Cuerpo. Diferencias y desigualdades* (2000), *Mujeres, hombres y cambio social* (1998), *Género e identidad. Ensayos sobre lo femenino y lo masculino* (1995), *Mujeres ejecutivas: dilemas comunes, alternativas individuales* (1995) y *Mujeres de los Andes. Condiciones de vida y salud* (1992).

JAIME YÁÑEZ CANAL

Psicólogo de la Universidad Javeriana, doctor en Filosofía de la Katolische Universität en Eichstätt, Alemania, y profesor del Departamento de Psicología de la Universidad Nacional, ha enseñado en la Universidad del Rosario, la Universidad Javeriana, la Universidad Externado de Colombia, la Universidad de la Salle, la Universidad Distrital Francisco José de Caldas y la Universidad Santo Tomás. Asimismo, se ha desempeñado como asesor del proyecto de investigación "Información y desarrollo de la inteligencia", para el Centro de Investigación de la Universidad Pedagógica; co-investigador del proyecto "Uso del canal táctil en procesos de abstracción en esquizofrénicos procesuales", de la Universidad de los Andes, y asesor de la División de Investigación educativa (DIE-CEP) en el Ministerio de Educación. Es autor de numerosos ensayos sobre psicología cognitiva, publicados en reconocidas revistas.

GUIOMAR DUEÑAS VARGAS

Licenciada en Estudios Sociales de la Universidad Javeriana, con una Maestría en Estudios Latinoamericanos de la Universidad de Texas y un Ph. D. en Historia de la misma universidad, fue profesora en North Carolina State University y en el Departamento de Historia de la Universidad Nacional de Colombia y en la actualidad se desempeña como directora del Fondo de Documentación Mujer y Género de esa institución. Es autora de *Los hijos del pecado: ilegitimidad y vida familiar en Santafé de Bogotá. 1750-1810* y de varios artículos sobre la historia de las mujeres y la familia, publicados en revistas internacionales.

ÁNGELA INÉS ROBLEDO

Licenciada en Letras de la Universidad del Valle, obtuvo el Ph. D. en Español de la Universidad de Massachusetts, en Amherst, y ha sido docente en la Universidad de California (Riverside), la Universidad de Rochester y la Universidad de Illinois, en Chicago. En la actualidad se desempeña como coordinadora académica del Postgrado de Género, coordi-

Colaboradoras y colaboradores

nadora del grupo gestor de la Maestría en Estudios Culturales, investigadora del Centro de Estudios Sociales y profesora del Departamento de Literatura de la Universidad Nacional. Editora y transcriptora de *Autobiografía de una monja venerable. Jerónima Nava y Saavedra. 1669-1727* (1994), asimismo ha sido coeditora de *Literatura y diferencia. Autoras colombianas del siglo XX* (1995, dos volúmenes), de *Literatura y cultura. Narrativa colombiana del siglo XX* (2000, tres volúmenes, Beca de Excelencia del Ministerio de Cultura en 1998) y, con Betty Osorio, de la edición crítica de *La araucana* (en prensa). Coautora de *¿Y las mujeres? Ensayos sobre literatura colombiana* (1991), también ha publicado en revistas internacionales numerosos ensayos en español e inglés sobre literatura femenina y temas de la colonia hispanoamericana.

*Este libro,
compuesto en caracteres
New Baskerville* BT,
*se terminó de imprimir
en el mes de noviembre
del año 2000,
en los talleres
de Litocamargo Ltda.*